Christiane Kohler-Weiß
Das perfekte Kind

PREMIERE

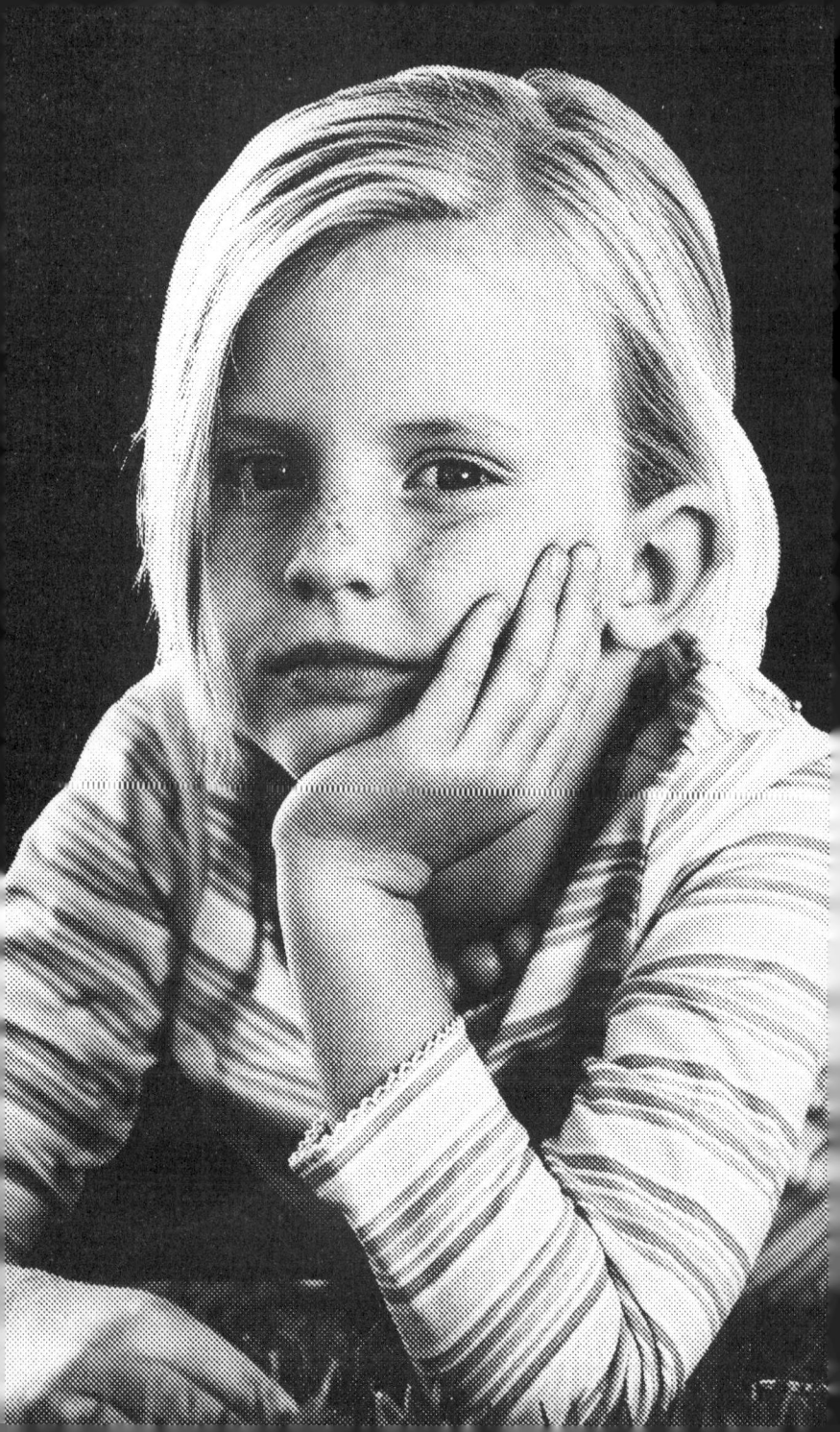

Christiane Kohler-Weiß

Das perfekte Kind

Eine Streitschrift gegen den
Anforderungswahn

FREIBURG · BASEL · WIEN

Meinen Schätzen –

*mit der Bitte um Vergebung für die gemeinsame
Zeit, die ich ihnen durch das Schreiben dieses
Buches gestohlen habe*

Originalausgabe

© Verlag Herder GmbH, Freiburg im Breisgau 2008
Alle Rechte vorbehalten
www.herder.de

Satz: Weiß-Freiburg GmbH – Graphik und Buchgestaltung
Herstellung: CPI Moravia Books, Pohorelice

Gedruckt auf umweltfreundlichem, chlorfrei gebleichtem Papier
Printed in Czech Republic

ISBN 978-3-451-03025-3

Inhalt

Vorwort 7

1. Ein perfektes Kind – wer wünscht sich das nicht? 9

2. Kinder, Krippen, Karriere – das neue Anforderungsprofil der Frau 18

3. Kinderkriegen – die «natürlichste Sache der Welt»? 30

4. Die Schwangerschaft – eine geheimnisvolle Beziehung 41

5. Die Schwangerschaft – eine Beziehung mit ethischem Anspruch 60

6. Die Schwangerschaft im Zeitalter der Pränataldiagnostik – der Perfektionswahn beginnt 87

7. Unfruchtbarkeit – wenn der Körper einfach nicht mitspielt 119

8. Kinder – eine Glückssache 144

9. Väter – männlich, partnerschaftlich, kinderlieb? 162

10. Was sind eigentlich gute Eltern? – 15 Thesen 180

11. Das geschenkte Kind – Wie der Glaube Eltern und Kindern helfen kann 203

Literatur und Anmerkungen 219

Vorwort

Noch ein Erziehungsratgeber? Sind die Regale nicht schon voll davon? Das mag sein. Allerdings ist dieses Buch kein Erziehungsratgeber, sondern eine Einladung zum Nachdenken über die Elternschaft. Als ich meiner 12-jährigen Tochter erzählte, dass ich ein Buch über Kinder schreibe, antwortete sie: «Über Kinder kann man aber nicht schreiben, weil jedes Kind verschieden ist.» Deshalb geht es in diesem Buch auch um die *Eltern*, um Mütter und Väter, nicht um die *Kinder*. Es geht um die Art und Weise, in der wir Eltern werden, oder auch nicht, und um die Art und Weise, in der unser Selbstverständnis als Eltern unseren Erziehungsstil prägt. Eltern sind zwar auch alle verschieden, aber es gibt Dinge, die alle Eltern wissen sollten, zum Beispiel, dass jedes Kind anders ist.

Dennoch verlangt dieses Buch von Eltern nicht, noch mehr *tun* zu müssen. Viel wichtiger: es lädt dazu ein, herauszufinden, was man als Eltern auch *bleiben lassen* kann. Es ist ein Buch für Eltern, die an den vielfältigen Anforderungen, die sich an Mütter, Väter und Kinder richten, leiden, weil sie sich ihrer Verantwortung voll bewusst sind und alles richtig machen wollen. Dabei ist mir klar, dass diese Eltern nicht das Hauptproblem unserer Gesellschaft darstellen. Ein viel größeres gesellschaftliches Problem in Deutschland sind Eltern, die ihre Kinder vernachlässigen. Diese Eltern aber sind durch Bücher kaum zu erreichen. Ihnen müssen sich die Sozialpolitik und die vielen Menschen, die in sozialen Berufen arbeiten, zuwenden. Dieses Buch kann sich nur an lesende Eltern richten, an Eltern, die sich gerne Klarheit verschaffen über den Druck, unter dem sie stehen, über ihre Ängste, etwas zu verpassen, und über ihr diffuses Gefühl, dass irgendetwas nicht stimmt an der Art und Weise, in der wir über Kinder sprechen. Rezepte hält das Buch jedoch nicht bereit. Es geht in ihm vielmehr um innere Haltungen. Deshalb ist es vor allem eine Einladung zum Vertrauen.

1. Ein perfektes Kind – wer wünscht sich das nicht?

Wenn Männer und Frauen Eltern werden, dann erträumen sie sich ihr Elternglück oft in den buntesten Farben. Ihr Kind wird sicher etwas ganz Besonderes werden! Gesund sollte es sein, selbstverständlich! Aber nicht nur das: intelligent und hübsch und charmant und kreativ natürlich auch! Und später würde es dank der guten Erziehung höflich sein, gutes Sozialverhalten aufweisen und ein Instrument spielen. Schön wäre auch, wenn das Kind meist fröhlich wäre, sich gut selbst beschäftigen könnte und nicht so viel störte. Ein solches Kind wäre sicher auch beliebt und hätte viele Freundinnen und Freunde. Ob es sportlich sein sollte, hängt von den Veranlagungen der Eltern ab, aber Selbstbewusstsein und Durchsetzungsfähigkeit dürfen heute auf keinen Fall fehlen. Eltern eines solchen Kindes zu sein – oder am besten mehrerer solcher Kinder – müsste doch das reine Glück bedeuten und die Eltern unendlich stolz machen!

Die Träume von Eltern für ihre Kinder sind ähnlich glänzend und maßlos wie die Träume Heranwachsender von ihren Partnerinnen und Partnern. Sie haben viel mit unseren Sehnsüchten und wenig mit der Realität zu tun. Solange wir das wissen, sind solche Träume etwas Wunderschönes. Sie erhöhen die Vorfreude auf die Geburt eines Kindes. Und wenn das Kind dann da ist und es seinen Eltern vorkommt wie das süßeste, hübscheste, vollkommenste und begabteste aller Kinder, dann sind es die Augen der Liebe, die all das in dem Baby sehen. Und die Augen der Liebe haben immer Recht, denn sie eröffnen dem Kind eine weite Zukunft. Ohne die Möglichkeiten, die liebende Eltern in ihren Kindern angelegt sehen, können sich Kinder nur schwer entfalten. Eltern stehen immer in der Versuchung, die eigenen Kinder nach den eigenen Vorstellungen formen zu wollen. Und die Möglichkeiten des Formens haben heute Ausmaße angenommen, die für Eltern noch vor 25 Jahren undenkbar waren, vor allem durch die Entwicklungen in der Pränatalmedizin und in der Kinder- und Jugendpsychiatrie.

Und noch etwas prägt die Elternträume von heute, nämlich die Angst vor der Zukunft. Träume vom Glück, die aus persönlichen Sehnsüchten und innigen Wünschen entstehen, sind selten schädlich. Perfektionsträume, die aus der Angst heraus geboren werden, aber sehr wohl. Viele Eltern wünschen sich heute «das perfekte Kind» nicht nur, weil sie sich ein lebhaftes, intelligentes, kreatives Gegenüber wünschen, sondern weil sie befürchten, dass ein weniger begabtes Kind in der Zukunft nicht bestehen könnte. Die Psychoanalytiker Miguel Benasayag und Gérard Schmit sind aufgrund ihrer therapeutischen Arbeit mit Kindern und Jugendlichen zu der Erkenntnis gekommen, dass in unserer Gesellschaft in den letzten Jahrzehnten eine fundamentale Umwertung der Zukunft stattgefunden habe: Unsere Vorstellung von der Zukunft habe sich «von einem maßlosen Vertrauen in die Zukunft zu einem fast ebenso übertriebenen Misstrauen» [1](20) gewandelt. Eine lange Liste drohender Gefahren – die vom Klimawandel über die zunehmende soziale Ungleichheit bis hin zu neuartigen Krankheiten reichen – sowie die mediale Berichterstattung über sie bildeten einen «Nährboden für die allgegenwärtige Ausweglosigkeit und Untergangsstimmung» (23). Wenn die Zukunft aber vorwiegend im Zeichen der Bedrohung wahrge-

---

1   *Die verwendete Literatur findet sich am Ende des Buches, kapitelweise geordnet. Bei den in Klammern gesetzten Zahlen hinter den Zitaten handelt es sich jeweils um die Seitenangabe aus dem entsprechenden Werk.*

nommen wird, so hat dies weitgehende Auswirkungen auf das Selbstverständnis von Eltern und ihre Erziehungsaufgabe:

> «In einer Gesellschaft, die Angst vor der Zukunft hat, können wir nicht mehr auf die gleiche Weise Menschen erziehen und betreuen wie in einer Gesellschaft, die an die Zukunft glaubt.» (30)

Je mehr Eltern den Eindruck haben, ihren Kindern keine vielversprechende Zukunft in Aussicht stellen zu können, desto mehr empfinden sie den Druck, dafür sorgen zu müssen, dass ihre Kinder das Beste aus sich rausholen, damit sie später im allgemeinen Konkurrenzkampf bestehen können und der allgemeinen Katastrophe möglichst entgehen. Das Kinderkriegen, die Elternschaft, die Erziehung und auch das Lernen der Kinder vollziehen sich gegenwärtig nicht mehr im Zeichen der Lebenslust, sondern im Zeichen der Bewertung des Nachwuchses angesichts einer diffusen aber als unausweichlich erscheinenden Bedrohung. Im Namen dieser als gefahrvoll erachteten Zukunft findet auf vielen Ebenen «eine Art vorzeitiger Auswahl statt, um die Kinder nach bestem Wissen und Gewissen ‹so früh wie möglich› in eine bestimmte Richtung zu lenken» (54).

Ich halte die Analysen von Miguel Benasayag und Gérard Schmit für ein geeignetes Instrumentarium, um den neuen Markt der Frühförderkurse erklären zu können, der sich in den letzten Jahren entwickelt hat. Angebote für musikalische Früherziehung von Kindergartenkindern, Englischkurse für 1½-Jährige, Privatschulen für Vorschulkinder und Kinderunis für Grundschüler kommen nicht nur der vielfältigen Lust von Kindern am Lernen entgegen, sondern auch den besorgten Eltern, die ihre Kinder fit machen möchten für den späteren Kampf jedes gegen jeden. Bessere Ausgangschancen und einen uneinholbaren Vorsprung beim Lernen sowie bessere Berufschancen – das versprechen die professionellen Anbieter solcher Kurse, und das erhoffen sich auch die Eltern, die sich solche Frühfördermaßnahmen für ihre Kinder einiges kosten lassen. Jedes Kind muss gegenwärtig ein Erfolg werden. Denn für diejenigen Kinder, die nicht mithalten können, wird die Logik der Selektion zur Logik des Abstellgleises. Davor haben Eltern heute Angst wie nie zuvor.

Miguel Benasayag und Gérard Schmit sehen in dem «Effizienzzwang», unter dem jede Form von Erziehung neuerdings steht, den Sieg des Neoliberalismus am Werk:

«So wird die Situation in unserer Gesellschaft täglich angespannter: Alles Wissen muss nützlich sein, jede Art von Unterricht zu etwas dienen. Denn mit dem uneingeschränkten Sieg des Neoliberalismus ist das reine Wirtschaftsdenken unseren Mitmenschen zu einer Art zweiter Natur geworden. (55)

Wenn man einmal aufmerksam Spielanleitungen von Kinderspielen liest, versteht man, welche Konsequenzen die Ausdehnung des ökonomischen Denkens auf ursprünglich zweckfreie Räume hat. «Mit Pädagogen entwickelt» steht da des Öfteren, und die Spielanleitungen beschreiben detailliert, welche «Koordinationsleistung» und welche «Lernmotivation» des Kindes gerade durch dieses Spiel gefördert werden. Und solche Ausführungen finden sich nicht nur bei sogenannten pädagogisch wertvollen neuen Spielen, sondern auch bei Spielen, die schon die Elterngeneration als Kind gespielt hat, einfach zum Spaß! Einfach nur spielen geht heute nicht mehr.

Was aber haben diese Entwicklungen mit den elterlichen Wünschen nach dem perfekten Kind zu tun? Ganz einfach: Eltern unter «Effizienzzwang» wünschen sich nicht nur «das perfekte Kind», um mit diesem Kind glücklich zu werden, sondern sie können sich gar kein Kind mit «Defekten» leisten! Und zum «Defekt» wird in unserer durchrationalisierten Welt alles, was Kinder daran hindert, besser zu sein als andere Kinder oder wenigstens mithalten zu können. Wenn Kinder körperlich beeinträchtigt sind, wenn sie zu langsam sind oder zu viel träumen, wenn sie in ihrer eigenen Phantasiewelt leben oder zu still sind, wenn sie zu unruhig sind oder schlecht schlafen können – all das kann Kinder daran hindern, das Leben in der dafür vorgesehenen Zeit erfolgreich zu meistern, und wird deshalb zum «Defekt» erklärt. Für die Entwicklung von Kindern gibt es heute nämlich genaue Terminpläne, denen das Kind zu entsprechen hat. Schon im Mutterleib wird das Wachstum des Kindes tabellarisch überwacht. Nach der Geburt geben die Untersuchungen beim Kinderarzt von der U1 bis zur U11 das Entwicklungssoll des Kindes vor, ergänzt durch Reihenuntersuchungen in Kindergärten, die nach Auffälligkeiten fahnden, die die spätere Schullaufbahn des Kindes eventuell beeinträchtigen könnten. Und sobald ein Entwicklungsdefizit festgestellt wird, läuft die Fördermaschinerie an.

Regelmäßige Untersuchungen von Kindern durch fachkundige Ärztinnen und Pädagogen haben natürlich auch ihre guten Seiten, wenn zum Beispiel die elementare Vernachlässigung von Kindern zutage tritt. Auch der Gedanke, dass Kinder mit Entwicklungsverzögerungen möglichst früh Unterstützung brauchen, ist grundsätzlich richtig. Das Ausmaß, das Frühfördermaßnahmen derzeit angenommen haben, lässt mich jedoch fragen, wie es sein kann, dass mindestens ein Viertel unserer Kinder bis zum Ende der Grundschulzeit bereits irgendeine Art von Fördermaßnahme oder Therapie durchlaufen hat.[1] Vielleicht stimmt ja etwas mit unseren normierenden Tabellen nicht, wenn unsere Kinder diesen Tabellen immer weniger entsprechen. Stutzig macht mich auch, dass das breite Sortiment an Frühfördermaßnahmen Eltern paradoxerweise nicht den Eindruck vermittelt, rechtzeitig unterstützt zu werden, sondern vielmehr das Gefühl gibt, immer schon zu spät zu kommen. Je früher die Förderung ansetzen kann, desto mehr fragen sich Eltern, warum bloß diese Entwicklungsverzögerung ihres Kindes nicht schon früher aufgefallen ist, damit sie noch früher hätte behandelt werden können. Das Gefühl, Zeit zu haben, kommt Eltern und Kindern unter Perfektionszwang vollkommen abhanden. Die perfekten Eltern von heute geben ihren Kindern keine Zeit, sondern sie überwachen die zeitgemäße Entwicklung ihres Nachwuchses. Und perfekte Kinder brauchen keine Zeit, sondern sie können immer schon im Voraus, was sie als Nächstes lernen sollten.

Der Wunsch nach «dem perfekten Kind» hat im Zeitalter der Herrschaft der Ökonomie seine Unschuld vollkommen verloren. Alles, was an unseren Wunschträumen von Kindern einmal spielerisch und lustvoll war, ist verschwunden, weil uns als Eltern die Möglichkeit vorgegaukelt wird, wir könnten und müssten unsere Kinder tatsächlich nach unseren Wunschvorstellungen formen, damit wir die glücklichen Eltern glücklicher Kinder werden. In Wahrheit können wir das aber gar nicht. Eltern können ihre Kinder nicht nach Belieben formen, sie können sie lediglich kontrollieren, um gegebenenfalls festzustellen, dass sie den Anforderungen nicht entsprechen. Dies ist aber ganz gewiss nicht der Weg zu ungetrübtem Elternglück, sondern viel eher der Weg in die elterliche Überforderung mit lebensfeindlichen Konsequenzen. Bei vorgeburtlichen Untersuchungen ist die Enttäuschung des Wunsches nach «dem perfekten Kind» nicht selten sogar tödlich.

Aber was heißt dies nun für die Wünsche von Eltern? Wünschen, hoffen und erträumen darf man alles. Alle Eltern wünschen sich, dass ihr Kind gesund und klug sein möge. Alle Eltern träumen davon, dass die Tochter oder der Sohn glücklich, geliebt und erfolgreich werden möge. Und das sollen sie auch! Eltern müssen für ihre Kinder eine gute Zukunft erstreben. Die Frage ist, auf welche Weise sie das tun. Eltern stehen heute vor einer grundlegenden Entscheidung. Sie müssen sich immer wieder verdeutlichen, durch welche Sichtweise der Zukunft sie sich in ihren erzieherischen Maßnahmen bestimmen lassen, und sich fragen, durch welchen Geist sie sich als Eltern beeinflussen lassen wollen. Ist es der Zeitgeist, der die Zukunft vor dem Hintergrund eines Bedrohungsszenarios sieht, oder ist es der Geist des Vertrauens in eine gute gemeinsame Zukunft für alle Kinder, die starken genauso wie die schwachen? Was wollen wir unseren Kindern beibringen? Wollen wir sie lehren, sich vor der Zukunft zu fürchten und die ganze Erziehung darauf ausrichten, ihnen zu zeigen, wie sie die drohenden Gefahren als Einzelkämpfer unbeschadet überstehen können? Oder wollen wir sie lehren, dass es an uns allen liegt, die Zukunft mit unseren Stärken und Schwächen so zu gestalten, dass alle Menschen einen lebenswerten Platz in ihr finden? Wahrscheinlich werden die meisten Leserinnen und Leser jetzt innerlich antworten: Natürlich wollen wir unsere Kinder das Zweite lehren! De facto lassen sich Eltern in ihrer Erziehung aber gegenwärtig viel häufiger von der Furcht leiten, ihre Kinder könnten in der Zukunft zu den Verlierern gehören. An bestimmten Sätzen, die Eltern zu ihren Kindern sagen, wird dies deutlich, zum Beispiel an dem Satz: «Wenn du dich nicht anstrengst und in der Schule nichts leistest, dann findest du eben später keine gute Arbeit und kannst dich und deine Familie nicht ernähren.» Den Wahrscheinlichkeitsgehalt solcher Sätze möchte ich gar nicht diskutieren. Aber motivieren sie unsere Kinder zum Lernen? Oder verschaffen wir durch solche Sätze nicht eher unserer eigenen Zukunftsangst Luft und demotivieren Kinder mit Schwächen? Immer wenn wir aufgrund einzelner Schwächen unserer Kinder deren generelles Versagen befürchten und anfangen, ihnen zu drohen oder krampfhaft ihre Schwächen zu bekämpfen, werden wir von unseren eigenen Zukunftsängsten bestimmt. Und je mehr wir unsere Kinder mit dem Ziel erziehen, sie für den Kampf in der Welt von morgen zu wappnen, desto mehr tragen wir dazu bei, dass sich das Klima der Konkurrenz, des Individualismus und der Hoffnungslosigkeit verfestigt. Erziehung ist eine ethische Aufgabe, und Eltern tragen nicht nur Verantwortung für die individuelle Zukunft ihrer Kinder, sondern auch für die Zukunft unserer Welt. Wie wir Erwachsene mit den Beeinträchtigungen und Schwächen unserer Kinder umgehen, das steht in unmittelbarem Zusammenhang damit, wie in unserer Gesellschaft überhaupt mit Beeinträchtigungen und Schwächen umgegangen wird. Wenn wir als Erwachsene selbst nicht in einer Welt leben wollen, in der nur noch perfekte Menschen bestehen können, dann dürfen wir unsere Kinder auch nicht so erziehen, als hätte nur «das perfekte Kind» eine Zukunft.

Dieses Buch möchte Erwachsene, die mit Kindern und Jugendlichen zu tun haben, dazu einladen, sich immer wieder zu prüfen, in welchem Geist sie Kinder erziehen, und sich zu fragen, was sie eigentlich tun, wenn sie die ihnen anvertrauten Kinder in diese oder jene Richtung lenken. Im Einzelfall bleiben alle schwierigen Entscheidungen, die Erwachsene für Kinder zu treffen haben, auch dann noch schwierig, wenn die verantwortlichen Erwachsenen eine klare Haltung dazu haben, in welchem Geist sie die ihnen anvertrauten Kinder erziehen möchten. Ob zum Beispiel eine bestimmte Frühfördermaßnahme einem Kind dazu verhelfen kann, seine Welt mit mehr Lust zu entdecken, oder ob sie vor allem zum Ziel hat, das Kind schneller zu machen als das Nachbarskind, das können nur Eltern beantworten, die sich selbstkritisch prüfen. Auch ob die Gabe eines Psychopharmakons dazu dient, einem Kind unnötiges Leiden zu ersparen oder dazu, dass das Kind mithalten kann, um den Wunsch nach einem Kind ohne Defizite zu befriedigen, ist nicht immer leicht zu beantworten. Ob bestimmte Schulentscheidungen den realen Fähigkeiten der Kinder entsprechen oder vor allem den Erwartungen der Eltern, ist ebenso eine offene Frage. Und nicht einmal eine Therapie für verhaltensauffällige Kinder versteht sich von selbst, denn Kinder haben das Recht aufzufallen – auch unangenehm!

Für Eltern ist es extrem schwer geworden, im Hinblick auf ihre Kinder Entscheidungen zu treffen, die sich dem Zeitgeist des «survival of the fittest» widersetzen. Denn auch grundsätzlich gutwillige, idealistische und hoffnungsvolle Eltern haben Angst um ihre Kinder. Kein Erwachsener, der Kinder liebt, ist frei von der Sorge, das geliebte Kind könne untergehen. Deshalb sind auch alle Eltern, die Autorin dieses Buches eingeschlossen, verführbar durch Panikmache. Schließlich will man ja auch realistisch sein, und wir wissen alle, dass sich einzelne Menschen nicht gegen den Lauf der Welt stellen können! Um von den eigenen Ängsten dennoch nicht auf ungute Weise bestimmt zu werden, braucht es deshalb Gleichgesinnte, die ähnlich kritische Fragen stellen, ähnliche Erziehungsziele verfolgen, ähnliche ethische Vorstellungen haben und sich eine ähnliche gemeinsame Welt für ihre Kinder erträumen. Dieses Buch bietet Ihnen an, einen solchen «Gleichgesinnten» finden zu können. Wenn auch Sie ein ungutes Gefühl dabei haben, dass Kinder in unserer Welt immer mehr normiert werden, dass Effektivitäts- und Leistungsdruck die Spielräume von Eltern und Kindern immer mehr beschneiden, und dass die Elternschaft immer mehr unter das Diktat demographischer und ökonomischer Interessen gedrängt wird, dann lesen Sie bitte weiter!

2. Kinder, Krippen, Karriere – das neue Anforderungsprofil der Frau

Die Frauen in Deutschland haben es schwer. Jahrzehntelang hat man ihnen durch die Medien vermittelt, die drei «Ks»: «Kinder – Küche – Kirche» seien etwas für altmodische Muttchen der 50er Jahre. Die moderne Frau widme sich ganz ihrer Ausbildung und ihrem Beruf. Sie sei selbstständig, mobil, immer gepflegt und eine ebenbürtige Partnerin in allen Lebenslagen. Das Frauenideal der 90er Jahre des vergangenen Jahrhunderts war die Single-Frau, die sich nach erklommener Karriereleiter mit einem ebenfalls gut situierten Single-Mann zu einer «double income – no kids»-Beziehung verband.

Zwar haben sich viele Frauen weder die Kinder, noch die Küche und nicht einmal die Kirche ausreden lassen, aber sie standen dabei immer unter einem gewissen Rechtfertigungsdruck. Derzeit verschiebt sich das Anforderungsprofil an moderne Frauen in Deutschland wieder. Mit dem Anforderungsprofil an Frauen verschiebt sich implizit natürlich auch das Anforderungsprofil an Männer, öffentlich gestritten wird aber vor allem um das Frauenbild. Dadurch können Männer leicht so tun, als ginge sie das alles nichts an. Sie können sich dem Druck, der durch gesellschaftliche Erwartungen entsteht, viel eher entziehen als Frauen – es sei denn ihre Partnerinnen geben den Druck an sie weiter. Dies tun immer mehr Frauen, und zwar mit Recht! Frauen, die in ganz verschiedenen Lebensbereichen «ihren Mann stehen» müssen, sehen einfach nicht mehr ein, warum Männer in denselben Lebensbereichen nicht «ihre Frau stehen» sollen. Sie konfrontieren ihre Partner mit den Anforderungen, die an sie selbst gerichtet werden, und suchen nach gemeinsamen Lösungen. Deshalb sind die folgenden Überlegungen auch für Männer von Interesse, denen an einer guten Partnerschaft gelegen ist.

Aber wie genau verändert sich das Anforderungsprofil der deutschen Frau derzeit? Das Ideal der beruflich erfolgreichen Frau bleibt bestehen, und je mehr Fachkräfte der deutschen Wirtschaft fehlen werden, desto nachdrücklicher wird es propagiert werden. Aber das erste «K» der 50er Jahre, die Kinder, kehrt mit Macht zurück. Dabei spielt die demographische Debatte genauso eine Rolle wie die schlichte Einsicht, dass das Leben einer Gesellschaft ohne Kinder ein Leben ohne Zukunft ist und häufig auch eines ohne ausgelassenes Lachen. Die Rückkehr der Kinderfrage ins politische, mediale, wissenschaftliche und gesellschaftliche Leben kann von vernunftbegabten Erwachsenen beiderlei Geschlechts nur begrüßt werden. Trotzdem wehrt sich eine beträchtliche Zahl von Frauen und Männern gegen die Untertöne der Debatte um ein «kinderfreundliches Deutschland». Diese Gegenwehr ist zunächst einmal eine Gegenwehr der Erwachsenen ohne Kinder. Ziemlich viele von ihnen gibt es in unserer Mitte, und unser Land hat enorm von ihrem Arbeitseinsatz, ihrer Flexibilität und ihrer Mobilität profitiert. Erst der demographische Faktor, der die derzeitige familienpolitische Debatte stark prägt, macht Kinderlose zu «Egoisten», zu Menschen, die sich der Zukunft verweigern, und zum Problemfaktor für unsere alternde Gesellschaft. Dabei wird aber die persönliche Lebensgeschichte dieser Menschen meist vollkommen ausgeblendet. Ob das Leben ohne Kinder frei gewählt wurde oder ob es sich einfach so ergeben hat, ob Enttäuschungen hinter einem Menschen liegen oder die Leidenschaft für eine bestimmte Aufgabe, das möchte niemand so genau wissen. In demographischer Perspektive sind Kinderlose und insbesondere Singles eben Totalausfälle. In unserem Land macht sich derzeit ein Klima breit, in dem man sich rechtfertigen muss, wenn man keine Kinder hat. Dass sich dieser Rechtfertigungsdruck vor allem auf Frauen richtet, wissen auch Männer zu deuten, wenn sie das Zeitgeschehen so aufmerksam beobachten wie der evangelische Theologe und Bischof Wolfgang Huber:

> «In den Vorwürfen gegen erfolgreiche Frauen, die jenseits der vierzig sind, ohne Kinder zur Welt gebracht zu haben, und die nun mit Fotos in Zeitungen als personifizierte Versagerinnen dargestellt werden, tobt sich ganz offensichtlich ein ungehemmter Sexismus aus.» (47 f.)

Aber nicht nur Menschen ohne Kinder beschleicht beim Thema «Kinderland Deutschland» manchmal ein mulmiges Gefühl. An der derzeitigen Diskussion um den Ausbau der Kinderkrippen zum Beispiel beteiligen sich alle Bevölkerungsgruppen. Das «K» der Kinderkrippen stellt eine der Möglichkeiten dar, wie sich «Kinder» und «Karriere» verbinden lassen. Wobei es sich bei der sogenannten «Karriere» von Frauen meist um eine Stellung auf mittlerer Ebene handelt, die man, ginge es um Männer, nicht der Rede wert fände. Wie auch immer: Die Debatte um die Kinderkrippen zeigt zum einen, dass die Politik beim Thema Vereinbarkeit von Familie und Beruf große Fortschritte gemacht hat, weil die Betreuung von Kleinkindern vor dem Kindergartenalter endlich als gemeinsame soziale Aufgabe wahrgenommen wird. Sie zeigt aber auch, dass es in Deutschland scheinbar nicht möglich ist, familienpolitische Debatten ohne ideologische Grabenkämpfe zu führen. Stets geht es bei familienpolitischen Sachfragen latent auch um verschiedene Frauenbilder, um neue oder wiederkehrende Anforderungsprofile, also um Rollenzuschreibungen an Frauen und implizit auch an Männer. Wir haben noch einen weiten Weg vor uns, bis alle Frauen und Männer frei entscheiden können, wie sie ihr Leben ohne und mit Kindern gestalten. Wahrscheinlich ist der Weg für die Männer sogar noch weiter als für die Frauen, denn das Recht der Väter auf Zeit mit ihren Kindern wird im Erwerbsleben noch weniger anerkannt als das Recht der Mütter, erwerbstätig sein zu können. Allerdings streiten auch nur wenige Männer für dieses Recht. Diejenigen Väter, die gern mehr Erziehungsverantwortung übernehmen würden, haben dadurch, dass vielen Männern die derzeitige Rollenverteilung recht zu sein scheint, einen außerordentlich schweren Stand.

Auf der anderen Seite wurde aber schon viel erreicht: Wir haben sexuelle Freiheit, jedenfalls in rechtlicher Hinsicht, und in manchen Milieus in jeder Hinsicht. Wir haben Verhütungsmittel, die die Sexualität vom Zwang zur Fortpflanzung befreien. Wir haben Elternzeitregelungen (für Frauen und Männer!). Außerdem haben wir eine Vielfalt der Lebensformen: Kinder wachsen heute sowohl in Familien mit ihren leiblichen Eltern auf als auch bei alleinerziehenden Elternteilen oder in Patchwork-Familien. Es gibt auch keine ganz engen Rollenerwartungen mehr, die Frauen das Mutterglück aufzwingen und Männern den Erfolg im Beruf. Selbst die Freiheit zum Schwangerschaftsabbruch haben wir und die Freiheit zur künstlichen Befruchtung, wenn Paare auf natürlichem Wege keine Kinder bekommen können. Viele Frauen, vor allem aus der Generation unserer Mütter, haben für all diese Freiheiten gekämpft, und sie wurden in diesem Kampf oft auch von Männern unterstützt. Unsere Natur, das Strafrecht, die kleinbürgerliche Moral und die alten Rollenklischees engen uns nicht mehr ein. Wie ist es also zu verstehen, wenn behauptet wird, der Weg zur gemeinsamen Freiheit aller Menschen in Fragen der Fortpflanzung sei noch lang?

Freiheiten, die man sich im politischen und gesellschaftlichen Leben erkämpfen kann, haben eine schwer zu erfassende und noch schwerer zu kontrollierende Eigenart, denn sie bringen gleichsam auf ihrer Rückseite wieder neue Zwänge mit sich. Am Beispiel der Kinderkrippen lässt sich das gut zeigen: Was viele Eltern als Fortschritt und Zugewinn an Freiheit begrüßen, nämlich ihre Kinder schon in der Kleinkindphase in die Hände kompetenter Erzieherinnen geben zu können, kann auf andere Eltern den Druck erhöhen, möglichst schnell wieder ins Berufsleben einsteigen zu müssen. Je mehr Kinderkrippen zum Normalfall der Kinderbetreuung in Deutschland werden, desto mehr wird sich der Rechtfertigungsdruck auf Mütter und Väter erhöhen, die ihre Kinder lieber zu Hause behalten möchten.

Dies ist kein Plädoyer gegen Kinderkrippen, ja nicht einmal für das Erziehungsgeld – ganz im Gegenteil! Zurzeit stehen eben noch diejenigen unter Rechtfertigungsdruck, die keine Elternzeit beanspruchen, sondern trotz Kindern möglichst schnell wieder arbeiten möchten. Darüber hinaus finden sie häufig gar keine Möglichkeit, ihre Kleinkinder betreuen zu lassen. Die Einrichtung von Kinderkrippen ist eine absolut notwendige und unaufschiebbare politische Maßnahme für die Vereinbarkeit von Familie und Beruf, die sich die meisten Erwachsenen in Deutschland wünschen. Aber sie ist kein politisches Allheilmittel. Man wird sehr genau und über längere Zeit hinweg beobachten und überprüfen müssen, welchen Zugewinn an persönlicher Freiheit sie bringen und welche neuen Zwänge durch sie entstehen können.

Ein anderes Beispiel, an dem gezeigt werden kann, wie erstrittene politische Freiheiten neue Drucksituationen entstehen lassen, ist der Schwangerschaftsabbruch. Was haben Frauen gekämpft gegen den gesetzlichen Zwang, ein Kind austragen zu müssen, dessen Mutter sie nicht werden konnten oder wollten! Heute haben wir diese Freiheit. Der Schwangerschaftsabbruch ist in unserer Gesellschaft kein Thema mehr. Außer einigen Lebensschützergruppen regt sich kaum noch jemand über die circa 125.000 Schwangerschaftsabbrüche jährlich in unserem Lande auf. Ganz im Gegenteil: Der Schwangerschaftsabbruch erscheint mehr und mehr als eine rationale Antwort auf die Anpassungsanforderungen unserer Gesellschaft. Viele gut ausgebildete Frauen sehen sich heute mit der allgemeinen Erwartung konfrontiert, ihre Kinder in die berufliche Lebensplanung optimal einzupassen und, wenn doch einmal eine Schwangerschaft dazwischenkommt, den Schwangerschaftskonflikt individuell und möglichst geräuschlos zu lösen. Für die betroffenen Frauen – und manchmal auch für ihre Partner – ist und bleibt der Schwangerschaftsabbruch zwar ein körperlich und seelisch belastendes Ereignis, aber das will heute niemand mehr hören. Je normaler der Schwangerschaftsabbruch wird, desto weniger Unterstützung erfahren Frauen sowohl in ihrer Entscheidung für ein Kind unter ungünstigen Lebensumständen als auch bei ihrer Verarbeitung eines Schwangerschaftsabbruchs. Gleichgültig wie sie sich entscheiden – sie sind selbst schuld. Sie hatten ja die freie Wahl! Die Zwänge des Strafrechts sind weg, aber dadurch werden die Zwänge unseres Erwerbslebens umso spürbarer. «Das perfekte Kind», das bedeutet heute eben auch: das Kind zum perfekten Zeitpunkt, perfekt in die Berufslaufbahn eingepasst und unter perfekten Lebensumständen.

Aus diesen Beobachtungen kann man folgenden Schluss ziehen: Jede rechtliche und politische Maßnahme zur Erweiterung von Entscheidungsfreiräumen ist *auch* funktionalisierbar. Durch jede rechtliche und politische Maßnahme können bei entsprechender Wirtschaftslage und medialer Vermittlung Frauen und Männer gegeneinander ausgespielt werden, oder auch Frauen gegeneinander und Männer gegeneinander. Natürlich gibt es trotzdem gute und schlechte rechtliche und politische Maßnahmen. Gute Maßnahmen entsprechen entweder den Bedürfnissen der Mehrheit der Bevölkerung eines Landes, oder sie beseitigen Unrecht, oder sie leiten einen wichtigen sozialen Veränderungsprozess ein.

Freiheit hat aber noch mehr und wesentlich tiefere Quellen als rechtliche und politische Maßnahmen. Damit sich alle Menschen in einer Gesellschaft frei fühlen können, unabhängig von ihrer Lebensform, braucht es einen bestimmten Geist, der sich grundsätzlich den normierenden Anforderungsprofilen widersetzt. Was unsere Gesellschaft braucht, ist ein freiheitlicher Geist. Dieser kann jedoch nicht auf politischem Wege herbeigeführt werden. Es braucht dazu Menschen, die von der Freiheit jedes Einzelnen in allen Fragen der persönlichen Lebensführung wirklich überzeugt sind und diese auch dann verteidigen, wenn es nicht um ihre persönliche Freiheit geht. Es braucht Frauen und Männer, die nicht ideologieanfällig sind und die nicht mit Menschen, die anders leben als sie selbst, in Konkurrenz treten.

Durch die regelmäßig wechselnden Frauen- und Männerbilder in unserer Gesellschaft sind immer die einen «die Guten» und die anderen «die Schlechten». Häufig ist der Wechsel dieser Rollenbilder jedoch von marktwirtschaftlichen Entwicklungen abhängig und hat rein gar nichts mit der realen Qualität von Lebensformen zu tun. Ob wir in bestimmten Phasen unseres Lebens zu den «angesagten» oder zu den «beschimpften» Personengruppen gehören, ist mehr oder weniger zufällig. Es wäre für alle Menschen von Vorteil, wenn sie in den anderen Menschen die Schwester und den Bruder sehen könnten, die beziehungsweise der eben einen anderen Lebensweg gewählt hat, und nicht die Konkurrentin oder den Konkurrenten.

Die Freiheit zum Widerstand gegen normierende Anforderungsprofile kann entstehen, wenn man sich Folgendes klarmacht: Die Unterstellung, das perfekte Leben spiele bei der

Konkurrenz, macht Menschen unzufrieden und unglücklich. Dieser Zustand der unglücklichen Unzufriedenheit entsteht bei Erwachsenen mit Kindern dadurch, dass sie zum Teil erleben und zum Teil eingeredet bekommen – zum Beispiel durch öffentliche Debatten oder durch unsere Bilderwelt in Filmen und in der Werbung –, Menschen ohne Kinder hätten es besser als sie: Sie könnten sich mehr leisten, sich besser auf ihr Alter vorbereiten, seien freier, hätten Zeit für Kultur, Bildung und Reisen, würden interessantere Menschen kennenlernen, lebten in schicken und stets aufgeräumten Wohnungen und vor allem schmiere niemals ein Kindermund Nutella an die gerade gewaschene Hose! Aus solchen Gefühlen sprechen zum Teil reale Belastungen, zum Teil aber auch Projektionen von Lebensglück, die mit der Realität kinderloser Erwachsener nicht viel zu tun haben. Die Slogans von Kindern als «Armutsrisiko» und «Karrierehindernis» nähren solche Projektionen. Genauso gut kann es aber sein, dass Erwachsene, die ohne Kinder leben, zwar viel Geld haben, aber nicht mehr wissen, wofür sie es ausgeben sollen, dass sie gerne reisen, aber nicht wissen mit wem, dass sie Überstunden machen, um nicht in die aufgeräumte, aber unbelebte Wohnung zurückkehren zu müssen. Wer weiß das schon? Und selbst wenn Erwachsene ohne Kinder ihr Leben in vollen Zügen genießen – wer sagt denn, dass ein genussreicheres Leben mehr Glück bedeutet?

Erwachsene, die ohne Kinder leben, sind oft unglücklich und unzufrieden, weil sie zum Teil erleben und zum Teil eingeredet bekommen – zum Beispiel durch öffentliche Debatten oder durch unsere Bilderwelt in Filmen und in der Werbung –, Menschen mit Kindern hätten es besser als sie: sie seien von allen anerkannt, für sie stelle sich beim Aufstehen nie die Sinnfrage, sie würden keine Langeweile kennen, wünschten sich nichts anderes als ihre Kinder groß werden zu sehen, könnten, ohne selbst viel zu leisten, stolz auf ihren Nachwuchs sein und seien stets umgeben von Liebe, Lachen und Leben. Immer wieder haben mir Menschen, die sich vergeblich Kinder wünschten, erzählt, sie sähen nur noch glückliche Familien um sich herum, stolze Väter, die ihre Kinder auf den Schultern tragen, und lachende Mütter, die mit ihren Kindern Drachen steigen lassen. Auch aus diesen Gefühlen sprechen zum Teil reale Belastungen, zum Teil aber auch Projektionen von Lebensglück, die mit der Realität von Familien nicht viel zu tun haben. Slogans wie «Kinder sind Zukunft» oder die Vorabendwerbung nähren solche Projektionen. Genauso gut kann es aber sein, dass Eltern durch das tägliche Einerlei der Haus- und Familienarbeit zermürbt werden, dass sie Probleme mit ihren Kindern haben, die niemand sieht, und ihnen der permanente Streit unter den Geschwisterkindern den letzten Nerv raubt. Wer weiß das schon? Und selbst wenn Eltern stolz auf ihre Kinder sein können – wer sagt denn, dass sie nicht trotzdem nach dem Sinn ihres eigenen Lebens fragen?

Ganz analog funktionieren diese Mechanismen auch bei Müttern mit und ohne bezahlten Beruf: Die Mütter, die mit ihren Kindern zu Hause bleiben, beneiden berufstätige Mütter häufig um ihr gesellschaftliches Ansehen, die sozialen Kontakte und das eigene Geld. Die berufstätigen Mütter hingegen beneiden die Vollzeitmütter um ihre Freiheit, die Zeit, die sie mit ihren Kindern verbringen können, und den kleineren Stress. Dies zeigt, dass jede Lebensform ihre eigenen Chancen und Lasten hat. Wo die Lasten allzu ungerecht verteilt werden, ist es Aufgabe der Steuer-, Familien- und Sozialpolitik, Umverteilungen vorzunehmen. Die fehlende soziale Anerkennung für Frauen, die wegen ihrer Kinder gern zu Hause bleiben, ist zum Beispiel ungerecht und muss geändert werden. Aber es gibt auch Belastungen, die zu der jeweiligen Lebensform einfach dazugehören: der Lärm von Kindern zum Beispiel – oder eben die Stille einer Wohnung ohne Kinder.

So ist es einfach, und jede und jeder muss auf ihre oder seine Weise damit umgehen lernen, ohne nach dem vermeintlich besseren Leben anderer zu schielen. Es kommt weniger darauf an, was wir tun, sondern ob wir es gern tun. Und es kommt auch nicht darauf an, ob wir dem Anforderungsprofil der deutschen Frau entsprechen, sondern ob wir mit unserem Leben zufrieden sind.

Konkurrenz und Neid vergiften das Klima, in dem wir leben. Natürlich ist es nötig, dass wir immer wieder öffentlich darüber streiten, wie wir unser gemeinsames Leben gerechter und zukunftsorientierter gestalten können. Deshalb ist die Debatte um die Kinderkrippen, von der vorher schon die Rede war, außerordentlich nützlich. Aber dafür, dass durch politische Maßnahmen nicht wieder neuer Anforderungswahn und neue Verliererinnen entstehen, müssen auch wir etwas tun. Wir alle können das Klima, in dem solche öffentlichen Debatten um die Familie geführt werden, mitbestimmen. Es hängt unter anderem davon ab, wie wir übereinander denken und reden. Es ist nicht gleichgültig für unser gemeinsames Leben, wie ich über die kinderlosen Doppelverdiener rede, die ihren Urlaub nicht auf dem überfüllten Campingplatz, sondern außerhalb der Schulferien mit Fernreisen verbringen, oder über die Nachbarin, die ihren Kleinen immer ein bisschen zu spät aus dem Kindergarten abholt, weil sie arbeitet. Auch was ich über die ALGII-Empfängerin mit den fünf Kindern sage, die selbstverständlich raucht, oder über den Kollegen, der ein Jahr Elternzeit beantragt, trägt zu dem Klima bei, in dem wir miteinander leben. Mehr Toleranz und gegenseitige Unterstützung und weniger Konkurrenz und Neid würden uns allen nützen!

So wie jede Lebensform ihre eigenen Belastungen mit sich bringt, so gibt es auch Lebensaufgaben, die sich in allen Lebensformen verwirklichen lassen, zum Beispiel die Aufgabe, zu lieben. Etwas aus Liebe zu tun, ist überall möglich! Ganz sicher in Familien mit Kindern, aber eben auch in einer guten Freundschaft; ganz sicher im Miteinander verschiedener Generationen, aber eben auch in einer Firma; ganz sicher in der Hingabe an geliebte Menschen, aber eben auch in der Hingabe an einen Beruf oder die Kunst oder eine soziale oder ökologische Aufgabe. Wir müssen die Herausforderungen der Zukunft gemeinsam ansehen, gemeinsam anpacken und gemeinsam lösen – ohne Schuldzuweisungen an irgendeine Personengruppe. Natürlich müssen dabei auch die Ursachen für die relativ geringe Zahl von Kindern, die in unserem Land geboren werden, analysiert werden. Aber auf den Geist, in dem diese Debatte geführt wird, kommt es entscheidend an. Ist es ein Geist der Panikmache oder ist es ein Geist der Hoffnung für unser Land? Ist es ein Geist der Schuldzuweisung oder ist es ein Geist der Einladung zum Mitmachen? Ist es ein Geist des Neides oder ein Geist der Fürsorge füreinander? Im Geist der Einladung zum Mitmachen alle Fragen rund ums Kinderkriegen zu behandeln – das ist ein Ziel dieses Buches.

Die derzeitige Debatte um fehlende deutsche Kinder inspiriert niemanden zum Mitmachen, weil in ihr niemals zur Sprache kommt, welches Glück Kinder bedeuten. Wer wird schon zum Kinderkriegen motiviert, indem man ihm vorrechnet, dass sein Kind später einmal zehn Greise wird durchfüttern müssen? Die statistischen Hochrechnungen über Jahrzehnte hinweg können uns zwar den Ernst der Lage bewusst machen, aber sie müssen so nicht eintreten, denn sie machen Aussagen über das Reproduktionsverhalten einer Generation, die noch nicht einmal geboren ist.

Genauso dringend wie Menschen, die den Geist der Freiheit um sich verbreiten, brauchen wir deshalb auch Menschen, die Vertrauen in unsere gemeinsame Zukunft haben und dementsprechend leben, handeln und Kinder erziehen. Statistische Hochrechnungen verlängern immer nur die Vergangenheit in die Zukunft hinein, aber sie rechnen nicht mit Menschen, die sich plötzlich anders verhalten, weil sie gemeinsame Visionen für ihre Zukunft entwickeln. Was wir brauchen, sind nicht Anforderungskataloge an deutsche Frauen, sondern positive Bilder einer gemeinsamen Zukunft, die realistisch sind, weil sie Menschen begeistern können.

Es ist gar nicht so einfach, sich durch die Zwangsmechanismen unserer Welt – Finanznot, negative Schlagzeilen und bedrohliche Zukunftsaussichten – nicht völlig in den Bann ziehen zu lassen. Aber es liegt an uns allen, ob die düsteren Prognosen zum Beispiel über den demographischen Wandel wirklich eintreffen oder nicht. Dafür müssen aber nicht alle Erwachsenen Kinder bekommen. Kindsmütter und -väter brauchen auch berufstätige Kinderbetreuer, Lehrerinnen und Karrierefrauen und -männer, die unseren Sozialstaat stützen. Erst wenn wir verstehen, dass Kinder nicht als Leistung zu verstehen sind, sondern als gemeinsamer Reichtum und als gemeinsame Aufgabe, können Männer und Frauen frei entscheiden, welchen Anforderungen sie sich in ihrem Leben stellen möchten und welchen nicht. Erst wenn wir verstehen, dass Kinder unser gemeinsamer Reichtum und unsere gemeinsame Aufgabe sind, können Menschen mit und ohne Kinder glücklich sein, ohne perfekt sein zu müssen.

3. Kinderkriegen – die «natürlichste Sache der Welt»?

Nicht nur das Elternsein, sondern bereits das Elternwerden wird heutzutage von vielfältigen Anforderungen bestimmt, zu denen sich werdende Eltern verhalten müssen. Aber wie kommt das? Ist das Kinderkriegen nicht die «natürlichste Sache der Welt», die sich einfach ereignet, wenn zwei Menschen sich lieben? Vielleicht war das einmal so, aber in unserer Zeit hat die Fortpflanzung jegliche Selbstverständlichkeit verloren. Alles und jedes wurde in diesem Zusammenhang vor allem in den letzten Jahrzehnten zum Gegenstand der Wahl und somit notwendiger Entscheidungen. Und man will ja alles richtig machen!

Zunächst einmal gilt es, einen Partner oder eine Partnerin zu finden, mit dem oder mit der ich meine Sexualität leben möchte und kann. Schon das ist schwer genug, aber wenn dann auch noch ein Kinderwunsch im Raum steht, wird der Kreis der in Frage kommenden Partner noch enger. Vor allem viele Frauen haben schlicht deshalb keine Kinder, weil sie keinen Partner gefunden haben, der ihnen glaubhaft versichern konnte, Vater und nicht nur Erzeuger ihrer Kinder sein zu wollen.

Wenn dann eine Partnerschaft besteht, ist der Zeitpunkt des Elternwerdens zu bestimmen. Muss die Schule abgeschlossen, die Berufsausbildung beendet oder das Eigenheim fertig gestellt sein, bevor man Kinder bekommt? Muss man zuerst im Beruf Fuß gefasst und die wichtigsten Jugendträume verwirklicht haben, oder können Kinder auch früher kommen? Wann passt ein Kind am besten in die eigene Lebensplanung? Nicht wenige Paare haben deshalb keine Kinder, weil sie einfach nie den richtigen Zeitpunkt zum Elternwerden gefunden haben.

Wenn aber Einigkeit über den richtigen Zeitpunkt besteht, dann bleibt immer noch die Frage der geeigneten Empfängnisverhütung zu klären. Vor und nach der Geburt von Kindern haben alle heterosexuellen geschlechtsreifen Erwachsenen die Qual der Wahl zwischen chemischer, mechanischer und natürlicher Empfängnisverhütung. Dabei gibt es nur selten die optimale Lösung im Hinblick auf Verlässlichkeit und Verträglichkeit des Verhütungsmittels. Individuelle Sicherheitsbedürfnisse, gesundheitliche Faktoren und ethische Überlegungen, zum Beispiel im Hinblick auf die Spirale, spielen bei der Auswahl des Verhütungsmittels eine Rolle. Nicht wenige Schwangerschaften kommen aufgrund eines «Verhütungsversagens» zustande.

Entsteht eine Schwangerschaft nicht mit dem richtigen Partner, oder kommt sie nicht zum richtigen Zeitpunkt, dann muss das Paar auch darüber entscheiden, ob die Schwangerschaft ausgetragen werden soll oder ein Schwangerschaftsabbruch gewählt wird. Die rechtliche Freiheit hierzu besteht. Deshalb treffen auch Paare, für die ein Schwangerschaftsabbruch grundsätzlich nicht in Frage kommt, eine Entscheidung. Sie treffen eben die Entscheidung, diese Freiheit nicht zu nutzen. Von selbst versteht sich das Austragen einer ungeplanten Schwangerschaft schon lange nicht mehr.

Entscheidungen im Schwangerschaftskonflikt sind häufig mit Entscheidungen über die Lebensform verknüpft, in die ein Kind hineingeboren werden soll: Muss eine stabile Partnerschaft bestehen, bevor ich mir zutraue, Mutter oder Vater zu werden, oder kann das Kind auch von einem Elternteil oder zusammen mit den Großeltern und anderen nahestehenden Menschen großgezogen werden? Entscheidungen in solchen Fragen werden sehr individuell getroffen.

Wird eine begonnene Schwangerschaft dann fortgesetzt, stehen weitere Entscheidungen an, zum Beispiel über die Intensität und weltanschauliche Ausrichtung der Schwangerenvorsorge und die vorgeburtliche Diagnostik. Die Möglichkeiten der Pränataldiagnostik (PND) stellen Paare heute vor Entscheidungen, deren Tragweite sie oft erst ermessen können, wenn die Wahl zwischen Leben und Tod unausweichlich geworden ist. In kaum einem anderen Handlungsfeld der modernen Medizin werden wir durch die derzeitigen rechtlichen Freiheiten in solche Abgründe geführt wie bei der Entscheidung über die Geburt eines behinderten Menschen. Aber auch die vielen vermeintlich unproblematischen Entscheidungen zugunsten einer extensiven Nutzung der PND haben ethische Konsequenzen, denn sie fördern in ihrer Masse eugenische Tendenzen in unserer Gesellschaft und verändern unsere Vorstellungen darüber, was es heißt, Kinder zu haben. Natürlich kann auch im Hinblick auf die PND die Entscheidung getroffen werden, sich all ihren Möglichkeiten zu entziehen, aber auch dadurch wird die Schwangerschaft nicht wieder zur «natürlichsten Sache der Welt». Die Entscheidung, der Natur ihren Lauf zu lassen, ist und bleibt in den Zeiten der Reproduktionsmedizin eine ethisch anspruchsvolle und häufig angefochtene individuelle Wahl. Darauf werde ich in den Kapiteln 5 und 6 des Buches zurückkommen.

Neuerdings müssen werdende Eltern außerdem entscheiden, ob sie das Nabelschnurblut ihrer Kinder von kommerziellen Zellbanken einfrieren lassen, um die im Nabelblut enthaltenen Stammzellen später nutzen zu können, und ihren Kindern so eine optimale Gesundheitsvorsorge mitzugeben. Obwohl der medizinische Sinn dieses Verfahrens strittig ist und die Einlagerung des Nabelblutes teuer – 20 Jahre Lagerung kosten derzeit 2.400 € – haben schon Zigtausende von Paaren diesen Weg beschritten.[2] Auch die Spende des begehrten Blutes an öffentliche Stammzellbanken ist möglich. Bei dieser Handlungsoption müssen Eltern dann jedoch entscheiden, ob sie wissen möchten, welche Ergebnisse die medizinische Untersuchung des Nabelschnurblutes auf Krankheiten erbracht hat. Das Kind nach seiner Meinung fragen, können sie jedenfalls nicht.

Vor schwerwiegende Entscheidungen werden Paare auch dann gestellt, wenn eine Schwangerschaft auf natürlichem Wege nicht zustande kommt. Immer mehr Paare müssen die Entscheidung darüber treffen, ob sie eine In-vitro-Fertilisation oder andere Befruchtungstechniken durchführen lassen, wenn Kinder zu lange auf sich warten lassen oder einer der Partner nicht fortpflanzungsfähig ist. Auch bei diesen Entscheidungen spielen neben medizinischen Aspekten gesundheitliche, psychische und ethische Aspekte eine Rolle. Diesen widmet sich Kapitel 7.

Wenn eine Schwangerschaft dann auf die Geburt zuläuft, sind wieder Entscheidungen zu fällen: Welches ist der geeignete Geburtsort: das eigene Zuhause, ein Geburtshaus oder eine Klinik? Oder soll es vielleicht die sogenannte «Hausgeburt in einer Klinik» sein? Auf wenige Entscheidungen verwenden Paare so viel Sorgfalt wie auf die Wahl des passenden Ortes der Geburt ihres Kindes. Kreißsaalführungen erfreuen sich überall großer Beliebtheit. Sie stellen eine Möglichkeit dar, mit der Angst vor einer Geburt besser zurechtzukommen.

Nach der Geburt geht der Entscheidungsdruck dann weiter: In den Fragen der medizinischen Betreuung ihrer Babys haben Eltern oft über Sachverhalte zu entscheiden, deren Konsequenzen sie überhaupt nicht absehen können, zum Beispiel bei der Frage des Impfens. Hier geraten Eltern leicht zwischen die Fronten im Kampf verschiedener medizinischer Richtungen gegeneinander. Aber auch weniger bedeutende Fragen der Versorgung von Kleinkindern bereiten Eltern oft Kopfzerbrechen, zum Beispiel das Wickelsystem, die Babynahrung oder das Schlafverhalten ihrer Kinder. Selbstverständlich ist einfach gar nichts mehr! Und auch die Ratschläge, mit denen Eltern von allen Seiten versorgt werden – von Journalisten, Buchautorinnen, Betreibern von Internet-Plattformen, Hebammen, Naturheilkundlern, Therapeutinnen aller Art und Kinderärzten – helfen nicht wirklich weiter. Die ZEIT-Autoren Martin Spiewak und Astrid Viciano stellen lapidar fest:

> «Die Mindestzeit des Stillens (reicht ein Jahr oder muss es länger sein?), die medizinisch wertvollste Form des Schnullers (Kirschkern, Brustwarzendesign oder kieferorthopädisches Modell?) oder der richtige Ersatz für Kuhmilch im ersten Jahr (darf es Fertigmilch sein, oder muss ein spezieller Cocktail aus Reismilch und Mandelmus her?) entzweit die Ratgeber in Sachen Kindergesundheit.»

Eine Mutter oder ein Vater kann aber auch nicht einfach tun, was alle tun, weil jeder und jede in der Zwischenzeit Menschen kennt, die sich anders verhalten, und man somit vor die Entscheidung gestellt wird, wo man sich selbst zuordnen möchte.

Wenn die Kinder dann größer werden, geht es genauso weiter: Fragen, die dann zu entscheiden sind, sind zum Beispiel die Kindertaufe, die Kinderbetreuung, die weltanschauliche Ausrichtung des Kindergartens und der Schule, rechtzeitige und geeignete Fördermaßnahmen für das Kind, das passende Musikinstrument, die richtige Sportart und und und. Weder beim Elternwerden noch beim Elternsein versteht sich heute noch etwas von selbst.

Diese Veränderungen mag man beklagen oder feiern – auf jeden Fall müssen wir alle uns ihnen stellen und mit dem Entscheidungsdruck und der Verantwortung, die damit verbunden sind, irgendwie zurechtkommen. Viele Eltern empfinden

den permanenten Entscheidungsdruck, unter dem sie schon vor der Geburt ihres Kindes stehen – und erst recht danach! –, als eine Last, die das Elternglück trübt. Sie sehen sich ständig mit der Anforderung konfrontiert, all diese Fragen gut informiert, kompetent und ethisch begründet entscheiden zu sollen. Plötzlich werden sie als junge Eltern nicht mehr nur für sich, sondern auch für ihre Kinder in einem Maße verantwortlich gemacht, das sie sich zuvor niemals hätten vorstellen können. Immer wieder werden sie dazu gezwungen, ihr Kind mit den Augen all der Spezialisten zu sehen, durch die die Entwicklung von Kindern heute kontrolliert wird: vor allem mit den Augen von Medizinern, aber auch mit den Augen von Entwicklungspsychologen, mit den Augen von Ergotherapeuten, Logopäden oder Erziehungsberatern. Ein großer Teil der Kinder erhält heutzutage schon während der Grundschulphase mindestens eine Fördermaßnahme oder Therapie. Die gezielte Einzelförderung besonders belasteter Kinder ist selbstverständlich zu begrüßen. Das Problem besteht aber darin, dass viele Eltern, besonders die verantwortungsbewussten, durch die vielen Kontrolleure um ihre Kinder herum gar nicht mehr wissen, was die spezifische Perspektive einer Mutter oder eines Vaters auf ihr Kind ist. Eltern von heute sind nicht nur als Eltern gefordert, sondern auch als Ernährungsberaterinnen, Chauffeure, Hausaufgabenbetreuerinnen, Übungspartner, Coach, Konfliktmanagerinnen oder Cotherapeuten ihrer Kinder. Vom Glück, einfach Mutter oder Vater zu sein, bleibt da nicht viel übrig. Ständig müssen Eltern heute überlegen: Wo braucht mein Kind einfach mehr Zeit oder doch professionelle Unterstützung? Was kann ich meinem Kind zumuten, und wovor muss ich es schützen? Wo braucht es Grenzen und wo Freiräume oder Anregungen von außen?

Viele Eltern erleben diesen Anforderungs- und Entscheidungsdruck als permanenten Stress, der ihnen die Freude an ihren Kindern raubt. Sie trauen sich oft nicht mehr zu, solche Entscheidungen intuitiv zu treffen, weil ihnen ständig klargemacht wird, wie viel von der Richtigkeit ihrer Entscheidungen für das Kind abhängt. Ganze Regale voller Ratgeberliteratur in den Buchhandlungen und ganze Heerscharen von Expertinnen für Erziehungsfragen in den Medien vermitteln den Eltern von heute den Eindruck, dass nichts schwieriger sei, als gute Eltern zu werden und zu sein. Und wer diese Ratgeber und Experten nicht liest und kennt, hat ein schlechtes Gewissen und den Eindruck, sich als Eltern zu wenig um die Erziehung ihrer Kinder zu kümmern. Dabei ist für eine gute Erziehung nichts weniger ausschlaggebend als das Lesen von Erziehungsratgebern.

Aber woran sollen wir uns orientieren bei unseren Entscheidungen? Welche Werte oder Normen legen wir unseren Entscheidungen zugrunde? Die meisten Menschen machen sich beim Elternwerden und Elternsein wahrscheinlich gar nicht klar, dass sie mit der Art und Weise, wie sie ihre Elternschaft leben, ethische Entscheidungen treffen. Sie gehen mit dem Gefühl, für alles Mögliche verantwortlich zu sein, einfach so um, dass sie tun, wovon sie glauben, dass eine gute Mutter beziehungsweise ein guter Vater das eben tut. Weil aber nicht mehr klar ist, was gute Eltern heute auszeichnet, möchten sie am besten alles für ihr Kind tun, um ja nichts zu versäumen. Und gerade dadurch entsteht immer noch mehr Stress, ja ein richtiggehender Anforderungswahn, der Eltern die Erfüllung ihrer Aufgaben schwer macht. Deshalb müssen wir in unserer Gesellschaft ein Gespräch darüber führen, was gute Elternschaft heute bedeuten kann. In Kapitel 10 werde ich auf diese Frage zurückkommen und versuchen, sie zu beantworten.

Aber dieses Kapitel muss auf vielfältige Weise vorbereitet werden. Eltern werden wir nicht einfach so, sondern auf dem Wege von Schwangerschaft und Geburt. Deshalb wird das Nachdenken über die Schwangerschaft dem Nachdenken über die Elternschaft vorangehen. Ziel des ganzen Buches ist es, durch das Nachdenken über die Schwangerschaft ethische Orientierung für all die Fragen rund ums Kinderkriegen zu erhalten.

Diesem Unternehmen liegt folgende Überlegung zugrunde: Für unser Verhalten in menschlichen Beziehungen sind häufig weniger moralische Normen leitend als die inneren Verbindlichkeiten, die sich aus der Art einer Beziehung ergeben. Jede wertvolle menschliche Beziehung enthält solche inneren Verbindlichkeiten. Für eine Freundschaft zum Beispiel oder für eine Ehe kennen wir alle die impliziten Regeln dieser Beziehungen. Anders funktionieren sie nicht. Zur Freundschaft gehören zum Beispiel: Aufrichtigkeit, ein Mindestmaß an gemeinsam verbrachter Zeit, das Denken aneinander in besonderen Lebenssituationen, Vertrauen und noch einiges mehr. Welche impliziten Verbindlichkeiten genau zu einem bestimmten Lebensverhältnis gehören, das ist zum einen abhängig von kulturellen Prägungen und zum anderen von individuellen Vereinbarungen. Es gibt in vielen Einzelfragen der Gestaltung von Freundschaften sehr unterschiedliche Formen, zum Beispiel was die Häufigkeit der Kontakte betrifft. Was die einen schon als gute Freundschaft bezeichnen, ist für andere nicht mehr als eine lockere Bekanntschaft. In solchen Fragen der Ausgestaltung einer Freundschaft müssen sich nur die jeweils beteiligten Freunde und Freundinnen einig sein. Aber es gibt auch Verhaltensweisen, von denen alle Menschen eines bestimmten Kulturkreises der Auffassung sind, dass sie gegen die impliziten Regeln der Freundschaft verstoßen, weil sie das Wesen dieser besonderen Beziehung verletzen. Man erzählt zum Beispiel keine Intimitäten von Freunden weiter.

Auch die Schwangerschaft ist ein besonderes Lebensverhältnis mit eigenen inneren Verbindlichkeiten. Das Problem ist nur, dass wir nicht gewohnt sind, über die Schwangerschaft als Lebensverhältnis nachzudenken und ein Gespräch über die kulturelle Bedeutung des Phänomens Schwangerschaft in unserem Kulturkreis zu führen. Über die Freundschaft, über die Ehe und über das Eltern-Kind-Verhältnis gibt es zahlreiche philosophische und kulturgeschichtliche Abhandlungen. Über die Schwangerschaft jedoch herrscht Schweigen. Dies hat verschiedene Gründe: Ein Grund liegt darin, dass der entstehende Mensch im Mutterleib verborgen ist. Wie soll man über eine Beziehung zu jemandem nachdenken, dem man gar nicht ins Angesicht blicken kann? Ein weiterer Grund ist, dass es sich bei der Schwangerschaft um eine Lebenserfahrung handelt, die sich ausschließlich im Körper von Frauen vollzieht. Solange die Anthropologie, also die Lehre vom Menschen, ganz in der Hand männlicher Philosophen, Theologen und Soziologen lag, war die Schwangerschaft einfach kein Thema, über das nachgedacht wurde. Zwar weckten die geheimnisvollen Vorgänge im Körper einer Frau bei der Entstehung eines Kindes immer auch die naturwissenschaftliche Neugier, aber für die Geisteswissenschaften war der Beginn des Lebens von Menschen kein Thema von Bedeutung. Man rechnete sie dem Bereich des Natürlichen zu und verschwendete keinen weiteren Gedanken daran. Die Anthropologie konzentrierte sich in ihrem Nachdenken ganz auf die andere Grenze des menschlichen Lebens, seine Sterblichkeit.[3]

Und warum sollte es auch anders sein? Warum sollten wir über eine Lebensphase nachdenken, auf die wir keinerlei Einfluss hatten, an die wir keine eigene Erinnerung haben und die nie mehr wiederkehren wird? Eine der Antworten auf diese Fragen habe ich bereits genannt: Wir müssen anfangen, über die Schwangerschaft nachzudenken, weil das Kinderkriegen eben schon lange aufgehört hat, «die natürlichste Sache der Welt» zu sein, und dadurch mit einer Reihe anspruchsvoller ethischer Entscheidungen verknüpft ist, für die wir Orientierungen brauchen. Von Schwangerschaft und Geburt überhaupt nicht oder als der «natürlichsten Sache der Welt» zu sprechen, verschleiert die Entscheidungen von weittragender Bedeutung, die im Bereich der Fortpflanzung insbesondere von Frauen zu treffen sind, und den Preis, den sie mit jeder ihrer Entscheidungen zahlen.

Wenn wir uns aber fragen, woran sich unsere Entscheidungen orientieren sollen, so können wir zu sachgemäßen und menschlichen Antworten nur kommen, wenn wir den Sinn des ganz besonderen Lebensverhältnisses Schwangerschaft verstehen und die Bedeutung dessen, dass wir als Menschen Wesen sind, die von Eltern gezeugt und von einer Mutter ausgetragen und geboren werden. Dies gilt für alle Entscheidungen, die im Zusammenhang mit der Geburt eines Kindes heute zu treffen sind, verdichtet sich aber in Situationen des Schwangerschaftskonflikts, also in Situationen, in denen eine schwangere Frau aus welchen Gründen auch immer einen Schwangerschaftsabbruch erwägt.

Für verschiedene Entscheidungen rund um das Kinderkriegen ethische Perspektiven zu entwickeln, die nicht mit Analogieschlüssen aus anderen Handlungsfeldern, etwa am Lebensende, operieren, sondern streng auf den Lebenskontext schwangerer Frauen und ihrer Partner bezogen sind, setzt eine intensive Auseinandersetzung mit dem Phänomen Schwangerschaft voraus. Aber nicht nur die Individualethik, die Entscheidungssituationen einzelner Menschen reflektiert, ist auf ein vertieftes Verständnis für die Schwangerschaft als Lebensverhältnis angewiesen, sondern auch die Sozial- beziehungsweise Technikethik, sofern sie sich mit Fragen der menschlichen Fortpflanzung beschäftigt. Wenn wir nicht verstehen, was die Schwangerschaft ist und was sie für unser Menschenbild bedeutet, dann verstehen wir auch nicht, auf welche Weise die Veränderungen durch die Reproduktionsmedizin unser Menschenbild beeinflussen. Gefährdungen kommen nur in den Blick, wenn wir wissen, was es zu verteidigen gilt.

Das ausführliche Nachdenken über die Schwangerschaft in den folgenden Kapiteln des Buches führt von der unmittelbaren Auseinandersetzung mit dem Anforderungswahn, dem Kinder und Eltern heute ausgesetzt sind, zunächst einmal weg. Mit diesem Kapitel tauchen wir vielmehr ein in das Geheimnis der Entstehung jedes Menschen. Dies geschieht in der festen Überzeugung, dass Eltern der Auseinandersetzung mit dem Anforderungswahn umso besser gewachsen sind, je mehr sie vom Geheimnis der Menschwerdung verstanden haben. Außerdem stellt die Schwangerschaft einen Zeitraum dar, in dem werdende Eltern Haltungen ausprägen, die ihren Zugang zum Kind und ihr Verständnis von Elternschaft elementar prägen. Die Schwangerschaft kann eine Zeit sein, in der das Leben in «guter Hoffnung» eingeübt wird, oder auch eine Zeit, in der Eltern sich angewöhnen, das Leben als möglichst gut abzusicherndes Risiko zu begreifen. Eine Wahl haben Eltern aber nur, wenn sie wissen, was sie tun, indem sie sich auf das Eine oder das Andere einlassen.

4. Die Schwangerschaft – eine geheimnisvolle Beziehung

Obwohl in unserer Welt alle Menschen auf dem Wege von Schwangerschaft und Geburt ins Leben treten, wissen wir nur wenig über das Wesen der Schwangerschaft. Jeder sieht in ihr etwas anderes: Für Eltern von Teenagern ist die Schwangerschaft in der Regel der zu verhütende Unglücksfall, für Arbeitgeber meist ein untrügliches Zeichen für lange Ausfallzeiten, für emanzipierte Frauen oft ein Karrierehindernis, für die Medizin in erster Linie ein Risiko und für die schlankheitsfanatische Mode- und Schönheitsindustrie eine Verlegenheit. In unserer Gesellschaft verläuft eine Schwangerschaft nur dann «gut», wenn man der schwangeren Frau möglichst spät «etwas» und möglichst früh nach der Geburt «nichts mehr» ansieht und anmerkt. Es gibt eine Schwangerschaftsverleugnung, die der Freude an der Schwangerschaft, der Freude an der Elternschaft und der Freude an Kindern entgegenwirkt. Daneben gibt es auch eine Schwangerschaftsverklärung, die ebenso hinderlich ist, weil sie Frauen enorm unter Druck setzt.

Was ist das eigentlich: die Schwangerschaft? Für die Bezeichnung einer Schwangerschaft gibt es verschiedene Ausdrucksweisen: Das deutsche Wort «schwanger» bedeutet ursprünglich «schwer/schwerfällig». Um auszudrücken, dass eine Frau schwanger ist, wird aber auch manchmal gesagt, sie sei «in anderen Umständen» oder «guter Hoffnung» oder sie «trage ein Kind unter dem Herzen». Alle diese Redewendungen stammen aus einer Zeit, in der es weder eine Embryonalbiologie noch Ultraschall und erst recht nicht die Fortpflanzungsmedizin gab und sie bezeichnen wichtige Aspekte der

Schwangerschaft. Allerdings muss ihr Sinn für unsere Zeit erst wieder neu entdeckt werden.

Die Historikerin und Sozialforscherin Barbara Duden zeigt an den verschiedenen Bezeichnungen für den im Mutterleib entstehenden Menschen, wie sich die Beziehung zwischen schwangerer Frau und entstehendem Kind im letzten Jahrhundert veränderte: Bis ins 20. Jahrhundert hinein wurde das entstehende Kind als «Leibesfrucht» bezeichnet, wodurch die leibliche Verbundenheit von Frau und Frucht während der Schwangerschaft und das Wachsen beziehungsweise Reifen der Frucht bis zu ihrer Ablösung vom Leib der Mutter gut zum Ausdruck kommen. In der ethischen und rechtlichen Debatte zum Schwangerschaftsabbruch seit den 70er Jahren wurde der Begriff der Leibesfrucht aber vollständig durch die Fremdwörter «Embryo», «Fötus» oder «nasciturus» ersetzt. Indem es möglich wurde, das im Mutterleib entstehende Kind schon vor der Geburt durch Ultraschall sichtbar zu machen und Embryonen in der Petrischale herzustellen, wurde der Fötus mehr und mehr verselbständigt und das Erlebnis im Schoß von Frauen zunehmend versachlicht. Die Entwicklungen in der Reproduktionsmedizin basierten zwar auf großen Erkenntnisfortschritten in der Embryonalbiologie, sie führten aber auch zu einer Distanzierung und Isolierung des Fötus von der schwangeren Frau und haben das Verständnis für die Schwangerschaft als Beziehungsgeschehen und Lebensverhältnis eigener Art kaum vertieft, sondern eher verhindert.

Um dieses Beziehungsgeschehen zum Ausdruck zu bringen, fehlen uns buchstäblich die richtigen Worte, weil schon der Versuch, die Existenzweise des Menschen vor seiner Geburt begrifflich zu erfassen, zwangsläufig zu dialektischen oder gar paradoxen Formulierungen führt. Einer der wenigen Philosophen, die sich mit dem Werden des Menschen im Mutterleib befassten, ist der Schweizer Hans Saner, der in den 60er Jahren ein Mitarbeiter von Karl Jaspers war. Seine Annäherungen an die Seinsweise des im Mutterleib entstehenden Kindes bedienen sich der Sprachform von Identität *und* Differenz, Gleichheit *und* Unterschiedlichkeit. Das Ungeborene, so Saner, sei «in keiner Phase seiner Existenz identisch mit der Mutter», habe aber auch «in keiner Phase seiner Existenz ein absolutes Eigendasein» (39). Auf die Frage, ob der Fötus ein Mensch sei, gibt Saner eine Antwort in Form von drei Antworten:

«1. Er ist, von der Anlage her betrachtet, Mensch. 2. Er ist, von der Endform her betrachtet, nicht Mensch. 3. Er nähert sich, vom realen Prozess des Wachsens her betrachtet, kontinuierlich dem Menschsein an.» (66)

Antworten auf die Frage nach dem Menschsein des Fötus, die nur einen der drei Aspekte enthielten, bezeichnet Saner als «Halbwahrheiten» und «Lösungen der Ungeduld, die die Spannung des Werdens nicht aushalten» (66). Saner fasst alle drei Aspekte in der Formel, das Ungeborene sei «Sein-zum-Menschsein» (65), zusammen.

Das Lebensverhältnis Schwangerschaft lässt sich also kaum auf einen Begriff bringen. Wenn wir versuchen, Identität und Differenz, Gleichbleiben und Wandel, Zweiheit und Einheit, Selbständigkeit und Abhängigkeit zusammenzudenken, kommen unsere Logik und unsere auf möglichst eindeutige Begriffe angewiesene Sprache an Grenzen. Was die Schwangerschaft eigentlich ist und wie von dem zu reden ist, was in der Schwangerschaft heranwächst, möchte ich deshalb auf andere Weise erfassen. Auf der Basis ganz verschiedener Erfahrungsberichte von Frauen habe ich Aussagen über die Schwangerschaft entwickelt, von denen jede etwas vom Wesen der Schwangerschaft zum Ausdruck bringt und die alle zusammen dem Prozess des Werdens von Menschen doch sein Geheimnis belassen. Die im Folgenden erläuterten Aspekte der Schwangerschaft leugnen keineswegs, dass jede Schwangerschaft individuell erlebt wird und dass die Schwangerschaft im Leben einer Frau von der Naturkatastrophe bis zur Erfahrung der Nähe Gottes jede existentielle Bedeutung annehmen kann. Dennoch gehe ich davon aus, dass das Phänomen Schwangerschaft einen allgemein beschreibbaren positiven Sinn besitzt, und spüre diesem nach. Die im Folgenden beschriebenen Aspekte der Schwangerschaft wurden im Gespräch mit vielen Müttern, Hebammen und Schwangerschaftskonfliktberaterinnen immer wieder diskutiert, überprüft und vertieft.

Die Schwangerschaft ist ein vitales Abhängigkeitsverhältnis des werdenden Kindes von der schwangeren Frau.
Die vitale Abhängigkeit des Embryos/Fötus von seiner Mutter bis zur Überlebensfähigkeit außerhalb des Mutterleibes kann nicht geleugnet werden. Dies gilt zunächst einmal im biologischen Sinne: Von der Einnistung bis zu seiner Reife ist das entstehende Kind biologisch vollkommen von der Mutter abhängig. Die Tatsache der völligen biologischen Abhängigkeit unterscheidet die Schwangerschaft als Beziehung von allen anderen Beziehungen, auch von der späteren Eltern-Kind-Beziehung.

Die Schwangerschaft ist gleichzeitig ein Zustand und ein Prozess, innerhalb dessen sich das genuin selbstständig Unselbständige zum genuin unselbständig Selbständigen entwickelt.
Dass die Schwangerschaft ein gleichbleibender Zustand ist, zeigt sich daran, dass Frauen von dem Moment an, in dem sie wissen, dass sie ein Kind erwarten, bis zur Geburt stets von sich sagen können: ich bin schwanger. Gleichzeitig verändert sich während einer Schwangerschaft aber alles: Wo vorher niemand war, ist plötzlich jemand; wo vorher ein Mann und eine Frau waren, sind plötzlich Eltern. Die Theologin Ina Praetorius

hat vorgeschlagen, die Leibesfrucht während der Schwangerschaft als «genuines Zwei in Einer» zu verstehen. Dieses Verständnis des Fötus ergänzt aus meiner Sicht den Gedanken, dass sich die Bedeutung der Aspekte der Unselbständigkeit und der Selbständigkeit des Fötus im Verlauf der Schwangerschaft umkehrt: Während zu Beginn einer Schwangerschaft ganz der Aspekt der Unselbständigkeit des Fötus dominiert und dieser nur in bestimmter Hinsicht als selbstständig bezeichnet werden kann (etwa im Hinblick auf seine genetische Veranlagung), dominiert am Ende einer Schwangerschaft der Aspekt der Selbständigkeit, obgleich der Fötus leiblich unselbständig bleibt. Erst mit der Geburt wird der Fötus zum Selbständigen, sodass das Adjektiv unselbständig nun nicht mehr die leibliche Verbundenheit, sondern die Bedürftigkeit des Kindes bezeichnet. Dieser zweite Aspekt der Schwangerschaft bietet sowohl Raum für die Perspektive der biologischen Entwicklung des Embryos/Fötus als auch für Veränderungen im Sozialen, in unseren Haltungen und Gefühlen gegenüber dem entstehenden Kind, wobei in der schwangeren Frau zwischen beiden Dimensionen eine Wechselwirkung besteht.

Innerhalb des Prozesses der Schwangerschaft kommt den Kindsbewegungen eine wichtige Bedeutung zu.
Die Bedeutung der Kindsbewegungen ist deshalb so wichtig, weil durch sie im zweiten Drittel der Schwangerschaft der Dialog mit dem im Mutterleib heranwachsenden Menschen beginnt, in dessen Verlauf sich die Bindung zum Kind festigt. Durch die Möglichkeiten der Sichtbarmachung des Fötus im Ultraschall seit den 70er Jahren des vergangenen Jahrhunderts wird die Bedeutung der Kindsbewegungen zwar relativiert, aber nicht aufgehoben. Die Theologin Karin Ulrich-Eschemann deutet das erste spürbare Sich-Regen des Kindes, das meist freudig wahrgenommen werde, als erste spürbare Antwort des Kindes

auf die schon bestehende Beziehung der Mutter zum Kind. (85) Weil sie den Tastsinn ansprechen, sind die Kindsbewegungen eine im wahrsten Sinne des Wortes «ergreifende» Wahrnehmung. Durch die Bewegungen des Ungeborenen im Mutterleib gewinnt die Schwangerschaft als Lebensverhältnis auch deutlich an Verpflichtungscharakter. Das bedeutet konkret, dass eine Fehlgeburt oder der Abbruch einer Schwangerschaft, nachdem die Bewegungen des Kindes bereits gespürt wurden, für die betroffene Frau deutlich schwerer zu verkraften sind als eine Fehlgeburt oder der Abbruch einer Schwangerschaft in deren Frühphase. Nach den ersten Kindsbewegungen erleben schwangere Frauen eine Fehlgeburt oder einen Schwangerschaftsabbruch in aller Regel als Verlust eines Kindes.

Die optischen und akustischen Mittel, die in der Schwangerenvorsorge eingesetzt werden, um den Fötus sicht- und hörbar zu machen, werden von Frauen hingegen ganz unterschiedlich erlebt. Während für die einen Frauen und für alle Männer das Bild ihres Kindes eine erste Begegnungsmöglichkeit darstellt, haben andere Frauen das Gefühl, ihnen werde etwas weggenommen, nämlich ihr eigener Zugang zum Kind. Solange optische und akustische Mittel die Eigenwahrnehmung schwangerer Frauen unterstützen und intensivieren, werden diese jedoch weitgehend begrüßt.

Dabei sollten sich werdende Eltern (und möglichst auch Gynäkologinnen) jedoch klarmachen, dass wir uns durch die Sichtbarmachung des entstehenden Kindes ein Recht herausnehmen, das ursprünglich nicht bestand, nämlich das Recht hineinzusehen. Wir durchleuchten mit dem Ultraschall einen im Grunde undurchschaubaren Vorgang und üben damit Macht über das entstehende Kind aus. Warum sich das «Babyfernsehen» in der Schwangerschaft so großer Beliebtheit erfreut, ist mir unverständlich. Sonst wehren wir uns in unserem Privatleben doch stets dagegen, durchleuchtet zu werden. Als geborene Menschen gestehen wir Experten nicht so einfach das Recht zu, uns auf Herz und Nieren zu prüfen. Das Nicht-Sichtbare ist elementarer Bestandteil unserer Privatsphäre. Nur Menschen, die in irgendeiner Weise von der sozialen Norm abweichen – Problemfamilien, Straffällige, Steuerflüchtlinge oder ALGII-Empfänger – verlieren das Privileg, im Privatleben für andere undurchschaubar zu sein. Dabei spüren diese Menschen genau, dass das Recht hinzusehen mit der Ausübung von Kontrolle und Macht verbunden ist. Diejenigen, die andere aus Berufsgründen in Augenschein nehmen dürfen, sind dazu da, um ihre Mitmenschen zu bewerten: sozial auffällig oder hilfsbedürftig, therapierbar oder nicht, gute oder schlechte Sozialprognose, vermittelbar oder nicht, und so weiter. Wie einengend solche Etikettierungen sind, weiß jeder, der sich einmal dagegen wehren musste, auf einen Teilaspekt seiner Persönlichkeit festgelegt zu werden. Unsere entstehenden Kinder jedoch setzen wir dem Kontrollblick des Ultraschalls sorglos aus, und die Reihenuntersuchungen im Kindesalter sind die logische Fortsetzung dieser Haltung.

Als bewusstes Erleben ist die Schwangerschaft schwangeren Frauen vorbehalten. Dritte können nur mittelbar Zugang zum Phänomen der Schwangerschaft gewinnen.
Die Kindsbewegungen fallen zunächst ganz ausschließlich in den Erfahrungsbereich der schwangeren Frau. Erst wenn die Bewegungen stärker werden und die Bauchdecke der Frau sich zu wölben beginnt, können auch Menschen aus dem nahen Umfeld der schwangeren Frau das Kind durch ihre Bauchdecke hindurch spüren. Dennoch kann die Schwangerschaft von Dritten, auch von dem späteren Vater, nicht unmittelbar erfahren werden. Selbst Ärztinnen und Ärzte besitzen durch ihre Untersuchungsmethoden keinen unmittelbaren Zugang zur Schwangerschaft. Diesen Punkt hebe ich deshalb hervor, weil

die Selbstwahrnehmung schwangerer Frauen durch die Macht vermeintlich objektiver Ultraschall-Bilder und die Deutungskompetenz von Ärztinnen und Ärzten auf der Basis medizinischer Theorien mehr und mehr in die Defensive gerät. Die Tatsache einer Schwangerschaft wird gegenwärtig mithilfe medizintechnischer Mittel geschaffen: Als ich in meiner ersten Schwangerschaft in der 14. Schwangerschaftswoche zur Frauenärztin ging und ihr sagte, ich sei schwanger, fragte sie mich nichts weiter, sondern griff zum Ultraschallgerät und sage: «Na, dann wollen wir mal sehen.» Erst als ihr der Fötus auf dem Bildschirm viel größer als erwartet gegenübertrat, wurde meine Schwangerschaft wirklich real, und die Schelte, dass ich erst jetzt komme, folgte auf dem Fuß. Für mich war bis dahin aber alles in Ordnung gewesen. Erst jetzt trat das medizinische Wissen um mögliche Versäumnisse und Risiken in der Frühphase der Schwangerschaft in Konkurrenz zu meinem eigenen Erleben. In unserer Zeit werden die Schwangerschaftserfahrungen von Frauen in hohem Maße durch die Interpretationen geprägt, die Frauenärztinnen und -ärzte ihnen geben. Entgegen dieser Tendenz ist aus meiner Sicht jedoch daran festzuhalten, dass die Erfahrung schwangerer Frauen die einzige unmittelbare Erfahrung der Schwangerschaft und der Entstehung eines Kindes ist. Alle anderen Zugänge zu diesem Erfahrungsbereich erfassen das Geschehen nur mittelbar. Einen dem Gegenstand der Schwangerschaft angemessenen und insofern «objektiven» Zugang zu diesem Phänomen kann es deshalb nur geben, wo die Erfahrung schwangerer Frauen zum Ausgangspunkt der Erkenntnis gemacht wird.

Schwangerschaft ist eine Erfahrung höchster Intimität und ein Schutzraum für das Werden von Menschen.
Intim ist die Erfahrung der Schwangerschaft – den verschiedenen Bedeutungen des Wortes entsprechend – in verschie-

dener Hinsicht. Intim ist die Schwangerschaft zunächst im Sinne von «geschlechtlich». Weil jede Schwangerschaft einen Zusammenhang mit der Geschlechtlichkeit von Mann und Frau aufweist und die Spuren der geschlechtlichen Vereinigung, aus der sie hervorging, in sich trägt, ist es für die Erfahrung einer Schwangerschaft nicht ohne Belang, unter welchen Umständen sie begann.

Sodann ist die Schwangerschaft eine Erfahrung höchster Intimität, weil sie sich im «Inneren» der Frau entwickelt. Eine größere Nähe ist nicht mehr vorstellbar. Im Verlauf der Schwangerschaft machen sich Mutter und Kind von innen her miteinander vertraut. Gegen Ende der Schwangerschaft kennt die Mutter ihr Kind schon auf eine gewisse Weise: Sie weiß zum Beispiel, ob es lebhaft oder ruhig ist, wann es schläft und auf welche Geräusche es reagiert. Und auch das Kind lernt seine Mutter von innen her kennen: Es hört ihre Stimme, vollzieht die Bewegungen ihres Leibes mit und nimmt teil an ihren Emotionen. Die Theologin Karin Ulrich-Eschemann begreift die Schwangerschaft als ein «Insein» des Kindes in der Mutter, das zugleich ein «Mitsein mit der Mutter in der Welt» ist (82). Dieses «unvergleichliche In-Beziehung-Sein» sei «durch kein weiteres und späteres In-Beziehung-Treten zu ersetzen» (91).

Intim ist die Schwangerschaft auch im Sinne von «ganz persönlich». Die Person der Frau ist in erster Linie von einer Schwangerschaft betroffen, und ihre ganze Persönlichkeit wird durch eine Schwangerschaft herausgefordert.

Und intim ist die Schwangerschaft schließlich im Sinne von «gemütlich», weil eine wesentliche Funktion der Schwangerschaft das schützende Bewahren des entstehenden Kindes bis zu seiner Lebensfähigkeit außerhalb des Mutterleibes ist. Diesen letzten Punkt betone ich, weil die medizinische Perspektive auf die Schwangerschaft darauf ausgerichtet ist, Risiken und

Bedrohungen für das entstehende Kind abzuklären, die von der schwangeren Frau ausgehen können. Diese Risiko-Perspektive der Medizin prägt zunehmend auch das Selbsterleben schwangerer Frauen und erschwert es ihnen, den Fähigkeiten ihres eigenen Körpers zu vertrauen. Ich erinnere mich noch gut an den Moment, in dem die Frauenärztin bei meiner letzten Schwangerschaft das große «R» für «Risikoschwangerschaft» mit schwarzem Edding auf meine Patientinnenunterlagen schrieb. Dieses «R» war aufgrund meines Alters wahrscheinlich medizinisch begründet, es trieb auf einer symbolischen Ebene jedoch einen Keil zwischen mich und mein Kind, der keinerlei Anhaltspunkte in meinem eigenen Erleben hatte. Der einzige Effekt dieses «R» für mich waren Momente gesteigerter Angst. Für den Umgang mit solchen Ängsten kann es wichtig sein, sich zu vergegenwärtigen, dass ein werdendes Kind nirgendwo so gut geschützt ist wie im Leib seiner Mutter.

Die Schwangerschaft ist ein Zustand «guter Hoffnung».
Diesen Aspekt der Schwangerschaft, mit dem auch die Schwangerschaft als Ganze beschrieben werden kann, interpretiert die Historikerin Barbara Duden folgendermaßen:

> «Viele Zeichen können auf sein Da-sein hindeuten, aber bevor das Kindlein ans Licht kommt, ist es seinem Wesen nach unsichtbar, ein Noch-Nicht für das Auge, ein nondum. Von anderen Unsichtbaren unterscheidet es sich dadurch, daß es an die Tür des Daseins klopft ... Bis in den Anfang des letzten Jahrhunderts hinein war ... Schwangerschaft ein Zustand guter Hoffnung.» (21 f.)

Wenn die Schwangerschaft als Zustand guter Hoffnung bezeichnet wird, kommt dadurch auch zum Ausdruck, dass es über den guten Verlauf einer Schwangerschaft niemals Sicherheit geben kann. Die Sozialwissenschaftlerin und Journalistin Eva Schindele macht darauf aufmerksam, dass der Zustand der Schwangerschaft von der schwangeren Frau und ihrem Umfeld eine Haltung erfordert, «die im Prinzip *vertraut*: auf die eigene Körperlichkeit, auf die Beziehung zum Kind im Leib, auf den guten Fortgang eines natürlichen Lebensereignisses» (13). Diese Haltung wird gegenwärtig durch die medizinische Praxis der Schwangerenvorsorge und den politischen Diskurs über die Belastungen der Elternschaft stark erschwert. Heutzutage ist die Schwangerschaft eher ein Zustand ständiger Überwachung oder gesteigerter Befürchtungen denn ein Zustand guter Hoffnung. Die Offenheit der Schwangerschaft für Unvorhersehbares kann durch die ständige Kontrolle der Schwangerschaft jedoch nicht beseitigt werden. Jede Schwangerschaft endet mit der Erfüllung oder Enttäuschung von Hoffnungen.

Die Schwangerschaft ist ein gemeinsames Werden von Mutter und Kind.
Dieser Aspekt ist auch der Theologin Karin Ulrich-Eschemann bei ihren Erkundungen des Geborenwerdens von Menschen besonders wichtig:

«Es gibt ein gemeinsames Werden: Auch die Frau wird (fieri) eine Mutter, so wie wir von einer ‹werdenden Mutter› sprechen. Es geschieht ebenso wie an dem werdenden Kind etwas mit der Frau an körperlicher und seelischer Veränderung, das sich keinem Machen verdankt, keiner Entwicklung und keiner Eigeninitiative, wie sehr auch Aktivitäten ausgeübt werden: Die Frau wird Mutter im Verborgenen – ein passives ihr widerfahrendes Geschehen ... Jede Schwangerschaft und Geburt ist ein einzigartiges Geschehen. Die Mutter wird gemeinsam mit dem Kind, das in ihr wird, Mutter dieses Kindes.» (81 f.)

Die Umwandlung zur Mutter beginnt parallel zur Erwartung des Kindes schon im ersten Drittel der Schwangerschaft. In dieser ersten Phase weckt das entstehende Kind zunächst die Aufmerksamkeit seiner Mutter. Müdigkeit und ein geschärfter Geruchs- und Geschmackssinn, der zum Teil auch mit Übelkeit einhergeht, bewirken oft einen Rückzug nach innen. Dabei spürt die schwangere Frau an Veränderungen der eigenen Leiblichkeit, dass in ihr nun ein Prozess beginnt, den sie weder rational steuern noch kontrollieren kann. Sie öffnet sich allmählich der Erkenntnis, dass ein Kind anfängt, Teil ihrer Existenz zu werden. Ihren Höhepunkt hat die Fortentwicklung der Frau zur Mutter um die Zeit der Geburt. Eine Frau, die geboren hat, ist und bleibt Mutter, auch wenn sie ihr Kind zur Adoption freigibt oder das Kind tot geboren wird.

Die Schwangerschaft ist ein Lebensverhältnis, zu dem Ambivalenzen gehören.
Weil eine Frau durch Schwangerschaft und Geburt zur Mutter wird, ist die Schwangerschaft mit einer ganzen Reihe von Widersprüchlichkeiten des Mutterwerdens und der Mutterschaft verbunden. Diese werden durch gesellschaftliche Zuschreibungen zwar verstärkt, gehören als solche aber untrennbar zur Schwangerschaft hinzu. Von widersprüchlichen Gefühlen der schwangeren Frau ist vor allem das erste Drittel der Schwangerschaft geprägt. In dieser Phase der Schwangerschaft kann sich der Wunsch, die Empfängnis ungeschehen machen zu wollen, urplötzlich mit der Freude, bald ein eigenes Kind in den Armen halten zu können, abwechseln. Auch Trauer um den Verlust der Selbständigkeit oder verschiedene Ängste sind im ersten Drittel der Schwangerschaft häufige Gefühle.

Die Schwangerschaft als gemeinsames Werden von Mutter und Kind bedeutet nicht selten eine Erschütterung der Identität und Selbstwahrnehmung der Frau, die bis zur Erfahrung der Auslöschung der früheren Persönlichkeit gehen kann. Dies hat körperliche und psychische Ursachen, aber auch gesellschaftliche: Frauen mussten es sich in den letzten Jahrzehnten des vergangenen Jahrhunderts hart erkämpfen, ihr eigenes Leben wie die Männer frei gestalten zu können. Elternwerden ist aber seinem Wesen nach mit der Notwendigkeit verknüpft, für andere Menschen, nämlich die eigenen Kinder, zu leben. Der legitime Anspruch auf freie Selbstentfaltung gerät deshalb durch eine Schwangerschaft zunächst in ein Spannungsverhältnis mit den Ansprüchen anderer an mein Leben. Die Lösung dieser Spannung wird aber bis heute meist von den Müttern und nicht von den Vätern erwartet.

Ein weiterer Grund, aus dem die Schwangerschaft häufig ambivalent erlebt wird, sind die in unserer Kultur vorherrschenden Werte. Über ihre eigene Schwangerschaftserfahrung, insbesondere die Erfahrung des Kontrollverlustes, die mit der Schwangerschaft schon allein dadurch verbunden ist, dass im eigenen Körper ein Kind ohne eigenes Zutun heranwächst und leben will, schreibt Eva Schindele:

«Mit meinem schwangeren Bauch geriet ich in Widerspruch zu einer gesellschaftlichen Realität, die ich zwar immer kritisiert hatte, von der ich jetzt aber merkte, wie sehr auch ich selbst sie repräsentierte. Ich spreche von einer Wirklichkeit, in der Zweckrationalität, Kontrolle-über-sich-Haben und Funktionieren, um abstrakten Leistungsnormen zu genügen, zu den höchsten Idealen gehören.» (23)

Eine schwangere Frau ist wirklich «in anderen Umständen», aber wir würdigen diese Tatsache nicht, sondern versuchen, als moderne schwangere Frauen unter den gleichen Umständen und Anforderungen wie bisher weiterzuleben. Dies erschwert ein entspanntes Erleben der eigenen Schwangerschaft.

Zu den impliziten Ambivalenzen der Schwangerschaft gehören, wie bereits erwähnt, auch Ängste. Eine vollkommen angstfreie Schwangerschaft ist kaum vorstellbar, das heißt Ängste in der Schwangerschaft sind bis zu einem gewissen Grad völlig normal. Die Schwangerschaft hat grundsätzlich den Charakter des Unvorhersehbaren, und alles, was wir nicht kennen, macht Angst. Ängste in der Schwangerschaft können sich sowohl auf die neue Rolle als Mutter beziehen als auch darauf, dass mit dem Kind etwas nicht stimmen könnte. Diese Angst ist gewissermaßen die Urangst aller Eltern, und die Bewältigungsmechanismen für diese Angst sind stark von dem gesellschaftlichen Klima abhängig, in dem sich eine Schwangerschaft vollzieht. Die Haltung einer Gemeinschaft gegenüber Menschen mit Behinderungen hat unmittelbar Einfluss auf die Ängste schwangerer Frauen.

Zu den Faktoren, die die impliziten Ambivalenzen der Schwangerschaft von außen massiv beeinflussen, gehört außerdem die Haltung des Vaters. Wenn dieser die Schwangerschaft ablehnt oder selbst ambivalente Gefühle empfindet, verstärkt dies die Ambivalenzen der schwangeren Frau. Des Weiteren können die impliziten Ambivalenzen der Schwangerschaft natürlich auch durch die je individuellen Lebensumstände der schwangeren Frau verstärkt werden sowie durch zahlreiche sozialpolitische Gegebenheiten. Die wirtschaftliche Lage der zukünftigen Familie, die Wohnsituation, die Zukunftsperspektiven, die soziale Unterstützung von Verwandten und Freunden, das Vorhandensein geeigneter Einrichtungen zur Betreuung von Kindern – all dies hat unmittelbar Einfluss auf die Art und Weise, wie eine Schwangerschaft erlebt wird.

Mit den beiden letzten Aspekten der Schwangerschaft wurde vor allem die mit der Schwangerschaft verbundene Passivität betont. Damit ist aber erst *eine* Seite der Rolle der schwangeren Frau bei der Weitergabe des Lebens erfasst. Als weiterer Aspekt ist wesentlich:

Eine Schwangerschaft erfordert von der schwangeren Frau körperliche, psychische und geistige Aktivität.
Worin besteht diese Aktivität aber genau? Wenn wir bei der Aktivität der schwangeren Frau nur an die regelmäßigen Arztbesuche, den Geburtsvorbereitungskurs und den «Nestbau» in der letzten Phase der Schwangerschaft denken, greifen wir sicher zu kurz. Die meisten bereits genannten Aspekte der Schwangerschaft erfordern von der schwangeren Frau eine Aktivität eigener Art. Viele dieser Aktivitäten erfordern eine *Bereitschaft zum Geschehenlassen* und werden deshalb als eigenes Handeln kaum wahrgenommen. In einer Gesellschaft der Plan- und Machbarkeit erfordert jedoch gerade dieses Geschehenlassen höchste Aktivität.

Der Aspekt der Abhängigkeit erfordert von der Frau die Bereitschaft, ihren Körper zu teilen, ja ihn von einem anderen Menschen in «Besitz» nehmen zu lassen – und zwar noch viel mehr als dies bei der Sexualität der Fall ist. Der Aspekt der Entwicklung des Kindes von der Unselbständigkeit zur Selbständigkeit erfordert von der schwangeren Frau zunächst die Bereitschaft, etwas wachsen zu lassen, nämlich das Kind und ihre Gefühle zu diesem Kind, und dann die Bereitschaft, das Gewachsene in die Selbständigkeit zu entlassen. Das Loslassen des selbstständig Gewordenen, das die schwangere Frau zum ersten Mal in der Geburt vollzieht, erfordert außerdem den aktiven Umgang mit Schmerzen. Die Bewegungen des Kindes im Mutterleib erfordern von der schwangeren Frau am wenigsten Aktivität. Hier ist das Kind aktiv und unterstützt so die schwangere Frau im Prozess ihrer Auseinandersetzung mit der Schwangerschaft. Die Schwangerschaft als geschlechtsspezifische Erfahrung erfordert von der schwangeren Frau die Annahme ihrer Körperlichkeit. Diese wird durch eine öffentliche Körperästhetik, für die die «Versportung» und Entmütterlichung des Körpers charakteristisch ist, erschwert. Hinzu kommt die Auseinandersetzung mit den noch immer geschlechtsspezifisch strukturierten Rollenzuschreibungen im Bereich der Kindererziehung. Der Aspekt der Intimität erfordert von der Frau Verschiedenes: Über das gemeinsame Kind geht sie in jedem Fall auch eine Beziehung zum Vater des Kindes ein. Außerdem muss sie auf eine viel intensivere Weise als sonst in sich hineinhören, ihre Welt mit dem Kind teilen, sich mehr und mehr als Schwangere identifizieren lassen und das Kind so gut es geht schützen, was häufig eine Änderung der Lebensweise bedeutet. Die Schwangerschaft als Zustand guter Hoffnung erfordert von der schwangeren Frau, dass sie die Kräfte ihres Vertrauens mobilisiert und sich auf Unvorhersehbares einlässt.

Die Schwangerschaft als gemeinsames Werden von Mutter und Kind fordert die Aktivität der schwangeren Frau auf dreifache Weise heraus: Schwangerschaft und Mutterschaft verlangen in jedem Fall die Bewältigung neuer psychischer Aufgaben. Hinzu kommt, dass es notwendig wird, die eigenen Prioritäten anders zu setzen und sich mit der sozialen Rolle der Mutter auseinanderzusetzen. Anders gesagt: die schwangere Frau muss sich über ihre Rolle als zukünftige Mutter klar werden. Dieser Prozess ist umso mühevoller, je stärker die Schwangerschaft von widerstreitenden Gefühlen geprägt ist, er gehört, wie bereits erwähnt, aber aufgrund der mit der Schwangerschaft verbundenen Ambivalenzen zu jeder Schwangerschaft hinzu. Zwar verlieren sich die widersprüchlichen Gefühle im zweiten Drittel der Schwangerschaft allmählich, aber dabei handelt es sich keineswegs um einen biologischen Automatismus. Nicht nur der Entschluss gegen ein Kind, sondern auch der Entschluss zu einem Kind ist das Ergebnis einer mehr oder weniger intensiven Auseinandersetzung mit konflikthaften Tendenzen in der Schwangerschaft. Auf jeden Fall muss die schwangere Frau die Bereitschaft aufbringen, einen Teil ihrer Selbstkontrolle preiszugeben. Sind darüber hinaus noch äußere Schwierigkeiten vorhanden, muss sie auch diese bewältigen.

All diese Aktivitäten der Frau lassen sich folgendermaßen zusammenfassen: Die schwangere Frau muss ein Ja zu ihrer Mutterschaft finden und darin das werdende Kind annehmen. Daraus ergibt sich:

In der Schwangerschaft kommt der schwangeren Frau eine unvertretbare Aufgabe für das Werden eines Menschen zu.
Wenn wir mit Barbara Duden das heranreifende Kind als ein erhofftes Kind begreifen, «das an die Tür des Daseins klopft», dann ist die schwangere Frau die Einzige, die diese Tür öffnen kann. Diese «Unvertretbarkeit» der schwangeren Frau besteht dabei aus meiner Sicht nur vordergründig in der biologischen Abhängigkeit des entstehenden Kindes von der Mutter. Als «Versorgungssystem» des Fötus ist die Frau theoretisch ja durch Apparate ersetzbar, wobei wir alles tun sollten, um zu vermeiden, dass diese theoretische Möglichkeit Wirklichkeit wird. Auch in der späteren Erziehungsaufgabe ist die schwangere Frau nicht unvertretbar. Der Vater, Adoptiveltern, Großeltern, Paten oder Heime können hier durchaus an die Stelle der Mutter treten. Was jedoch nicht ersetzt werden kann, ist die personale Beziehung ganz eigener Art zwischen der schwangeren Frau und dem werdenden Kind. Die Personalität eines Menschen kommt schon vor seiner Geburt dadurch zur Entfaltung, dass sie insbesondere von der Mutter kontrafaktisch – also gegen die nachprüfbare Wirklichkeit – unterstellt wird. Kinder entwickeln die für Personen charakteristischen Merk-

male ja gerade dadurch, dass sie angenommen werden und von ihren Eltern Zuwendung erfahren. In gewisser Weise lässt sich sagen, dass es die Hingabe der Mutter ist, durch die ein Mensch zur Person wird. Wenn eine Frau «ein Kind unter ihrem Herzen trägt», dann bezeichnet dies nicht nur den Ort der Entstehung eines Kindes, sondern auch die Tatsache, dass die Frau mit ihrem Herzen daran beteiligt ist, wenn ein neuer Mensch ins Leben tritt.

Die Schwangerschaft kann von einer schwangeren Frau als religiöse Erfahrung erlebt und gedeutet werden.
In vielen Taufgesprächen habe ich als Pfarrerin die Erfahrung gemacht, dass auch Menschen, die dem christlichen Glauben eher fernstehen, das Erlebnis von Schwangerschaft und Geburt als religiöse Erfahrung deuten. Ein Text der Schweizer Psychotherapeutin Irène Kummer, der in dem Buch von Eva Schindele zitiert wird, bringt diesen Aspekt auf schöne Weise zum Ausdruck:

«Einerseits ist es der eigene Körper, der das Wunder des neuen Lebens aus seinem Organismus hervorbringt, und gleichzeitig ist es ein ‹übermenschliches› Geheimnis, das in mir Raum nimmt und mit meinen Kräften nichts zu tun hat. Was in mir geschieht, das ist mein körperhaftes Geschehen, und zugleich wächst ein von mir verschiedenes, ein ganz anderes Du – das Kind – in mir heran. Doch nur wenn ich mich als Frau in meiner Leibhaftigkeit annehmen kann, vermag ich es auszuhalten, daß ich das Wunder hervorbringe und daß es mich gleichzeitig unendlich übersteigt.» (18)

Gerade durch das noch näher zu bestimmende Verhältnis von etwas, das an uns geschieht, und aktivem Handeln, scheint die religiöse Dimension der Schwangerschaft hervorgerufen zu werden. Kaum ein Mensch kann sich dem wunderbaren Anblick eines vollkommen im Dunkel des Mutterleibes ganz ohne eigenes Zutun gebildeten neugeborenen Kindes entziehen. Die Theologin Hanna Strack befragte verschiedene Hebammen nach dem Besonderen ihrer Erfahrungen bei der Begleitung von Geburten und interpretierte dieses Besondere mithilfe der Kategorie des «Heiligen». Obwohl die Hebammen diesen Begriff nicht verwendeten, brachten sie mit ihren Worten zur Sprache, was in der religionsphänomenologischen Literatur über das Heilige gesagt wird. Die Hebammen beschrieben Momente der Ergriffenheit und Seligkeit bei allen an einer Geburt beteiligten Menschen. Sie sprachen von Grenzerfahrungen und Grenzüberschreitungen, vom Wunder des neuen Lebens, von der Veränderung von Raum und Zeit während einer Geburt sowie von dem tiefen Zusammenhang von Schmerz und Kreativität, von Leben und Tod.

Jedes neugeborene Kind ist ein Neuanfang jenseits aller Lebensplanungen und Vererbungsgesetze, der uns staunen lässt. Für die Philosophin Hannah Arendt ist die Tatsache, dass Menschen überhaupt geboren werden und mit jedem neugeborenen Menschen ein neuer Anfang in die Welt kommt, auch der Grund für Glaube und Hoffnung. Diese versteht sie jedoch nicht im christlichen Sinne, obwohl sie auf die Geburt Jesu Bezug nimmt. Für die Philosophin Hannah Arendt ist das Neue, das mit jedem Kind in die Welt kommt, die Grundlage für jede Form von Hoffnung für die Welt:

> «Das ‹Wunder› besteht darin, daß überhaupt Menschen geboren werden, und mit ihnen der Neuanfang, den sie handelnd verwirklichen können kraft ihres Geborenseins. Nur wo diese Seite des Handelns voll erfahren ist, kann es so etwas geben wie ‹Glaube und Hoffnung›, also jene

beiden Merkmale menschlicher Existenz, von denen die Griechen kaum etwas wußten [...] Daß man in die Welt Vertrauen haben und daß man für die Welt hoffen darf, ist vielleicht nirgends knapper und schöner ausgedrückt als in den Worten, mit denen die Weihnachtsoratorien ‹die frohe Botschaft› verkünden: ‹Uns ist ein Kind geboren›.» (243)

Wenn wir uns die oben genannten Aspekte der Schwangerschaft nochmals in ihrem Zusammenhang vergegenwärtigen, dann wird klar, dass das Nachdenken über Schwangerschaft und Geburt die Lehre vom Menschen verändert. Das Bild des Menschen, das entsteht, wenn wir die Schwangerschaft als Lebensphase des Menschen ernst nehmen, weicht deutlich von dem Bild des Menschen ab, der erst mit der Geburt Mensch wird. Das einseitige Augenmerk auf die Sterblichkeit des Menschen, das die Anthropologie bisher kennzeichnete, rückt den Menschen als unabhängiges Einzelwesen in den Blick.

«Abhängig – und dann auch noch von einer Frau. Welch permanente Herausforderung für eine Kultur, in der Individualismus und Autonomie zu den höchsten Werten zählen!» (Eva Schindele, 38)

Das Nachdenken über die Schwangerschaft hingegen zeigt, dass jeder Mensch ein von Anfang an in Beziehungen verwobenes Wesen ist. Das hat auch Konsequenzen für die Lebensaufgaben von uns Menschen. Ein unabhängiges Individuum zu werden ist dann nur mehr *eine* mögliche Lebensaufgabe.

5. Die Schwangerschaft – eine Beziehung mit ethischem Anspruch

Zu den Lebensbereichen, die für das Leben von Frauen und Männern von elementarer Bedeutung sind, gehören Sexualität, Fruchtbarkeit und Fortpflanzung. Diese Lebensbereiche haben zwei Dimensionen: Sie haben mit dem Leib des Menschen zu tun, werden ihm also mitgegeben, und sind frei von ihm zu gestalten. Diese beiden Dimensionen hängen miteinander zusammen: Unser Gestaltungsspielraum wird nämlich zum Teil von den leiblichen Voraussetzungen begrenzt, die uns mitgegeben wurden. Viele ethische Probleme im Zusammenhang mit unserer Sexualität und dem Kinderkriegen sind heute mit der Frage verbunden, wie weit es uns erlaubt ist, unsere leiblichen Voraussetzungen zu verändern, und inwiefern diesen vielleicht ein eigener Wert zukommen könnte, den wir besser unangetastet lassen.

Es gibt zwei ganz unterschiedliche Herangehensweisen an solche Fragen. Die eine Herangehensweise besteht darin, einfach das Normale zu tun, das heißt sich an dem zu orientieren, was die Mehrheit aller Menschen tut. Seine Sexualität ausleben und Kinder bekommen zu können, gehört heute zu unserem Bild normaler gesunder Erwachsener. Dies hat Konsequenzen für die Art und Weise, wie wir Störungen in diesen Lebensbereichen begreifen. Wenn Fruchtbarkeit und Kinderkriegen als gesunder Normalfall begriffen werden, dann ist zum Beispiel die Kinderlosigkeit entweder krankhaft oder abnorm. Auf medizinische und psychologische Therapien haben wir dann ein Recht oder zumindest einen Anspruch, bis die Störung behoben ist. Je schwieriger sich dies gestaltet, desto unglücklicher werden die Menschen, wenn sie sich selbst «unnormal» fühlen und nicht verstehen, warum sie so sind, wie sie sind. Wer von der Kategorie des Normalen her denkt, setzt sich stets der Anforderung aus, der Norm auch entsprechen zu müssen.

Eine andere Herangehensweise besteht darin, dem Leib eine eigene Stimme zu geben. Menschen, die zu diesem Selbstverständnis neigen, begreifen Störungen als eine Botschaft, die ihr Körper aussendet, und versuchen die Störungen zu beheben, indem sie die Botschaft entschlüsseln. So gesehen kann zum Beispiel die Unfruchtbarkeit auf eine Störung in der Partnerschaft oder im Berufsleben hindeuten, die zuerst behoben werden muss, bevor das Kinderkriegen klappt. Je schwieriger sich dies gestaltet, desto unglücklicher werden die Menschen aber, wenn sie trotz gutem Willen auf dem Wege der inneren Auseinandersetzung einfach nicht weiterkommen.

Die meisten Menschen gehen deshalb beide Wege, oft nacheinander. Mir ist an dieser Stelle nur wichtig, zu verdeutlichen, dass unser Verhalten auf elementare Weise davon abhängt, wie wir uns selbst sehen. Ein absolutes «richtig» oder «falsch» gibt es deshalb in Entscheidungen, die den eigenen Körper betreffen, kaum. Wir können nur wählen, wovon wir uns bei bestimmten Entscheidungen bestimmen lassen wollen. Im oben ausgeführten Beispiel ist das entweder die Konstruktion von «Gesundheit» und «Normalität» oder die Konstruktion einer «Leib-Botschaft». Bei Letzterer kann mein Körper versuchen, mir entweder etwas über mich selbst mitzuteilen, oder etwas über mein «Schicksal» oder meine «Bestimmung».

In diesem Kapitel soll es darum gehen, wie das Nachdenken über den Sinn von Sexualität, Fruchtbarkeit, Schwangerschaft und Kindern uns eine Orientierungshilfe in den ethischen Entscheidungen rund ums Kinderkriegen sein kann. Ich gehe dabei zum einen davon aus, dass unsere «Natur» uns nicht vollkommen bestimmt, sondern dass wir die Freiheit haben, unsere Sexualität und die Fortpflanzung frei zu gestalten. Sonst könnte ich auch praktizierte Empfängnisverhütung oder medizinische Hilfe bei Krankheiten nicht gutheißen. Auf der anderen Seite gehe ich aber auch davon aus, dass unser Körper in gewissem Maße sein eigenes Recht hat und wir gut daran tun, ihn nicht nur zu instrumentalisieren und über ihn zu verfügen. Es geht also darum, herauszufinden, wann wir der einen und wann der anderen Seite folgen sollten, damit wir uns in all den Fragen rund ums Kinderkriegen weder überfordern noch unglücklich machen.

Neben den vielen Gaben des Geistes, die jeder Mensch besitzt, sind auch die Gaben unseres Leibes ein Angebot an uns, das Leben zu gestalten. Der *Sinn der Sexualität* ist dabei ein dreifacher: Spüren der eigenen Lebenslust, Ausdruck und Vertiefung der Liebe zwischen zwei Menschen und die Fortpflanzung. In einer heterosexuellen Beziehung ist die Verwirklichung aller drei Sinndimensionen der Sexualität grundsätzlich möglich, sie müssen aber nicht immer gleichzeitig verwirklicht werden. Wir haben in unserem Kulturkreis die Freiheit, Lust ohne Liebe zu erleben und lustvolle Liebe ohne Fortpflanzung. Dies bringt aber die ethische Verpflichtung mit sich, dass sowohl die Frau als auch der Mann in einer Beziehung eine übereinstimmende Auffassung vom Sinn ihrer gemeinsamen Sexualität entwickeln und sich beide dementsprechend verhalten.

Der *Sinn der Fruchtbarkeit* ist die Weitergabe des Lebens. Die Fruchtbarkeit ist ein Angebot an Frauen und Männer, mit ihrem Leib selbst schöpferisch tätig zu werden. Auch diesem Angebot gegenüber können sich Frauen und Männer in unserem Kulturkreis aus guten Gründen völlig frei verhalten. Weder der Wert und die Würde von Männern noch der Wert und die Würde von Frauen hängen hierzulande von ihrer Fortpflanzungsfähigkeit ab. Allerdings bauen die drei Sinndimensionen der Sexualität, zu denen die Fortpflanzung gehört, meinem Verständnis nach aufeinander auf. Es kann Lust ohne Liebe geben, aber es sollte keine partnerschaftliche Liebe ohne Lust und erst recht keine Fortpflanzung ohne Lust *und* Liebe geben. Denn für das neu entstehende Kind bedeutet die Zusammengehörigkeit aller drei Sinndimensionen der Sexualität, dass es seinen Ursprung in der Begegnung zweier Menschen hat, in deren gemeinsamer Lust und Nähe, ihrer gegenseitigen Zuwendung und Anerkennung. Wo diese zweite Sinndimension der Sexualität fehlt, kann auch die Fruchtbarkeit kaum als sinnvoll erlebt werden. Sexuelle Erfahrungen der Lieblosigkeit oder der Gewalt machen die Fruchtbarkeit zum Fluch. Jedes Menschenleben sollte aus der lustvollen liebenden Vereinigung zweier Menschen hervorgehen. Außerdem ist es sinnvoll, dass die Fruchtbarkeit an die Sexualität zwischen Frau und Mann gebunden ist. Würden Kinder ausschließlich durch die Sexualität von Frauen oder ausschließlich durch die Sexualität von Männern entstehen, so käme diese schöpferische Kraft nur noch einem der beiden Geschlechter zu. Dass beim Kinderkriegen Frauen auf Männer und vor allem Männer auf Frauen angewiesen sind, ist aber eine wichtige Grundlage für die Geschlechtergerechtigkeit in unserer Welt. Was das für den Kinderwunsch homophiler Paare bedeutet, darauf werde ich in Kapitel 7 eingehen.

Der *Sinn der Schwangerschaft* nun hängt mit dem Sinn der Fruchtbarkeit eng zusammen. Die Schwangerschaft ist aber mehr als ein Angebot zur Weitergabe des Lebens, demgegenüber wir uns in aller Freiheit verhalten können, denn wenn eine Frau bemerkt, dass sie schwanger ist, hat bereits ein menschliches Leben begonnen, sich in ihrem Körper zu entwickeln. Und dies ist nicht nur ein biologischer Prozess, sondern es ist durchaus möglich, in der Tatsache, dass Menschen auf dem

Wege von Schwangerschaft und Geburt ins Leben treten, einen Sinn zu entdecken. Natürlich hängt die menschliche Weise der Fortpflanzung mit unserer biologischen Zugehörigkeit zur Gattung der Säugetiere zusammen. Aber es steht uns frei, die Vorgänge rund um die Geburt auch kulturell zu deuten, wie wir das im Übrigen auch mit anderen natürlichen Vorgängen tun, zum Beispiel mit der Nahrungsaufnahme, der Sexualität oder dem Sterben. Nach gängiger Auffassung beginnt das menschliche Leben im biologischen Sinn mit der Befruchtung einer Eizelle durch eine Samenzelle. Aber der Mensch ist mehr als seine Biologie. Damit ein Mensch entsteht, muss zu der biologischen Entwicklung des Embryos/Fötus noch etwas hinzukommen: ein zwischenmenschliches Tun nämlich. Im vorangehenden Kapitel haben wir bei der Beschreibung des Phänomens Schwangerschaft gesehen, worin dieses zwischenmenschliche Tun genau besteht: nämlich darin, dass Eltern ein Ja zu ihrer Elternschaft finden und dadurch das werdende Kind annehmen. Insbesondere das Ja der schwangeren Frau zu ihrer Mutterschaft hat sich dabei als unersetzbar erwiesen. Lebendigkeit und Mitmenschlichkeit müssen zusammenkommen, damit ein neuer Mensch entstehen kann. Die Verschmelzung von Samenzelle und Eizelle muss mit dem Ja der Eltern, das heißt mit der menschlichen Annahme des entstehenden Kindes einhergehen, damit menschliches Leben sich zum Menschen entwickeln kann. Wird die Bedeutung der Annahme des entstehenden Menschen durch seine Eltern und insbesondere durch seine Mutter geleugnet, so fühlt sich die schwangere Frau der Zufälligkeit biologischer Prozesse in ihrem Körper ausgeliefert, und sie wird in dem entstehenden Menschen nichts anderes sehen können als ein Natur- oder Zufallsprodukt. Wird hingegen die Zufälligkeit der biologischen Prozesse bei der Menschwerdung beseitigt – was durch die In-vitro-Fertilisation in Kombination mit selektiven und genmanipulativen Maßnahmen immer realistischer erscheint –, so zählt beim Werden eines Menschen nur noch der Wille seiner Eltern und das Vermögen von Ärztinnen und Ärzten. Dadurch wird der entstehende Mensch aber mehr und mehr zum technischen Produkt anderer Menschen. In beiden Fällen geht das Spezifische der Menschwerdung verloren, das den Menschen von Anfang an mehr sein lässt als seine leibliche Natur und anderes als ein Ding – nämlich eine Person.

Das in ihr entstehende Kind begegnet der Frau bereits in der Schwangerschaft als eine *Person in statu nascendi*, also eine «Person im Status ihres Entstehens». Von dieser Person geht unmittelbar der Anspruch an die schwangere Frau und die werdenden Eltern aus, geboren zu werden. Ich spreche lieber von Ansprüchen als von Rechten des entstehenden Kindes, weil der Begriff «Anspruch» das Dialogische der Schwangerschaft zum Ausdruck bringen kann, während die Rede von «Rechten» die schwangere Frau und das entstehende Kind zwangsläufig in Opposition zueinander bringt: Rechte können gegen andere eingeklagt werden, Ansprüche hingegen müssen beantwortet werden. Wem das Wort «Anspruch» zu sehr nach «Anspruchsdenken» klingt, der kann es auch durch das Wort «Bitte» ersetzen. Was von dem entstehenden Kind ausgeht, ist in seiner Wehrlosigkeit eine Bitte; aber es ist eine berechtigte Bitte und insofern ein Anspruch.

In den meisten Fällen beantwortet eine schwangere Frau den Anspruch, der von dem entstehenden Menschen an sie ergeht, mit einem Ja. Das heißt, sie erkennt die Schwangerschaft als leibliche Tatsache an und trägt das Kind aus. In dem Moment, in dem sich eine schwangere Frau für ihr Kind entscheidet, bringt die Frau den moralischen Unterschied zwischen einer «Person in statu nascendi» und einer geborenen «Person» fast völlig zum Verschwinden. Sie nimmt das Personsein ihres Kindes bereits vorweg, macht sich seine künftigen Interessen zu eigen und verleiht so dem Kind schon vor seiner Geburt den Status, der ihm später zukommen wird. Die personalen Ansprüche des Kindes, zum Beispiel auf medizinische Betreuung, vertritt die werdende Mutter dann auch nach außen. Sie dürfen der im Mutterleib entstehenden Person nicht vorenthalten werden. Mit der Anerkennung des in ihr entstehenden Menschen als ihr Kind, also als einer den Lebenszusammenhang einer Familie teilenden Person, schafft die schwangere Frau eine unhintergehbare Wirklichkeit, die weitgehend unabhängig vom Entwicklungsstand des Kindes ist.

Diese Sicht der Schwangerschaft kann verdeutlichen, warum jeder Mensch bei seiner Geburt nicht erst zur Person wird, sondern *als* Person mit eigener Würde ins Leben tritt. Aus meiner Sicht ist die Personalität des Menschen weder allein mit seiner Zeugung noch allein mit seiner Geburt gegeben. Grundlegend für die Personalität des Menschen ist vielmehr das Körper- und Beziehungsgeschehen dazwischen, die Schwangerschaft. Weil im Verlauf der Schwangerschaft ein biologischer Entwicklungsprozess unausweichlich zum personalen Geschehen wird, kommt der Mensch bei seiner Geburt als einer auf die Welt, der nie bloß seine Natur ist, sondern eine Person. Und weil die personale Dimension der Schwangerschaft die Einwilligung der werdenden Mutter voraussetzt, kommt jedes Kind als ein schon vor seiner Geburt bejahtes und angenommenes Kind zur Welt. Eine Person ist ein Mensch, der von seiner menschlichen Mutter getragen und geboren wurde. Die Menschwerdung durch Schwangerschaft und Geburt ist in sich selbst würdevoll und entspricht so der Menschenwürde von Mutter und Kind.

In Kapitel 3 habe ich am Beispiel der Freundschaft gezeigt, dass jede wichtige Beziehung durch innere Verbindlichkeiten geregelt wird, die dem Charakter dieses Lebensverhältnisses entsprechen müssen. Die ethische Verbindlichkeit des Lebensverhältnisses Schwangerschaft besteht nun in dem Anspruch eines heranreifenden Menschen an seine zukünftigen Eltern, ihn zu bejahen und so zu seinem Anfang kommen zu lassen. Für ein Nein braucht es Gründe. Wenn wir die Schwangerschaft nicht nur als ein Naturphänomen sehen, sondern sie als Beziehungsgeschehen ernst nehmen, dann ist bei jeder einzelnen Schwangerschaft gewissenhaft zu prüfen, ob das entstehende Kind nicht irgendwie bejaht und ausgetragen werden kann.

Was aber ist, wenn ein Schwangerschaftskonflikt vorliegt? Was ist, wenn die Schwangerschaft von einer Frau nicht als Segen, sondern als Fluch erfahren wird, nicht als Geschenk, sondern als Überforderung, nicht als Hoffnungszeichen, sondern als Grund zur Verzweiflung? Kann ein Schwangerschaftsabbruch eine ethisch vertretbare Handlung sein, wenn der Sinn der Schwangerschaft doch darin besteht, einen Menschen zu seinem Anfang kommen zu lassen? Die ethische Frage des Schwangerschaftskonflikts kann als Testfall gesehen werden für den Versuch, durch das Nachdenken über den Sinn des besonderen Lebensverhältnisses Schwangerschaft zu ethischer Orientierung in Situationen der Entscheidung zu kommen.

Um die Frage der ethischen Vertretbarkeit eines Schwangerschaftsabbruchs beantworten zu können, möchte ich zunächst genauer betrachten, worin ein Schwangerschaftskonflikt eigentlich besteht und wie schwangere Frauen diesen Konflikt und eventuell einen späteren Schwangerschaftsabbruch erleben. Die Gründe, aus denen schwangere Frauen einen Schwangerschaftsabbruch erwägen, sind sehr verschieden und individuell. Fast immer werden mehrere Beweggründe genannt, wobei einige Themen häufig wiederkehren: wirtschaftliche Gründe spielen eine Rolle, Störungen in der Beziehung zum Vater des Kindes und Konflikte mit der eigenen Lebensplanung. Bei letzteren geht es aber meist nicht um den Konflikt zwischen «Karriere» und Kind, sondern um die Ausbildung als Basis für die eigene Selbständigkeit oder den Wiedereinstieg in den Beruf nach einer längeren Kinderphase. Obwohl es immer die individuelle Entscheidung einer ungewollt schwangeren Frau ist, ob sie an ihrem ursprünglichen Lebensplan festhält oder diesen zugunsten eines Lebens mit dem entstehenden Kind ändert, ist diese Entscheidung keineswegs frei von gesellschaftlichen Einflüssen. Frauen können sich heute eben nicht mehr nur als «Herz» ihrer Familie begreifen, sondern sie müssen sich selbst auch als eine Einzelperson sehen, die für ihre Existenzsicherung selbst verantwortlich ist. Die Versorgungslage von Müttern ohne eigenen Beruf oder gut verdienenden Ehemann ist schlecht. In sozialpsychologischer Perspektive kann ein Schwangerschaftsabbruch deshalb eine durchaus vernünftige Antwort auf die Erwartungen der heutigen Gesellschaft sein, wie zum Beispiel die Erwartung, in eine private Altersvorsorge zu investieren. Deshalb lässt sich durchaus fragen: Ist der Schwangerschaftskonflikt ein individueller Konflikt mit gesellschaftlicher Dimension – oder ein gesellschaftlicher Konflikt, ausgetragen am Leib von Individuen?

Weitere häufig genannte Gründe für einen Schwangerschaftsabbruch sind die persönliche Unreife der schwangeren Frau und/oder ihres Partners und die Verantwortung der schwangeren Frau für schon geborene Kinder oder andere zu pflegende Personen. Im Schwangerschaftskonflikt befindet sich die schwangere Frau also inmitten verschiedener Verbindlichkeiten, denen sie sich oft gleichermaßen verpflichtet fühlt: die Verpflichtungen gegenüber sich selbst, gegenüber der Partnerschaft oder der Familie und die Verpflichtung gegenüber dem entstehenden Kind sind in jedem Einzelfall gegeneinander abzuwägen. Die Gründe, mit denen Frauen einen Schwangerschaftsabbruch vor sich selbst rechtfertigen, haben meist mit den individuellen Grenzen der schwangeren Frau zu tun (persönliche Unreife, Gesundheitszustand, Alter, Zukunftsangst, zu wenig Kraft etc.), oder die Entscheidung erscheint durch die Umstände erzwungen (fehlende Existenzgrundlage, keine soziale Unterstützung, begonnene Ausbildung, verheimlichte sexuelle Beziehung etc.), oder die zukünftigen Verletzungen und Schädigungen für die Frau selbst, das Kind, die Partnerschaft oder die bereits existierende Familie erscheinen der Frau größer als die Verletzung durch einen Schwangerschaftsabbruch.

So vielfältig und individuell wie die Gründe zum Schwangerschaftsabbruch ist auch das Konflikterleben schwangerer Frauen. Dennoch lassen sich einige Grundzüge des Erlebens von Frauen im Schwangerschaftskonflikt beschreiben, die im Zusammenhang mit der Besonderheit des Lebensverhältnisses Schwangerschaft zu sehen sind:

Die Ausgangsfrage von Frauen im Schwangerschaftskonflikt lautet nicht: Ist es ethisch vertretbar, die Schwangerschaft abzubrechen? Sondern: Kann ich Mutter dieses Kindes werden?
Von dieser Ausgangsfrage her beantworten die betroffenen Frauen dann auch die Frage nach der ethischen Vertretbarkeit eines Schwangerschaftsabbruchs. Dabei steht den meisten Frauen im Schwangerschaftskonflikt die Bedeutung und Tragweite ihrer Entscheidung deutlich vor Augen.

Weil eine Frau durch ihre Schwangerschaft vor die Aufgabe gestellt wird, Mutter zu sein, haben Frauen im Schwangerschaftskonflikt in aller Regel ein klares Bewusstsein von der Existenz ihres Kindes.
Die Frage nach dem Beginn des menschlichen Lebens, die in der wissenschaftlichen Ethik des Schwangerschaftskonflikts

von so zentraler Bedeutung ist, ist für Frauen im Schwangerschaftskonflikt immer schon beantwortet. Durch dieses Wissen um die Lebenswirklichkeit des in ihr entstehenden Kindes befindet sich die schwangere Frau ja gerade im Konflikt.[4] Sogar nach einem Schwangerschaftsabbruch sprechen nicht wenige Frauen noch weiter von dem «Kind», das sie hätten haben können oder das nicht leben durfte. Auch die meisten Frauen, die die pränatale Diagnostik in Anspruch nehmen, wissen, dass sie im Ernstfall eine Entscheidung über Leben oder Tod ihres zukünftigen Kindes fällen müssen.

Das Bewusstsein schwangerer Frauen, ein Kind in sich zu tragen, ist allerdings nicht identisch mit dem Bewusstsein vom moralischen Lebensrecht des ungeborenen Kindes.
Frauen thematisieren ihren Konflikt überhaupt nicht in der Sprache rivalisierender Rechte, weil diese nicht geeignet ist, die Beziehung zwischen schwangerer Frau und entstehendem Kind zu erfassen. An diesem Punkt unterscheidet sich die Sprache der betroffenen Frauen besonders deutlich von der Fachsprache der Ethik und des Rechts oder auch von den Slogans der öffentlichen Auseinandersetzung um den § 218 StGB.

Im Erleben schwangerer Frauen verläuft die Konfliktlinie im Schwangerschaftskonflikt nicht zwischen der schwangeren Frau und dem Kind, sondern zwischen verschiedenen Lebensmöglichkeiten der Frau.
Die Ablehnung der Schwangerschaft und die Freude über die eigene Fruchtbarkeit können durchaus nebeneinander bestehen. Nicht nur die Einschränkungen, die ein Kind mit sich bringt, werden von der Frau im Schwangerschaftskonflikt gesehen, sondern auch die positiven Lebensmöglichkeiten, die ein Kind eröffnet. In aller Regel ergreift die schwangere

Frau im Prozess ihrer Entscheidungsfindung deshalb auch Partei für das Kind. Bevor die Entscheidung fällt, entwirft die werdende Mutter häufig Zukunftsszenarien für ihr Leben mit dem Kind oder mit dem Abbruch der Schwangerschaft und wägt zwischen diesen beiden Lebenswegen im Bewusstsein der Schutzwürdigkeit des ihr anvertrauten entstehenden Kindes ab. Weil der Schwangerschaftskonflikt *in* der schwangeren Frau angesiedelt ist, entscheidet sie sich mit jeder Entscheidung des Konflikts *auch* gegen einen Teil von sich selbst.[5]

Die Intensität des Schwangerschaftskonflikts ist von Frau zu Frau sehr verschieden.
Die Mehrheit der Frauen, die ungewollt schwanger werden, weiß sofort, dass sie dieses Kind nicht austragen kann oder will, und bleibt auch bei dieser Entscheidung. Bei diesen Frauen besteht kein Schwangerschaftskonflikt im Sinne eines Entscheidungskonflikts. Auch sie werden durch ihre ungewollte Schwangerschaft aber mit wichtigen Lebensfragen konfrontiert. Bei anderen Frauen ist die Zeit seit der Entscheidung zum Schwangerschaftsabbruch bis zum Abbruchstermin von heftigen inneren Auseinandersetzungen und Zweifeln begleitet. Die Ambivalenz im Schwangerschaftskonflikt ist besonders groß, wenn die schwangere Frau eigentlich gern Mutter werden würde, sich aber durch die Umstände zum Abbruch genötigt fühlt, oder wenn sich die werdenden Eltern nicht einig sind, oder wenn die schwangere Frau die ethischen Fragen, die ein Schwangerschaftsabbruch aufwirft, für sich nicht stimmig beantworten kann.

Die Entscheidung im Schwangerschaftskonflikt ist unmittelbar mit dem Selbstbild der schwangeren Frau verknüpft.
Deshalb sind Einwirkungen auf die ethische Entscheidungsfindung im Schwangerschaftskonflikt in aller Regel nur über die Veränderung des Selbstbildes der schwangeren Frau möglich.

Dabei richten sich ein positives Selbstwertgefühl, eine ausgeprägte Selbstachtung und ein starkes Selbstbewusstsein keineswegs per se gegen das Kind. Ein positives Selbstwertgefühl und ein stabiles Selbstvertrauen sind psychoanalytisch gesprochen vielmehr wesentliche Voraussetzungen für das Gelingen einer Schwangerschaft. Wenn Frauen also ihre Entscheidung zum Schwangerschaftsabbruch damit begründen, dass es ihnen an persönlicher Reife und an der Fähigkeit zur Selbstverantwortung fehle, erfassen sie die Voraussetzungen des Mutterseins meist präzise. Außerdem hängt die Eigenständigkeit der Entscheidung im Schwangerschaftskonflikt und somit die Übernahme von Verantwortung von dem Zutrauen der schwangeren Frau ab, ihren Konflikt selbst entscheiden zu können.

Frauen im Schwangerschaftskonflikt stellen häufig hohe Anforderungen an ihr eigenes Muttersein und haben ein stark vom Verantwortungsgefühl geprägtes Bild von Elternschaft.
Die meisten Frauen im Schwangerschaftskonflikt haben bereits Kinder oder hätten zu einem anderen Zeitpunkt und unter anderen Umständen gern ein Kind. Sie messen Kindern eine große Bedeutung zu und haben klare Vorstellungen von den Bedürfnissen eines Kindes. Durch diese ergeben sich wiederum bestimmte Anforderungen an die persönliche Reife und die Solidität der Lebensverhältnisse der schwangeren Frau. Oft fällt die Entscheidung zum Schwangerschaftsabbruch gerade aufgrund des «typisch mütterlichen Verantwortungsgefühls», dem entstehenden Kind *dieses* Leben nicht zumuten zu können, oder aufgrund der Befürchtung, dem Kind keine gute Mutter zu sein.

Die Schuldgefühle, von denen Frauen nach einem Schwangerschaftsabbruch berichten, haben ganz unterschiedliche Inhalte.
Sehr häufig beziehen sie sich auf die Tatsache, überhaupt schwanger geworden zu sein. Manche Frauen fühlen auch deut-

lich die Schuld, getötet zu haben. Dabei hat der Tötungscharakter des Schwangerschaftsabbruchs zwei Aspekte: den Aspekt der Selbsttötung, durch den der eigene Körper und die eigene «Ganzheit» verletzt beziehungsweise eigene Lebensmöglichkeiten zerstört wurden, und den Aspekt der Tötung eines vom eigenen Selbst unterschiedenen Wesens. Immer wieder empfinden Frauen die Schuld und den Schmerz, einem Menschen den Zutritt in sein Dasein verweigert zu haben. Deshalb machen sich Frauen zum Teil auch Vorwürfe, nicht stark genug für ein Kind gewesen zu sein. Außerdem gibt es in der Wahrnehmung mancher Frauen eine Dimension der Schuld, die jenseits aller Begründungen des Schwangerschaftsabbruchs liegt. Dies wird besonders in den Interviews, die die us-amerikanische Moralpsychologin Carol Gilligan mit Frauen nach einem Schwangerschaftsabbruch geführt hat, deutlich:

«Alle guten Gründe in der Welt mögen für die Abtreibung sprechen. Ich bin sicher das Richtige getan zu haben ...
Aber ... die Gründe wiegen irgendwie das Ganze nicht auf.
Es ist einfach so, dass das Ganze irgendwie größer ist als die Summe seiner Teile, wenn man es auseinandernimmt.
... und ich weiß nicht, was das ist.» (149)

Hinderlich für die Verarbeitung des Schwangerschaftsabbruchs ist vor allem dessen Tabuisierung. Fast alle Wissenschaftlerinnen, die Gespräche mit Frauen nach einem Schwangerschaftsabbruch geführt haben, berichten von dem starken Bedürfnis dieser Frauen, über ihre Entscheidung zu sprechen, sie zu begründen, zu rechtfertigen und darin bestätigt zu werden. Deshalb ist die erneute Tabuisierung des Themas Schwangerschaftsabbruch, die seit dem Abschluss des Gesetzgebungsverfahrens zu den §§ 218 f. StGB im Jahr 1995 zu beobachten ist, durchaus kritisch zu sehen.

Frauen im Schwangerschaftskonflikt können sich natürlich auch falsch entscheiden. Es besteht in Entscheidungssituationen immer die Möglichkeit, dass Menschen die Gründe falsch gegeneinander abwägen, sich zu sehr von außen beeinflussen lassen oder sich etwas vormachen. Wenn eine Frau ihre Entscheidung später bereut, trägt sie an dieser ungleich schwerer, als wenn sie diese auch später noch für richtig hält. Zweifel an der Richtigkeit der eigenen Entscheidung für einen Schwangerschaftsabbruch sind jedoch relativ selten. Die weitaus meisten Frauen verarbeiten ihren Schwangerschaftsabbruch langfristig ohne Probleme. Allerdings können auch nach langer Zeit noch Probleme auftauchen, wenn das eigene Leben ganz anders verläuft als eine Frau sich das vorstellte, zum Beispiel, wenn die auf später verschobenen Kinder ausbleiben.

Wie auch immer die Entscheidung im Schwangerschaftskonflikt fällt, sie hat lebenslange Konsequenzen. Ein Schwangerschaftsabbruch hat zur Folge, dass ein bestimmtes Kind nicht leben wird und dass es fortan zur Lebensgeschichte seiner werdenden Eltern gehört, diese Elternschaft zurückgewiesen zu haben. Mit einem Schwangerschaftsabbruch wird in jedem Fall ein Lebenszusammenhang zerrissen, und der Platz, den das entstehende Kind mit seiner Geburt hätte einnehmen können, bleibt auf Dauer leer. Frauen und Männer, die in einem Schwangerschaftskonflikt schon ahnen, dass es ihnen nur schwer gelingen würde, diese «Leerstelle» in ihr Selbstbild zu integrieren, bedürfen der Unterstützung von außen, damit sie sich nicht durch die Situation genötigt fühlen, gegen ihr Gewissen zu entscheiden. Unter anderem deshalb haben etwa die evangelischen Kirchen ihre Beratungsarbeit im Schwangerschaftskonflikt bewusst fortgesetzt, als die katholische Kirche in Deutschland auf Druck des Papstes hin aus der Beratungsarbeit aussteigen musste.

Interessant an diesen Beobachtungen zum Konflikterleben schwangerer Frauen ist aus meiner Sicht nun folgendes: Kaum eine Frau im Schwangerschaftskonflikt leugnet, dass ein Schwangerschaftsabbruch eine Handlung ist, die ethische Fragen aufwirft. Aus irgendwelchen Gründen sagen Frauen im Schwangerschaftskonflikt nicht: Wenn ich die Schwangerschaft ablehne, ist es ja nur «biologisches Leben», und ein Schwangerschaftsabbruch ist im Grunde gar kein Problem. Für Frauen mit religiösem Hintergrund ist dies nachvollziehbar, denn in diesem Fall ist bei der Entstehung eines neuen Menschen immer auch Gott im Spiel. Aber auch nicht religiös gebundene Frauen spüren häufig, dass das, was sie in sich tragen, nicht nur im biologischen Sinne menschliches Leben ist, sondern ein entstehender Mensch, der sie mit einem berechtigten Anspruch konfrontiert und vor eine persönliche Entscheidung stellt. Diese Wahrnehmung von Frauen scheint mir, ausgehend vom Sinn jeder Schwangerschaft, durchaus angemessen. Weil das Wesen und der Sinn einer Schwangerschaft eben darin bestehen, einen Menschen zu seinem Anfang kommen zu lassen, ist der Widerspruch gegen eine schon bestehende Schwangerschaft zumindest begründungsbedürftig.

Auf der anderen Seite beanspruchen Eltern und insbesondere Frauen aber auch nach Eintritt einer Schwangerschaft selbstverständlich ihre Entscheidungsfreiheit in Fragen der Fortpflanzung. Auch dies ist mit dem Sinn der Schwangerschaft in Einklang zu bringen. Das Ja der Eltern und insbesondere der Frau muss ein Akt der Freiheit sein, wenn der Sinn der Schwangerschaft darin besteht, dass Menschen bei ihrer Geburt als bejahte Personen ins Leben treten können. Alles andere – wie gesetzlicher Zwang, moralischer Druck oder passive Willenlosigkeit – würde den Sinn der Schwangerschaft ganz verkehren. Zwar ist die Freiheit der schwangeren Frau und ihres Partners in mehrerer Hinsicht begrenzt, aber ein Moment der Wahlfreiheit muss sie enthalten. Von einem freien Ja der Eltern kann nur dann gesprochen werden, wenn auch ein Nein möglich ist. Auf menschenwürdige Weise tritt ein Mensch nur dann ins Leben, wenn er nicht gegen den Willen seiner Eltern ins Leben gezwungen wird. Außerdem müssen Eltern schon deshalb die Freiheit haben, sich einer Schwangerschaft zu verweigern, weil durch eine Schwangerschaft nicht nur ein Kind entsteht, sondern auch Eltern. Das ist beim Nachdenken über die Schwangerschaft deutlich geworden. Insbesondere die Veränderungen an Leib und Seele der werdenden Mutter sind so groß, dass jede Form von Zwang in dieser Frage der Persönlichkeit der Frau Gewalt antun würde. Mutter kann eine Frau nur aus freien Stücken werden oder sie wird es besser nicht.

In den letzten Jahrzehnten hat sich auch in der öffentlichen Debatte zum § 218 StGB immer mehr die Überzeugung durchgesetzt, ungeborenes Leben im Mutterleib könne nur mit der Frau und nicht gegen sie geschützt werden. Häufig hat man aber den Eindruck, dieser Zusammenhang werde eher widerstrebend eingeräumt als von Herzen bejaht. Das ist falsch. Wer in der Entscheidungsfreiheit von Frauen nur ein «Risiko» für den Embryo sieht, hat vom Geheimnis der Schwangerschaft und von der Komplexität unserer Entstehung als Menschen nichts verstanden. In der Schwangerschaft wird eben kein Produkt hergestellt, sondern es entstehen ein Mensch und seine Eltern – es entsteht eine Familie. Weil es im Schwangerschaftskonflikt nicht nur um die Aufrechterhaltung von Leben geht, sondern um das Werden eines Menschen, kann eine Ethik, die dem Sinn der Schwangerschaft Rechnung trägt, nicht nur eine Ethik des *Lebens*schutzes sein, sondern sie muss die *Menschlichkeit* der Entstehung eines neuen Menschenlebens im Blick haben, und diese hängt vom freien Ja der Eltern, auf jeden Fall aber der Mutter, ab. Deshalb bezeichne ich meine eigenen ethischen Überlegungen in der Frage des Schwangerschaftskonflikts als eine Ethik zum «Schutz der Menschwerdung». Diese schließt die Möglichkeit ein, eine bestehende Schwangerschaft abzulehnen und das entstehende Kind «zurückzugeben». Diese Vorstellung soll den Vorgang des Schwangerschaftsabbruchs nicht verharmlosen. Mir ist bewusst, dass jeder Schwangerschaftsabbruch eine gewaltvolle Handlung mit Tötungscharakter darstellt.[6] Aber ich kann es mir einfach nicht anders vorstellen, als dass die Kinder, die nicht zur Welt kommen konnten, wieder in den «Raum» eingehen, aus dem sie auch hervorgegangen sind. Die Vorstellung dieses «Zurückgebens» teilen inzwischen viele Menschen. Deshalb werden abgetriebene Föten wie auch Frühgeburten unter 500 Gramm Körpergewicht immer häufiger auf Friedhöfen anonym bestattet. Dadurch wird ihre Zugehörigkeit zur Gesamtheit aller Menschen verdeutlicht: wie alle Menschen so werden auch sie am Ende ihres Lebens der Erde zurückgegeben.

Bei Vorträgen über das Thema Schwangerschaftskonflikt werde ich immer wieder gefragt, ob denn das Ja der Eltern nicht auch nach der Geburt noch gesprochen werden könne und ob das alles nicht eine viel zu «romantische» Vorstellung vom Kinderkriegen sei, die für die meisten Zeiten und Orte unsere Welt gar nicht passe. Deshalb möchte ich zu dem Ja der Eltern und seiner Qualität noch einiges ergänzen: Viele Eltern sprechen ihr Ja zum Kind schon, bevor es überhaupt entsteht, indem sie nämlich bewusst auf die Empfängnisverhütung verzichten. Wenn es dann zu einer Schwangerschaft kommt, müssen diese Eltern häufig nicht nochmals Ja sagen, sondern sie freuen sich einfach. In der Freude auf das Kind ist das Ja immer enthalten. Manchmal muss aber auch bei einem erwünschten Kind das Ja nach Eintritt der Schwangerschaft nochmals neu gesucht werden. Plötzlich tauchen Ängste und Zweifel auf, die irgendwie eingeordnet werden müssen, und es dauert eine Weile, bis sich die Freude auf das Kind durchsetzt. Wegen der Ambivalenz jeder Schwangerschaft gibt es kaum ein völlig ungetrübtes Ja. Das Ja zum Kind, das Eltern in der Schwangerschaft sprechen, muss deshalb kein lautes, kein unangefochtenes und kein schnelles Ja sein. Eltern haben während einer Schwangerschaft genug Zeit für ihr Ja und dürfen sich diese Zeit auch nehmen. Häufig ist es nicht einmal ein bewusstes Ja, das die Eltern sprechen, sondern die schwangere Frau und ihr Partner stellen sich einfach irgendwie auf das ankommende Kind ein. Und manche Frauen sagen auch nur deshalb Ja, weil sie aus religiösen oder ethischen Beweggründen oder aus Rücksicht auf ihren Körper kein Nein sprechen können. Wieder andere vertrauen einfach darauf, dass das Ja beim ersten Saugen oder Schreien oder Lächeln des Kindes kommen wird, auch wenn sie während der Schwangerschaft noch keinen Weg für ihr Leben mit dem Kind sehen. All das reicht aus, damit Kinder mit der positiven Erfahrung ins Leben treten können, angenommen zu sein! Auf elementare Weise bejaht zu sein bedeutet nicht, aus einer rosaroten Wolke mit Mozartklängen und Rosenduft hervorzugehen. Alle Ambivalenzen unserer Welt müssen Raum haben im Ja der Eltern zu ihrem Kind. Aber all diese Ambivalenzen müssen getragen oder umgeben werden von einem ganz elementaren Ja zum Leben. Das Ja darf leise, zögerlich, stockend oder auf Hoffnung hin gesprochen werden, aber es darf kein Nein sein. Wenn das Herz, der Kopf und der Körper der schwangeren Frau gegen die Schwangerschaft rebellieren, dann kann und muss kein Kind entstehen. Meist findet bei einem Schwangerschaftskonflikt im Inneren der Frau ein Kampf dieser Entscheidungsinstanzen gegeneinander statt. Aber in aller Regel spürt die Schwangere irgendwann, ob sie zur Mutterschaft für dieses Kind bereit ist oder nicht, ob sie also Ja oder Nein zum Kind sagen muss.

Allerdings setzen meine Überlegungen zum Sinn der Schwangerschaft voraus, dass Frauen und Männer die Möglichkeiten zur Kontrolle ihrer Fruchtbarkeit haben. Wo die Möglichkeiten zur Empfängnisverhütung und zum straffreien Schwangerschaftsabbruch nicht gegeben sind, kann nicht davon ausgegangen werden, dass alle geborenen Kinder auch auf elementare Weise bejahte Kinder sind. Deshalb betrachte ich sowohl die Möglichkeit zur Empfängnisverhütung als auch die hart erkämpfte Straffreiheit des Schwangerschaftsabbruchs als einen kulturellen Fortschritt.

Sicher haben diese Freiheiten nicht immer und im selben Maß bestanden wie heute. Es gab aber in allen Kulturen wirksame Mittel zur Verhütung von Schwangerschaften. Der französische Soziologe Luc Boltanski fand bei seinen Studien heraus, dass die Möglichkeit, Schwangerschaften abbrechen zu können, nahezu überall und immer bekannt war. Auch die Generation unserer Großmütter hat zum Beispiel in der Nachkriegszeit von der Möglichkeit der Abtreibung Gebrauch gemacht, nur waren die Risiken dieser Praxis damals ungleich höher als heute. Gott sei Dank sind diese Zeiten vorbei! Es stimmt zwar, dass der freie Zugang zu Verhütungsmitteln und die Straffreiheit des Schwangerschaftsabbruchs die Bereitschaft von Frauen und Männern hat sinken lassen, auch ungeplante Kinder anzunehmen. In früheren Zeiten haben Paare oft am Anfang ihrer Ehe Ja zu Kindern gesagt und dann auch das fünfte, sechste oder zwölfte Kind noch lieben können, wenn es erst einmal da war. Aber viele Frauen sind an ihren Schwangerschaften auch zugrunde gegangen, und viele Familien wurden durch die zahlreichen hungrigen Mäuler in Armut und Verzweiflung getrieben. Deshalb hat es nichts mit «Romantik» zu tun, wenn ich fordere, die sozialen und kulturellen Rahmenbedingungen für das Kinderkriegen in unserer Gesellschaft so einzurichten, dass alle Kinder, die geboren werden, als elementar bejahte Menschen ins Leben treten können.

Vorher habe ich bereits erwähnt, dass die Entscheidungsfreiheit der Frau im Schwangerschaftskonflikt aus meiner Sicht auch Grenzen hat. Wie bereits erläutert bestimmt der Sinn der Schwangerschaft den Rahmen, innerhalb dessen alle Entscheidungen rund um die Schwangerschaft getroffen werden sollten. Diesen Grenzen der Entscheidungsfreiheit im Schwangerschaftskonflikt möchte ich mich nun zuwenden. Ich sehe vier solcher Grenzen. Zwei davon werden in diesem Kapitel behandelt, zwei weitere in dem Kapitel über die PND.

Erstens sind die schwangere Frau und ihr Partner in ihrer Wahrnehmung des entstehenden Kindes nicht frei. In dem Moment, in dem eine Frau ihre Schwangerschaft bemerkt, hat bereits ein menschliches Leben seinen Anfang genommen, und die schwangere Frau und ihr Partner haben nicht das Recht, dieses wie eine Sache, ein Eigentum, ein Produkt oder wie ein Experiment zu behandeln. Weder der «Schwangerschaftsabbruch als Verhütungsmittel» noch Parolen wie «Mein Bauch gehört mir» oder die Redeweise von einem «Zellhaufen» entsprechen dem personalen Charakter der Schwangerschaft. Wenn ich das im Mutterleib entstehende Kind als eine «sich entwickelnde Person» bezeichne, möchte ich dadurch aber nicht zum Ausdruck bringen, dass ein Schwangerschaftsabbruch ethisch mit der Tötung einer geborenen Person gleichzusetzen sei. Das Lebensverhältnis Schwangerschaft unterscheidet sich von dem Verhältnis zwischen geborenen Menschen nämlich in mehrerer Hinsicht: Zum einen muss die schwangere Frau einen aktiven Beitrag dazu leisten, damit aus dem entstehenden Kind ein geborenes Kind wird. Es reicht nicht aus, wenn eine schwangere Frau beschließt, ihr Kind nicht zu töten – sie muss ihm als werdende Mutter vielmehr aktiv Gutes tun. Dies habe ich in Kapitel 4 des Buches ausführlich beschrieben. Das Tötungsverbot hingegen bezieht sich auf das Verhältnis geborener Menschen zueinander und fordert in erster Linie, etwas zu unterlassen, nämlich nicht zu töten. Zum anderen ist die schwangere Frau in dieser Aktivität unvertretbar, das heißt die personalen Ansprüche richten sich nicht generell an andere Personen, sondern zunächst ausschließlich an sie. Und schließlich kann in der ersten Phase der Schwangerschaft nicht einmal die Mutter das entstehende Kind sinnlich als Mensch wahrnehmen. Der Anspruch eines Menschen auf Achtung und Anerkennung seiner Person kommt uns aber aus dem Antlitz jedes Menschen entgegen und trifft uns in seinem «Blick». Deshalb ist der Anspruch eines Kindes im Mutterleib von anderer Art als der Anspruch eines Menschen, der das Licht der Welt bereits erblickt hat und in dessen Gesicht wir sehen können.

Eine Frau, die sich zu einem Schwangerschaftsabbruch entschließt, antwortet auf die Ansprüche eines entstehenden Menschen mit Nein. Dieses Nein bedarf in jedem Fall einer Rechtfertigung. Hier liegt die zweite Grenze der Entscheidungsfreiheit schwangerer Frauen. Vielleicht lässt sich mit dem Bild einer Waage zum Ausdruck bringen, worum es mir hier geht: Wenn eine Frau bemerkt, dass sie schwanger ist, und überlegt, ob sie diese Schwangerschaft austragen kann oder nicht, dann sind die beiden Waagschalen am Ausgangspunkt des Entscheidungsprozesses nicht im Gleichgewicht – vielmehr liegt in der Waagschale, die für das Austragen des Kindes spricht, schon ein Gewicht. Dieses Gewicht kommt einfach durch die Tatsache der Schwangerschaft zustande, deren Wesen und Sinn es ist, menschliches Leben zu einem Menschen heranreifen zu lassen. Mit ihrem Nein kündigt die Frau die Schwangerschaft als Lebensverhältnis auf. Dabei nimmt sie in Kauf, dass das entstehende Kind durch den Schwangerschaftsabbruch getötet wird. Der Schwangerschaftsabbruch macht den Embryo/Fötus aber keineswegs zu einem Ding oder einer Sache für die ehemals schwangere Frau. Er bleibt ein Kind, das sie nicht haben konnte.

Manche Frauen widersprechen mir, wenn ich dieses Bild zweier ungleicher Waagschalen erläutere. Sie sehen dadurch die Entscheidungsfreiheit von Frauen eingeschränkt und bestehen darauf, dass Frauen nach Eintritt einer Schwangerschaft immer noch die gleiche Entscheidungsfreiheit haben müssten wie bei der Empfängnisverhütung. Ich sehe dies anders, weil mit dem Beginn einer Schwangerschaft ein neues Lebensverhältnis entstanden ist, dem die schwangere Frau gerecht werden muss. Dies kann sie aber nur, wenn sie wahrnimmt, dass sie nun nicht mehr nur für sich selbst Entscheidungen zu treffen hat, sondern auch für das in ihr entstehende Kind. Deshalb bin ich der Meinung, dass die Gründe für einen Schwangerschaftsabbruch so schwerwiegend sein müssen, dass das Ja als Antwort auf die Ansprüche des im Mutterleib entstehenden Menschen unzumutbar erscheint. Der Begriff der Unzumutbarkeit enthält eine gewisse Härte, die der Bedeutung der Entscheidung im Schwangerschaftskonflikt aber durchaus angemessen ist. Der Konflikt muss sich für die schwangere Frau aus meiner Sicht so darstellen, dass sie spürt: Ich kann einfach nicht Mutter dieses Kindes werden. Dabei kann nur die schwangere Frau selbst bestimmen, was «unzumutbar» für sie bedeutet. Der Begriff der Unzumutbarkeit ist nicht objektivierbar. Die Grenzen ihrer eigenen Belastbarkeit kann nur jede Frau im Gespräch mit ihrem Partner selbst ausloten und bestimmen. Schlechte Lebensaussichten für das entstehende Kind hingegen sind kein guter Rechtfertigungsgrund für einen Schwangerschaftsabbruch, sondern ein Appell an unsere Solidarität und soziale Verantwortung.

Deshalb ist der Schwangerschaftskonflikt auch ein sozialethisches Thema mit spezifischen Aufgaben für die Politik und die Gesellschaft. Wird der Sinn der Schwangerschaft von einer Gemeinschaft von Menschen darin gesehen, dass bejahte Kinder geboren werden, so besteht für diese Gemeinschaft die Verpflichtung, schwangere Frauen in ihrem Ja zum Kind so zu unterstützen, dass ihre Entscheidung für das Kind kein individuelles «Heldentum» verlangt. Soziale Verantwortung hat nämlich die Aufgabe, den Menschen Heroismus zu ersparen. Dies habe ich von dem katholischen Sozialethiker Dietmar Mieth gelernt.

Viele Frauen, die eine ungeplante Schwangerschaft austragen, insbesondere wenn sie mehrere Kinder großziehen oder ein behindertes Kind annehmen, zahlen dafür einen hohen Preis an Lebensstandard und sozialer Absicherung. So werden diejenigen, die den wichtigsten Beitrag zur Vertrauenswürdigkeit unserer Zukunft leisten, ihrer eigenen Zukunftsaussichten beraubt. Hier auf gesellschaftliche Veränderungen hinzuwirken, ist eine der vordringlichsten Aufgaben der Politik beim Schutz des Lebens. Soweit der Schwangerschaftskonflikt in Konflikten mit der Lebensplanung von Frauen gründet, ist er durch umfangreiche Maßnahmen zur Vereinbarkeit von Familie und Ausbildung beziehungsweise Beruf für Frauen *und* Männer politisch lösbar. Es ist außerordentlich zu begrüßen, dass die derzeitige Bundesregierung dies verstanden hat – wenn auch unter dem Handlungsdruck der demographischen Debatte – und ihre Familienpolitik dementsprechend gestaltet. Die Erkenntnis, dass das menschliche Leben im Mutterleib von außen nicht wirksam durch Rechte des Fötus geschützt werden kann, darf nicht zu einer Preisgabe des Zieles führen, Schwangerschaftskonflikte zu vermeiden und die Zahl der Schwangerschaftsabbrüche in unserem Land zu reduzieren. Ein Schwangerschaftsabbruch ist und bleibt eine lebensfeindliche und schmerzhafte Handlung. Gegenkräfte zum Schwangerschaftsabbruch müssen aber so beschaffen sein, dass sie das Leben im Mutterleib schützen, indem sie die schwangere Frau zum Leben ermächtigen. Das Selbstvertrauen von Frauen muss gestärkt werden, wenn sie sich ein Leben mit Kindern auch unter schwierigen Umständen vorstellen können sollen. Gegenkräfte zum Schwangerschaftsabbruch können letztlich nur die Freude an der Schwangerschaft, die Freude an der Elternschaft und die Freude an Kindern sein. Es kann und darf nicht sein, dass sich Eltern für einen Schwangerschaftsabbruch entscheiden, weil sie sich den vielfältigen Anforderungen des Elternseins nicht gewachsen fühlen. Das Einzige, was Eltern in der Schwangerschaft wirklich leisten müssen, ist das Ja zum Kind. Der perfekte Zeitpunkt und die perfekten Lebensumstände hingegen gibt es nie, und sie sind aus der Sicht des Kindes auch unnötig. Das Einzige, was Kinder wirklich elementar brauchen, ist das Ja ihrer Eltern oder wenigstens ihrer Mutter. Und es ist die Aufgabe unserer Solidargemeinschaft, Eltern dieses Ja so leicht wie möglich zu machen.

In der Schwangerschaft kommt es mehr darauf an, dass schwangere Frauen lernen, in sich hineinzuhören, als dass sie keinen Vorsorgetermin verpassen. Das Geschehenlassen und die Offenheit für Unvorhersehbares einüben ist wichtiger als alle gymnastischen Geburtsvorbereitungen. Die Intimität im Mutterleib genießen ist wesentlicher als ständige Gewichtskontrollen. Sich auf die «anderen Umstände» einzustellen ist besser als einfach weiter zu funktionieren. Dem Wachsen des Wunders im Mutterleib Raum zu geben, bereitet tiefgreifender auf die Mutterschaft vor als die Lektüre von Ratgeberliteratur. Sicher können alle Aktivitäten, die der Vorbereitung auf die Elternschaft dienen, auch der Arbeit an inneren Prozessen zugutekommen, aber es besteht bei dem Aktivismus, der die Vorgänge von Schwangerschaft und Geburt derzeit begleitet, die Gefahr zu vergessen, worauf es wirklich ankommt. Und schließlich ist die Enttäuschung groß, wenn alles anders kommt, als man dachte. An der Mühe, die Eltern gegenwärtig auf die Vorbereitung und Planung der idealen Geburt verwenden, kann man sehen, wie die wichtige Wiederentdeckung der natürlichen und sanften Geburt schon wieder zu einer Ideologie geworden ist, die Eltern den Blick auf das Wesentliche verstellt. Gerade bei Geburten läuft oft alles anders ab als Eltern sich das vorgestellt hatten, sogar bei geplanten Wunschkindern und gut vorbereiteten Elternpaaren. Dies ist aber kein Grund für Versagensgefühle, Trauer und Enttäuschungen. Letztlich ist es vollkommen egal, ob ein gesundes Kind im zartlila Kreißbett, in der Badewanne, im Auto oder auf dem Fußboden geboren wird, ob es auf natürlichem Wege oder durch einen Kaiserschnitt das Licht der Welt erblickt hat und ob es zu Hause, im Geburtshaus, ambulant oder in der Klinik aus dem Mutterleib hervorgekommen ist. Wichtig bei einer Geburt ist allein, dass Eltern am Ende beglückt sagen können: «Uns ist ein Kind geboren.»

6. Die Schwangerschaft im Zeitalter der Pränataldiagnostik (PND) – der Perfektionswahn beginnt [7]

Kein Paar in Deutschland, das heute ein Kind bekommt, kommt daran vorbei, sich mit dem Thema PND auseinanderzusetzen und seinen eigenen Weg im Umgang mit den Möglichkeiten der PND zu finden. Allein schon die Tatsache, dass ein ganzes Arsenal pränataldiagnostischer Untersuchungsmöglichkeiten zur Verfügung steht, macht permanente Entscheidungen über deren Inanspruchnahme unausweichlich. Dabei ist schon die Frage strittig, was die PND genau umfasst. Ich fasse mit dem Begriff PND alle Untersuchungsmöglichkeiten vor der Geburt zusammen, die darauf ausgerichtet sind, chromosomale Veränderungen und fetale Fehlbildungen zu erfassen, und unterscheide nichtinvasive pränataldiagnostische Maßnahmen (Bluttests, Urintests, Ultraschall, Nackenfaltenmessung) von invasiven pränataldiagnostischen Maßnahmen, von denen die Fruchtwasseruntersuchung die häufigste ist.

Durch die Möglichkeiten, die Entwicklung von Kindern im Mutterleib immer besser kontrollieren und Aussagen über Entwicklungsstörungen schon vor der Geburt machen zu können, wurden das Lebensverhältnis Schwangerschaft und die Geburt in einer Art und Weise verändert, dass sie fast nicht mehr wiederzuerkennen sind. Während die PND den einen Frauen zu mehr Sicherheit in der Schwangerschaft verhilft, verpfuscht sie anderen Frauen das Glück, Mutter zu werden, vollständig.

Mich interessieren in diesem Zusammenhang zunächst die Fragen, wie sich die PND in den letzten 25 Jahren entwickelt hat, wie sie unsere Wahrnehmung vom Kinderkriegen verändert, und warum sie einen solchen «Siegeszug» antreten konnte. Erst dann werde ich auf individuelle Umgangsmöglichkeiten mit der PND zu sprechen kommen und Überlegungen anstellen, wie die derzeitige Gesetzeslage verändert werden sollte, damit der inflationäre Gebrauch dieser Technologie wieder reduziert werden kann. Warum dies auch aus sozialethischer Sicht notwendig ist, wird durch die Reflexion über die gesellschaftlichen Auswirkungen der PND und über unseren Begriff von «Behinderung» verdeutlicht.

Entwicklungen und Auswirkungen der PND
Zur Zeit ihrer Einführung vor mehr als 25 Jahren war die PND eine Ausnahmeuntersuchung in ganz speziellen Fällen, z.B. bei erblichen Vorbelastungen in den Familien der werdenden Eltern oder wenn die schwangere Frau über 40 Jahre alt war. Heute ist die Inanspruchnahme der PND sehr weit verbreitet und steigt immer noch an.[8] Rund 85 Prozent aller schwangeren Frauen lassen während ihrer Schwangerschaft mindestens eine pränataldiagnostische Maßnahme durchführen. Jüngeren Frauen werden eher nichtinvasive Untersuchungen empfohlen, während älteren Frauen häufiger invasive Untersuchungen nahegelegt werden. Von den über 35-jährigen schwangeren Frauen nehmen – je nach Statistik – circa 40–65 Prozent eine Fruchtwasseruntersuchung in Anspruch. Diese Untersuchung wird immer häufiger angewandt, um die Besorgnis der werdenden Eltern über den Gesundheitszustand des ungeborenen Kindes zu zerstreuen. Die Indikationen für die invasiven Formen der PND sind längst nicht mehr klar. Die PND ist heute außerdem in einer Art und Weise mit der Schwangerenvorsorge verknüpft, dass gar nicht mehr genau

gesagt werden kann, wo das eine anfängt und das andere endet. Dabei sind die nichtinvasiven Untersuchungen keinesfalls harmlos. Jede noch so kleine Untersuchung kann weitere Untersuchungen nach sich ziehen, sodass werdende Eltern, oft ohne es zu bemerken, in eine Untersuchungsspirale hineingezogen werden, die sie immer unsicherer macht.

Mit der weiten Verbreitung der PND geht einher, dass sie häufig ohne hinreichende Beratung und Nachsorge durchgeführt wird. Ungefähr die Hälfte aller schwangeren Frauen, bei denen bereits pränataldiagnostische Maßnahmen durchgeführt wurden, kennt den Unterschied zwischen der PND und der allgemeinen Schwangerenvorsorge nicht. Das von Humangenetikern entwickelte Ideal eines Dreischrittes von «Beratung vor den Maßnahmen – Durchführung der PND – Beratung nach Befund» weist in der Realität gravierende Mängel auf. Die Beratung vor Inspruchnahme der PND konzentriert sich in der Regel auf die medizinischen Informationen. Eine ausführliche Beratung zwischen der Bekanntgabe des Befundes und einem möglichen Schwangerschaftsabbruch findet häufig nur unzureichend und manchmal auch gar nicht statt. Immer wieder werden schwangere Frauen mit einer «medizinischen Indikation» ins Krankenhaus geschickt, ohne zu wissen, was auf sie zukommt, und ohne Zeit gehabt zu haben, das Für und Wider eines Schwangerschaftsabbruchs zu überdenken. Gynäkologen vereinbaren nicht selten für ihre Patientinnen einen Abbruchstermin unmittelbar nachdem der schwangeren Frau der Befund einer Behinderung des entstehenden Kindes mitgeteilt wurde. Die professionellen genetischen Beraterinnen arbeiten außerdem nach dem Konzept der «nicht-direktiven Beratung», das heißt, die Entscheidung liegt ganz bei der schwangeren Frau beziehungsweise dem Paar, und die Beraterin möchte diese inhaltlich nicht beeinflussen. Dadurch kommt es aber häufig vor, dass die ethischen

Aspekte des Themas ausgeblendet werden. Die betroffenen Frauen oder Paare werden mit dem Hinweis auf ihre Selbstbestimmung letztlich alleingelassen. Zu dieser Situation trägt auch der § 218 StGB von 1995 bei, der die Schwangerschaftsabbrüche aufgrund einer «medizinischen Indikation» von der gesetzlichen Beratungspflicht ausnimmt. Die Hoffnung, dass sich mit der PND und den Fortschritten in der Humangenetik auch die Therapiemöglichkeiten für das Kind weiterentwickeln würden, hat sich nicht erfüllt. Nach wie vor ist der Schwangerschaftsabbruch in den allermeisten Fällen die einzige Handlungsalternative zur Geburt eines behinderten Kindes. Das hat zur Folge, dass heute die Abbruchquote nach der Diagnose auf Down-Syndrom in manchen humangenetischen Zentren um die 95 Prozent beträgt. Die Hoffnung, die sich am Anfang mit der PND verband, dass sie nämlich Paaren dabei helfen könnte, sich auf ein behindertes Kind einzustellen, haben sich als naiv erwiesen. Heute muss man klar sehen, dass die PND keine ethisch neutrale Technologie darstellt, sondern dass sie ganz in den Dienst der Auswahl unseres Nachwuchses getreten ist und dadurch an der ethischen Problematik des «eugenischen» Schwangerschaftsabbruchs teilhat. Worin diese genau besteht, werde ich gleich noch erläutern. Was die absoluten Zahlen von Schwangerschaftsabbrüchen infolge einer diagnostizierten Behinderung des entstehenden Kindes angeht, lässt sich in den letzten Jahren keine deutliche Steigerung feststellen. Verglichen mit der Gesamtzahl von Schwangerschaftsabbrüchen (circa 125.000 pro Jahr) ist die Zahl der Abbrüche nach PND gering (circa 2.000 – 2.500 pro Jahr). Es ist sogar gut möglich, dass die Fortschritte in der PND dazu beigetragen haben, einzelne Schwangerschaftsabbrüche zu verhindern, die sonst aufgrund des bloßen Verdachts, das Kind könne behindert sein, vorgenommen worden wären. Die ethische Problematik der PND geht weit über das Problem des

Schwangerschaftsabbruchs kranker und behinderter Föten hinaus, denn sie verändert auf grundlegende Weise unsere Vorstellung vom Kinderkriegen.

Bereits am Anfang des Kapitels über die Schwangerschaft habe ich beschrieben, wie durch die neuen Möglichkeiten in der Geburtsmedizin, zum Beispiel den Ultraschall und die künstliche Befruchtung, das im Mutterleib entstehende Kind mehr und mehr verselbstständigt wurde. Mit dieser Verselbstständigung des Fötus wurde die Lebenseinheit von schwangerer Frau und entstehendem Kind aufgelöst und nahezu bedeutungslos. Durch die PND wurde diese Entwicklung immer mehr auf die Spitze getrieben. Das Kind im Mutterleib wurde nun zum selbstständigen Patienten, und an die Stelle einer primären Verbundenheit von Frau und Kind traten die Verantwortung für das entstehende Kind und das Bewusstsein der Risiken einer Schwangerschaft:

«Schwangerschaftsvorsorge, ärztliche Aufklärungspflicht und allgemeine Öffentlichkeit machen das Wissen um Risiken für den Fötus und um Handlungsmöglichkeiten zur Abwehr solcher Risiken zur ‹Zwangsinformation›, der sich keine Frau entziehen kann. Ebensowenig kann sie sich den moralischen Ansprüchen und gesellschaftlichen Erwartungen entziehen, die aus solchem Wissen folgen. Die wachsenden Verantwortlichkeiten der Schwangeren für ihren Fötus sind nicht revidierbar.»[9]

Die PND verändert auch das Schwangerschaftserleben der einzelnen Frau. Durch die Inanspruchnahme der invasiven PND wird die schwangere Frau geradezu gezwungen, sich auf die Schwangerschaft als Lebensverhältnis zu dem in ihr entstehenden Kind gar nicht erst richtig einzulassen. Die Ansprüche des heranreifenden Kindes muss sie überhören, bis das Untersuchungsergebnis feststeht. Die Schwangerschaft besteht gewissermaßen nur «auf Probe» und muss von der schwangeren Frau gegen die zunehmende Verbindlichkeit des Lebensverhältnisses Schwangerschaft im Unverbindlichen gehalten werden. Es ist zu beobachten, dass Frauen, die eine Fruchtwasseruntersuchung machen lassen, eine abwartende Haltung gegenüber dem Fötus und ihren eigenen körperlichen Veränderungen entwickeln und dass sie auch die Kindsbewegungen tendenziell erst nach Bekanntwerden des positiven Befundes wahrnehmen.

Mit der Schwangerschaft «auf Probe» verstößt die schwangere Frau bereits gegen die erste Grenze ihrer Entscheidungsfreiheit im Schwangerschaftskonflikt, die im vorletzten Kapitel folgendermaßen formuliert wurde: In dem Moment, in dem eine Frau ihre Schwangerschaft bemerkt, hat bereits ein menschliches Leben seinen Anfang genommen, und die schwangere Frau und ihr Partner haben nicht das Recht, dieses wie eine Sache, ein Eigentum, ein Produkt oder wie ein Experiment zu behandeln. Durch die Inanspruchnahme der PND wird die Schwangerschaft aber fast zwangsläufig zu einer Art Experiment, das nur bei günstigem Verlauf fortgesetzt wird. Diese vergegenständlichende Perspektive auf den werdenden Menschen ist dem Lebensverhältnis Schwangerschaft fremd und wird unsere Vorstellungen von Schwangerschaft, von Kindern und vom Menschsein deshalb nachhaltiger verändern als die hohe Zahl von Schwangerschaftsabbrüchen in unserer Gesellschaft. Auf weitere Grenzen der Entscheidungsfreiheit werdender Eltern im Schwangerschaftskonflikt werde ich unten noch zu sprechen kommen.

Wie konnte es dazu kommen, dass Frauen sich dieser Technologie, die einen Keil zwischen sie und das in ihrem Leib entstehende Kind treibt, heute weithin unwidersprochen ausliefern? Wie kann es sein, dass sich schwangere Frauen, denen nichts fehlt, im Namen der Vorsorge durch zahlreiche Tests schleusen lassen, an deren Ende sie in einer «Risikogruppe» stecken, die über den weiteren Verlauf der Schwangerschaft rein gar nichts aussagt, aber in der Frau eine durch die Medizin geschürte «Risiko-Angst» entfacht? Warum machen sich Frauen, die im Vollbesitz ihrer geistigen und leiblichen Kräfte sind, durch die PND-Spirale immer verrückter, bis sie sich kaum noch zutrauen, Eltern zu werden? Zwar gibt es auch zahlreiche scharfe Kritikerinnen der PND, und die Mehrzahl aller Hebammen beurteilt den Siegeszug der PND weitgehend negativ[10], aber die auf PND spezialisierten gynäkologischen Arztpraxen sind voll, und Gynäkologen geben auf kritische Stimmen stets überzeugt zur Antwort: «Aber die Frauen wollen das so!»

Eine Frau, die sich mit solchen Fragen auf besonders kluge Art schon seit Jahren beschäftigt, ist die bereits zitierte Historikerin Barbara Duden. Zwei ihrer Antworten möchte ich hier aufgreifen. Die erste Antwort: Barbara Duden geht davon aus, dass Schwangerschaft und Geburt aufgrund ihres unabsehbaren Verlaufes immer mit Ritualen verbunden waren, die Gefahren abwehren sollten. Weil Schwangerschaft und Geburt unausweichlich mit Hoffen und oft auch mit Bangen zu tun haben, suchen die Menschen nach Handlungsmöglichkeiten, in die sie ihr Vertrauen setzen können. Kinderkriegen ohne Vertrauen geht nicht. Barbara Duden betrachtet nun die gesamte medizinische Kontrolle der Geburt als ein Ritual, das einer bestimmten «zeitgenössischen technischen Liturgie» folgt, durch welche ein neuer Mythos geschaffen werde, nämlich der Mythos der medizintechnischen Beherrschbarkeit der Weitergabe des Lebens.

> «Mir scheint, dass jedes der scheinbar risiko-mindernden Verfahren wie zum Beispiel Ultraschall, kardiotokographische Überwachung des Fötus, Wehentropf, Dammschnitt

– ganz abgesehen von seiner technischen Wirksamkeit
– Ängste, Mythen und Zwangshandlungen schafft: eine Haltung, eine Glaubensform. Dieser Glaube verengt das Verständnis der Geburt auf das mit ihr verbundene Risiko, macht die Schwangere mitverantwortlich für die Risikoverwaltung und damit die Teilnahme der Schwangeren an diesen Zeremonien zur Verpflichtung.» (151)

Und sie fährt fort, mit der klinischen Technisierung sei «die rituelle Sinngebung der Mensch-Werdung in der Geburt ebenso verloren gegangen [...] wie das Verständnis des Gebärens als ethisches Tun einer Frau: als ‹etwas, was die Frau tun muß – und was dennoch über sie kommt› – wie die Liebe, sagt eine alte Hebamme» (156).

Diese Aussagen lassen sich gut auf die gesamte Schwangerenvorsorge übertragen. Auch diese folgt einer bestimmten «Liturgie», macht schwangere Frauen mitverantwortlich für ihre persönliche Risikoverwaltung und vermittelt Frauen Schuldgefühle, wenn sie sich den vorgeschriebenen Zeremonien entziehen. Die «Agende»[11], der diese Liturgie folgt, ist der Mutterpass, und der Mythos, der geschaffen wird, ist der Mythos von der Möglichkeit einer Welt ohne Leid – oder doch wenigstens ohne behinderte Menschen.

Ich würde diese Analysen für überzogen halten, wenn ich die Suggestionskraft der versteckten Rituale in der Schwangerenvorsorge nicht am eigenen Leib erfahren hätte. Während meiner dritten Schwangerschaft hatte ich immer wieder diffuse Schuldgefühle, und ich wusste die ganze Zeit genau, dass ich mich erst recht schuldig fühlen würde, wenn mein drittes Kind behindert zur Welt kommen würde. Aber warum nur? Sich ein drittes Kind zu wünschen ist kein Vergehen, auch nicht, wenn man bald 40 wird. Die PND abzulehnen ist nur konsequent, wenn man ohnehin weiß, dass ein Schwangerschaftsabbruch nicht infrage kommt. Und es ist niemand schuld daran, dass behinderte Menschen zur Welt kommen, denn es hat sie immer gegeben. Trotzdem vermittelten mir die routinemäßigen Informationen von Ärztinnen über die Möglichkeiten der PND und die Nachfragen besorgter Menschen um mich herum, ob ich denn dieses Mal nicht «nachsehen» lasse, den Eindruck, ich sei irgendwie selbst schuld, wenn es jetzt «schiefgeht». Der Mythos der Vermeidbarkeit von behinderten Menschen griff nach mir, obwohl ich dessen Mechanismen seit Langem durchschaue und kritisiere. Um sich diesem Mythos entziehen zu können, braucht es ein großes Vertrauen in die Kräfte des eigenen Leibes und der Seele, ein großes Vertrauen in gute Verbündete, die einem helfen, Eltern zu werden (zum Beispiel den Partner, eine Freundin, eine Hebamme, einen kritischen Arzt/ eine kritische Ärztin oder eine Beraterin in einer Schwangerenberatungsstelle), und möglichst auch ein großes Vertrauen in himmlische Mächte, die es gut mit einem meinen. Wir haben nur die Möglichkeit zu wählen, worauf wir unser Vertrauen setzen wollen – die Möglichkeit, Vertrauen durch Sicherheit zu ersetzen, besteht jedoch beim Kinderkriegen nicht.

Die zweite Antwort von Barbara Duden: Die Parole der «Selbstbestimmung», die die Frauenbewegung im 20. Jahrhundert gebrauchte, um sich gegen die Fremdbestimmung des Strafrechts und der Ärzteschaft in der Frage des Schwangerschaftsabbruchs zur Wehr zu setzen, wird den Frauen heute von Medizinern förmlich aufgedrängt. Dabei spielen zum einen Haftungsfragen eine Rolle, die Ärztinnen heute unter den permanenten Druck setzen, Frauen in jeder Hinsicht aufgeklärt und um ihre Einwilligung gebeten zu haben. Zum anderen sind aber medizinische Tests, Untersuchungen und Therapien auch «Konsumartikel», die nur dann «selbstbestimmt» nachgefragt werden können, wenn sie aktiv angeboten wurden.

«Er [der Mediziner, d.V.] führt alle Untersuchungen oder Behandlungsmöglichkeiten samt ihren Nebenwirkungen auf, warnt vor der Möglichkeit von falsch-positiven oder falsch-negativen Befunden, und überlässt es dann der Frau, eine der riskanten Optionen auszuwählen. Welche der Untersuchungen die Frau auch immer wählen wird, keine kann ihr die Sorglosigkeit zurückgeben [...] Die durch das Risikogerede und die Testangebote geweckten Befürchtungen können nicht beruhigt und die Bedürfnisse nach Sicherheit können nie ganz befriedigt werden.» (77)

Ich kann Barbara Duden nur zustimmen, wenn sie sagt, die Wahl zwischen vorprogrammierten Optionen habe mit einem gehaltvollen Begriff von Selbstbestimmung nichts mehr zu tun. Nicht um die Selbstbestimmung schwangerer Frauen geht es hier, sondern darum, ihr die Verantwortung für Entscheidungen zuzuschieben, die im Grunde gar nicht zur Entscheidung stehen.

«Denn das, was nach wie vor ungewiss ist, das Kommende und Zukünftige, wird so scheinbar zur Folge der ‹Entscheidung› zwischen vorfabrizierten Optionen. [...] Die Erfahrung der Unvorhersehbarkeit dessen, was morgen sein wird, weicht der Illusion der Machbarkeit. [...] Denn das, was bisher einfach so war, die ‹gute Hoffnung›, wird in diesem Rahmen zu einer ‹eigenverantwortlichen Entscheidung› für das Risiko, ein behindertes Kind zu bekommen, für das Risiko der Hausgeburt, ja heute für das Risiko der vaginalen Geburt.» (77-79)

In diesem Modell der Selbstbestimmung können Frauen ausschließlich darüber bestimmen, welche medizinischen Leistungen sie konsumieren wollen und welche sie ablehnen – natürlich auf eigenes Risiko!

Ethische Grenzen der Entscheidungsfreiheit im Schwangerschaftskonflikt

Um dieser «Entscheidungsfalle» entgehen zu können, ist es wesentlich, dass wir uns noch einmal vergegenwärtigen, was bei einer Schwangerschaft aus ethischer Sicht überhaupt zur Entscheidung steht. Im Kapitel über den Schwangerschaftskonflikt habe ich bereits begonnen, dieses Thema auf der Basis von Überlegungen zum Wesen und Sinn der Schwangerschaft auszuführen. Ich habe die Entscheidungsfreiheit von Paaren im Schwangerschaftskonflikt damit begründet, dass Eltern und vor allem Mutter zu werden nur freiwillig geschehen sollte, weil es mit Veränderungen der eigenen Person verknüpft ist, die man niemandem aufzwingen kann, und weil das würdevolle Geschehen der Menschwerdung das Ja der Eltern zu ihrem Kind verlangt. Und ich habe zwei Grenzen dieser Entscheidungsfreiheit formuliert: Schwangere Paare müssen das im Mutterleib entstehende Kind in personalen Kategorien wahrnehmen, dürfen es also nicht wie ein Ding oder ein Experiment behandeln, und sie brauchen gute Gründe für einen Schwangerschaftsabbruch, die mit den individuellen Grenzen der möglichen Eltern zu tun haben müssen. Nun möchte ich auf zwei weitere Grenzen der Entscheidungsfreiheit im Schwangerschaftskonflikt zu sprechen kommen.

Eine dritte Grenze der Entscheidungsfreiheit des schwangeren Paares besteht darin, dass sich mit der Besonderheit des Lebensverhältnisses Schwangerschaft zwar die Rücksichtnahme auf die Grenzen und Verpflichtungen der möglichen Eltern, insbesondere der schwangeren Frau, begründen lässt, nicht aber der Schwangerschaftsabbruch eines bestimmten entstehenden Menschen. Auch der Anspruch eines heranreifenden Kindes gilt insofern unbedingt, als die Anerkennung personaler Ansprüche niemals von der Beschaffenheit der Person abhängig sein darf. Wo das Ja der Mutter, dem sich alle Geborenen verdanken, zum Selektionsmechanismus verkommt, wird der Sinn der Schwangerschaft zerstört. Wenn die werdende Mutter ihr Ja vom Ergebnis pränataler Untersuchungen abhängig macht, besteht der Anfang unseres Lebens gerade nicht mehr in der Erfahrung der Bejahung, sondern der Prüfung, nicht mehr in der Freiheit des unableitbaren Neuanfangs, sondern im Zwang zur Normerfüllung, und unser Leben gründet dann nicht mehr im Dank an unsere Eltern, sondern im Schicksal unserer genetischen Ausstattung. Und die Eltern müssen sich später von ihren Kindern fragen lassen: Was wäre eigentlich gewesen, wenn ich behindert gewesen wäre – hättest du mich dann abgetrieben?

Zweifellos multiplizieren sich die Belastungen für Mütter und Eltern durch eine Behinderung des Kindes. Diese Belastungen sind in die ethische Abwägung in einem Schwangerschaftskonflikt auch einzubeziehen. Es gibt Fälle, in denen sich ein Paar ein weiteres Kind zwar vorstellen kann, die Aussicht auf die langjährige Pflege eines behinderten Menschen aber über die Kräfte aller Beteiligten geht. Insbesondere, wenn in einer Familie schon ein behindertes Kind lebt, können solche Schwangerschaftskonflikte entstehen. Es geht mir nicht darum, an einen Schwangerschaftsabbruch aufgrund einer diagnostizierten Behinderung des entstehenden Kindes unbarmherzigere Kriterien anzulegen als an einen Schwangerschaftsabbruch aus sozialen Gründen, aber das Kriterium für einen Schwangerschaftsabbruch kann auch bei einem behinderten Kind nur die Unzumutbarkeit für die schwangere Frau sein, nicht aber der Gesundheitszustand des Kindes. Dies entspricht im Übrigen auch dem Schwangeren- und Familienhilfeänderungsgesetz. Im Gesetzestext heißt es in Art. 8,

Abs. 3 (2) klar, dass ein Schwangerschaftsabbruch nur medizinisch indiziert ist, «um eine schwerwiegende Beeinträchtigung des körperlichen oder seelischen Gesundheitszustandes der Schwangeren abzuwenden, und die Gefahr nicht auf eine andere für sie zumutbare Weise abgewendet werden kann». Und Schwangerschaftskonflikte durch pränatale Screening-Programme überhaupt erst zu produzieren, ist ethisch nicht zulässig. Die Entscheidungsfreiheit der schwangeren Frau impliziert kein Recht auf Kenntnis der genetischen Ausstattung ihres Kindes. Vielmehr impliziert die Elternschaft, die schon in der Schwangerschaft beginnt, den Respekt vor dem Geheimnis des Kindes. Mehr dazu in Kapitel 10.

Eine vierte Grenze der Entscheidungsfreiheit werdender Eltern sehe ich darin, dass Schwangerschaftsabbrüche mit zunehmender Dauer der Schwangerschaft ethisch immer weniger zu rechtfertigen sind. Der Anspruch des werdenden Kindes wird im Verlauf der Schwangerschaft immer deutlicher vernehmbar, und die Nötigung zur Anerkennung dieses Anspruchs steigt. Vor diesem Hintergrund gewinnen bestimmte Entwicklungsschritte des werdenden Menschen besondere ethische Bedeutung. Von der Bedeutung der ersten Bewegungen des Kindes war in diesem Zusammenhang schon die Rede. Aber auch das Schmerzempfinden des entstehenden Kindes und seine Überlebensfähigkeit außerhalb des Mutterleibes sind hier zu nennen. Zwar verhält es sich nicht so, dass die Leidensfähigkeit einen werdenden Menschen zur Person macht, aber weil das entstehende Kind in der Spätphase der Schwangerschaft zum Beispiel durch Bewegungen, Schluckauf, einzelne von außen zu tastende Körperteile oder auch Ultraschallbilder indirekt bereits als personales Gegenüber in Erscheinung getreten ist, bedarf der Schwangerschaftsabbruch in einer Phase der Schwangerschaft, in der die Leidensfähigkeit des entstehenden Kindes angenommen werden muss, einer noch strengeren ethischen Begründung als ein früher Schwangerschaftsabbruch. Ähnlich verhält es sich mit der Zäsur der Überlebensfähigkeit des Kindes außerhalb des Mutterleibes. Nicht weil ein Mensch dadurch zur Person würde, dass er selbstständig existieren kann, sind Schwangerschaftsabbrüche in einer Entwicklungsphase, in der die selbstständige Überlebensfähigkeit des Kindes nicht ausgeschlossen werden kann, eine moralisch unerträgliche Situation, sondern weil wir spätestens, wenn wir einem Menschen ins Gesicht sehen können, weil dieser außerhalb des Mutterleibes lebt, gar nicht mehr umhin können, diesen als Person anzuerkennen, ist hier die Grenze zur Euthanasie überschritten. Die Schwangerschaft ist keineswegs als Ganze ein Zeitraum, innerhalb dessen die schwangere Frau die Anerkennung ihres Kindes als einer Person im Konfliktfall auch verweigern kann. Spätestens, wenn das Kind außerhalb des Mutterleibes überlebensfähig ist, kann die Anerkennung durch Dritte die Personalität des Kindes allgemein verbindlich machen.

Außerdem sind Schwangerschaftsabbrüche nach der 14. Schwangerschaftswoche, insbesondere aber die nach der 22. Schwangerschaftswoche auch für die schwangere Frau schwerer zu verkraften als frühe. Oft hat sich die Frau über ihre Schwangerschaft ja bereits gefreut, das Kind im Mutterleib bejaht und es somit innerlich zu «ihrem Kind» gemacht. Bei einem Schwangerschaftsabbruch aufgrund des Ergebnisses der PND wird eine von den Eltern antizipierte Person wegen ihres Defektes abgelehnt und abgetötet. Das ist etwas ganz anderes als die grundsätzliche Weigerung, Mutter oder Vater zu werden. Das Ja zum Kind wird hier verweigert oder gar widerrufen, weil das entstehende Kind nicht den Vorstellungen der Eltern oder der Gesellschaft von Gesundheit, Normalität und Lebensglück entspricht. Auch die Durchführung des Schwangerschaftsabbruchs ist anders als in der Frühphase der

Schwangerschaft. Nach einer Fruchtwasseruntersuchung ist die Schwangerschaft bereits so weit fortgeschritten, dass das Kind geboren werden muss. Die schwangere Frau ist an einem Schwangerschaftsabbruch im 2. Schwangerschaftsdrittel also viel aktiver beteiligt als zum Beispiel an einer Ausschabung – und gleichzeitig wird ihr mehr genommen, vor allem wenn der Anfang der Schwangerschaft von Vorfreude auf das Kind bestimmt war. Die Praxis später Schwangerschaftsabbrüche macht Frauen zu Täterinnen und Opfern zugleich. Diese Mischung von Verantwortlichkeit, sozialem Druck, Enttäuschung und Trauer ist ethisch kaum zu entwirren und psychisch meist schwer zu verkraften.

Individuelle Möglichkeiten des Umgangs mit der PND
Was ist aber nun zu bedenken, wenn ich schwanger bin und Entscheidungen über die Art der Schwangerenvorsorge und das Angebot der PND treffen muss? Bevor konkrete Einzelentscheidungen zu treffen sind, sollte man sich klar darüber werden, was die PND leisten kann und was nicht:
- Durch die invasiven Maßnahmen der PND kann ausgeschlossen werden, dass *bestimmte* Behinderungen vorliegen – sie kann nicht garantieren, dass ein Kind gesund zur Welt kommt. Die weitaus meisten Behinderungen entstehen während der Geburt oder im Leben geborener Menschen. Nur circa 8 Prozent aller schweren Behinderungen sind angeboren.
- Die PND kann feststellen, ob bestimmte Behinderungen vorliegen – ein konkretes Krankheitsbild vermitteln kann sie nicht, sieht man einmal von seltenen Chromosomenstörungen ab, aufgrund derer Kinder nur in Ausnahmefällen lebensfähig sind. Und über den Krankheitswert einer Behinderung, die Frage nach der Lebensqualität also, kann die PND überhaupt nichts sagen, weil dieser immer mit dem

eigenen Erleben behinderter Menschen zusammenhängt. Das betroffene Paar entscheidet in der Regel aufgrund von statistischen Aussagen über einen fiktiven Durchschnittsbehinderten. Die Einschränkungen zum Beispiel durch Down-Syndrom können aber sehr unterschiedlich sein und hängen zum großen Teil von den Begleitkrankheiten ab (zum Beispiel zusätzlichen Fehlbildungen).
- Es kann auch vorkommen, dass werdende Eltern, die durch die PND bestimmte Behinderungen wie das Down-Syndrom ausschließen wollten, stattdessen mit einer ganz anderen Chromosomenveränderung ihres entstehenden Kindes konfrontiert sind und dadurch vor unerwartete Entscheidungen gestellt werden, zum Beispiel, wenn ein Klinefelter- oder Ullrich-Turner-Syndrom diagnostiziert wird. Diese «Syndrome» sind auf Veränderungen in den Geschlechtschromosomen zurückzuführen und gehen in aller Regel nicht mit bedeutenden geistigen Einschränkungen einher. Allerdings werden die Kinder als Erwachsene unfruchtbar sein. Es ist nicht einfach, mit solchen «unerbetenen» Informationen während der Schwangerschaft umzugehen.
- Die PND kann eine entlastende Funktion haben, wenn ein Paar einen konkreten und begründeten Verdacht ausschließen möchte – sie kann aber auch massiv verunsichern, wenn bei unspezifischen Screenings zweideutige Befunde erhoben werden. In nicht wenigen Fällen verunsichern solche Befunde durch Ultraschall, Tripel-Test oder Nackenfaltenmessung schwangere Frauen derart, dass die Ergebnisse weitergehender Untersuchungen, die den Verdacht einer Behinderung nicht bestätigen, gar nicht mehr geglaubt werden und erst die Geburt eines gesunden Kindes Entlastung bringt.
- Die PND kann Ängste in Form von konkreten begründeten Befürchtungen zerstreuen – eine angstfreie Schwan-

gerschaft kann sie nicht bewirken. Ängste gehören zum Schwangerschaftserleben hinzu. Sie müssen und können entweder ausgehalten oder durch Vertrauen überwunden werden.
- Durch die PND können einige wenige Krankheiten festgestellt werden, die man bereits im Mutterleib therapieren kann (zum Beispiel bei Blutarmut des Kindes, unglücklichen Gefäßverbindungen bei eineiigen Zwillingen, Nierenaufstauproblemen, Herzrhythmusstörungen des Kindes und bei bestimmten Infektionen) oder für die man schon vor der Geburt Maßnahmen für eine Operation unmittelbar danach treffen kann (zum Beispiel bei Zwerchfellhernien, bestimmten seltenen Herzfehlern oder Rücken- beziehungsweise Bauchwanddefekten) – Therapien für genetisch bedingte Behinderungen eröffnet sie nicht. Sollen Kinder mit diesen Behinderungen nicht geboren werden, bleibt nur ein Schwangerschaftsabbruch. Dass der Lebensstart für manche Kinder durch einen Kaiserschnitt und eine gleich einsetzende medizinische Versorgung oder unter Umständen durch eine vorzeitige Geburtseinleitung verbessert werden kann, ist unumstritten. Fast alle Krankheiten, die solche Maßnahmen nötig machen, können aber durch den dritten Ultraschall, der in der regulären Schwangerenvorsorge um die 30. Schwangerschaftswoche herum durchgeführt wird, festgestellt werden. Eine spezielle PND braucht es hierfür nicht.

Im Hinblick auf den Umgang mit der PND sehe ich zwei Möglichkeiten: Entweder man nützt sie hoch reflektiert oder man verzichtet auf jede Maßnahme mit selektiver Zielsetzung. Beide Vorgehensweisen erfordern, je auf ihre Weise, große Kraft von der Schwangeren beziehungsweise dem betroffenen Paar.

Wer die Möglichkeiten der PND reflektiert nutzen möchte, sollte sich umfassend informieren und beraten lassen, und

zwar sowohl bei dem Arzt seines Vertrauens als auch bei unabhängigen Beratungsstellen. Als Anregung für die innere Auseinandersetzung möchte ich hier nur drei Aspekte nennen:
- Immer noch sind die invasiven Methoden der PND mit einem Fehlgeburtsrisiko behaftet (0,5-1 Prozent bei der Amniozentese, circa 1-2 Prozent bei der Chorionzottenbiopsie). Dieses Fehlgeburtsrisiko sollte bei einer rationalen Entscheidung in einem angemessenen Verhältnis zu der Wahrscheinlichkeit stehen, ein behindertes Kind zu bekommen.
- Die PND sollte niemals in der sicheren Erwartung in Anspruch genommen werden, man werde gesagt bekommen, es sei «alles o.k.». Wenn diese glückliche Zuversicht besteht, sollte eine Frau/ein Paar möglichst versuchen, sie sich bis zum Ende der Schwangerschaft zu bewahren. Die Frage, was passiert, wenn ich gesagt bekomme, es sei eben «nicht alles o.k.», muss vor der Inanspruchnahme der PND überdacht werden. Vielleicht will ich es dann ja gar nicht mehr wissen.
- Insbesondere die Entscheidung für oder gegen einen Schwangerschaftsabbruch bei positivem Befund sollte vor der Inanspruchnahme der PND gefallen sein. Die PND kann sowohl von Nutzen sein, wenn ich mich auf die Geburt eines behinderten Kindes einstellen möchte, als auch, wenn ich mir in meiner derzeitigen Lebenssituation einfach nicht vorstellen kann, Mutter oder Vater eines Kindes mit einer bestimmten Behinderung zu werden. Nach der Diagnose muss die Entscheidung aufgrund der neuen Sachlage dann nochmals überdacht und möglichst auch mit anderen besprochen werden, aber für eine Grundsatzentscheidung ist diese extreme Drucksituation nicht förderlich.

Wenn ich die Überprüfung meines entstehenden Kindes bewusst ablehne, brauche ich deutlich weniger Kraft für immer

neue Entscheidungen, aber deutlich mehr Kraft, um diese Haltung durchzuhalten. Deshalb seien hier einige Aspekte zur Stärkung von Paaren genannt, die diesen Weg gehen:
- Von seiner Selbstbestimmung und der Entscheidungsfreiheit in allen Fragen rund ums Kinderkriegen kann man auch so Gebrauch machen, dass man die Kontrolle des Kindes im Mutterleib nicht möchte. Dies ist angesichts der Nachteile der PND eine rationale, reflektierte und verantwortungsvolle Haltung. Mit der Ablehnung der PND wird keinerlei Risiko eingegangen, welches nicht mit dem Lebensverhältnis der Schwangerschaft ohnehin schon immer verknüpft ist.
- Für Informationen, die uns vor Entscheidungen stellen, die über das hinausgehen, was Menschen guten Gewissens entscheiden und verantworten können, gilt das «Recht auf Nichtwissen». Ohne dieses Recht gibt es kein wirkliches Selbstbestimmungsrecht von Frauen und Männern über ihre Fortpflanzungsfähigkeit.
- Da in der gynäkologischen Schulmedizin Schwangerenvorsorge und PND meist untrennbar miteinander verknüpft sind, ist es eine Überlegung wert, ob nicht auch die Schwangerenvorsorge von einer Hebamme oder abwechselnd von Hebammen und kooperativen Ärzten als genauso verantwortungsvolle und sichere Alternative durchgeführt werden kann. Auf jeden Fall brauchen Paare, die die PND bewusst nicht wollen, ein Umfeld, durch das diese Haltung nicht immer wieder infrage gestellt wird, gegebenenfalls auch begleitende Beratung.

Vorschläge zur Veränderung der Gesetzeslage
Grundsätzlich wurde mit dem *Schwangeren- und Familienhilfeänderungsgesetz* aus dem Jahr 1995, das die §§ 218 f. StGB enthält, eine Rechtslage geschaffen, die der vielschichtigen

Problematik des Schwangerschaftskonflikts angemessen ist. Eine Regelung des Schwangerschaftsabbruchs außerhalb des Strafrechts entspräche weder der Bedeutung der zu schützenden Rechtsgüter noch der Tatsache, dass die Zurückweisung der Mutterschaft ein tödliches Eingreifen in den Prozess der Menschwerdung impliziert, noch den moralischen Überzeugungen weiter Teile unserer Rechtsgemeinschaft. Wenngleich die Aufgabe des Strafrechts nicht primär darin besteht, moralische Normen zu sanktionieren, hat es zweifellos eine für ethische Fragen sensibilisierende Bedeutung. Zum Schutze der Schwangerschaft sind zumindest Strafandrohungen gegen Dritte, die gegen den Willen der schwangeren Frau handeln, rechtlich unverzichtbar. Darüber hinaus ist die *Pflichtberatung* für Schwangerschaftsabbrüche ohne Indikation ein Rechtsmittel, das die berechtigte Erwartung der staatlichen Gemeinschaft, dass Entscheidungen, die in das Werden des Menschen eingreifen, im Bewusstsein der grundsätzlichen Schutzwürdigkeit des menschlichen Lebens getroffen werden, unmissverständlich zum Ausdruck bringt. Gleichzeitig trägt die Beratungsregelung aber auch der Besonderheit des Schwangerschaftskonflikts Rechnung, indem sie die schwangere Frau von der Strafandrohung weitgehend ausnimmt und ihr die Entscheidung im Schwangerschaftskonflikt belässt. Auch das Recht auf Beratung und der ausdrückliche Verzicht darauf, die Gesprächs- und Mitwirkungsbereitschaft der schwangeren Frau im Beratungsgespräch rechtlich zu erzwingen, sind Ausdruck des Respekts vor dem existentiellen Charakter des Schwangerschaftskonflikts. Außerdem kommt der Staat mit dem Recht auf Beratung seiner Fürsorgepflicht gegenüber der schwangeren Frau nach. Der Fürsorgecharakter der Beratung kommt allerdings nur dann zum Ausdruck, wenn in der Beratung auch weiterführende Hilfen für ein sozial abgesichertes Leben mit Kindern angeboten werden können.

Aufgrund der Entwicklungen im Bereich der PND halte ich die derzeitige rechtliche Regelung des Schwangerschaftskonflikts jedoch in zwei Punkten für reformbedürftig: Erstens ist nicht einsichtig, warum Schwangerschaftsabbrüche aufgrund einer Indikation nach der derzeitigen rechtlichen Regelung von der Pflichtberatung ausgenommen sind. Abgesehen von akuten Fällen, in denen Maßnahmen zur Rettung des Lebens der schwangeren Frau keinen Aufschub dulden, wäre eine Beratung, die außer den medizinischen Aspekten auch soziale, psychologische und ethische Aspekte des Schwangerschaftskonflikts im Blick hat, ganz im Sinne eines umfassenden Lebensschutzes. Gerade in Fällen, in denen eine schwerwiegende Beeinträchtigung des körperlichen und seelischen Gesundheitszustandes der schwangeren Frau aufgrund einer diagnostizierten Behinderung des entstehenden Kindes zu erwarten ist, ist eine Beratung, die Perspektiven für das Leben mit einem behinderten Kind aufzeigen kann, unverzichtbar. Durch die Kombination von Beratungs- und Indikationenregelung wird der Eindruck erweckt, dass sich ein Schwangerschaftsabbruch mehr oder weniger von selbst verstehe, wenn eine Indikation vorliegt. Dies aber verstößt – jedenfalls bei Schwangerschaftsabbrüchen nach pränataler Diagnostik – gegen den Gleichheitsgrundsatz des Grundgesetzes, der lautet: «Niemand darf wegen seiner Behinderung benachteiligt werden.» (Art. 3 Abs. 3 (2) GG) In seiner derzeitigen Fassung fördert der § 218a eine «Eugenik von unten». Wenn es das Ziel der Pflichtberatung ist, der schwangeren Frau dabei zu helfen, eine verantwortliche und gewissenhafte Entscheidung zu treffen, indem ihr das Lebensrecht jedes Menschen bewusst gemacht wird, dann ist nicht einzusehen, warum dieses strafrechtliche Instrument zum Schutz des ungeborenen Lebens gerade bei den Kindern nicht zur Anwendung kommt, deren Lebensrecht gesellschaftlich zur Debatte steht.

Eine Beratungspflicht zwischen der ärztlichen Diagnose einer Behinderung des entstehenden Kindes und dem Schwangerschaftsabbruch könnte dazu beitragen, das menschliche Wesen im Mutterleib nicht immer mehr als ein Ding, ein fehlerhaftes Produkt oder ein Experiment zu betrachten. Denn das Gespräch zwischen Beraterin und betroffener Frau oder dem betroffenem Paar ist besonders geeignet, um ein Bewusstsein dafür zu wecken, dass das im Mutterleib entstehende Kind Teil des gemeinsamen Lebenszusammenhangs ist. Das Recht muss für behinderte und nichtbehinderte im Mutterleib entstehende Kinder in gleicher Weise gelten. Deshalb sollten auch für Schwangerschaftsabbrüche nach PND mindestens drei Werktage Bedenkzeit zwischen Diagnose und Abbruch vorgeschrieben sein. Entscheidungen von solcher Tragweite müssen ohne Druck von außen und ohne Zeitdruck gefällt werden können. Durch die Diagnosestellung einer Behinderung wird die mütterliche und elterliche Bindung zu dem entstehenden Kind aufs Schwerste gestört. Die werdenden Eltern brauchen schon deshalb Zeit, weil sie zuerst die Bindung zum Kind im Mutterleib wieder aufnehmen und spüren müssen, bevor sie sich für oder gegen einen Schwangerschaftsabbruch entscheiden. Nur so wird klar, dass es bei einem Schwangerschaftsabbruch darum geht, sich von dem eigenen Kind durch dessen vorzeitig herbeigeführte tödliche Geburt zu verabschieden, und nicht nur darum, Angstzustände loszuwerden oder einer überaus bedrohlichen Krisensituation zu entrinnen. Auch für die Klärung solcher innerer Prozesse halte ich die begleitende Beratung schwangerer Paare nach der Diagnose einer Behinderung des entstehenden Kindes für unverzichtbar.

Zweitens ist die derzeitige gesetzliche Regelung an folgendem Punkt reformbedürftig: Schwangerschaftsabbrüche aufgrund einer pränatal diagnostizierten Behinderung des entstehenden Kindes fallen seit der Neuregelung des Schwangerschaftskonflikts im Jahr 1995 unter die «medizinische Indikation», die Schwangerschaftsabbrüche bei einer schwerwiegenden Gesundheitsgefährdung der Mutter während der ganzen Zeit der Schwangerschaft erlaubt, d.h. sie unterliegen keiner zeitlichen Befristung mehr. Zur Zeit der westdeutschen Indikationenregelung galt die zu erwartende Behinderung eines Kindes im Mutterleib als eigener rechtlicher «Abtreibungsgrund». Der strafrechtliche Passus, der diese Fälle regelte, wurde entweder «kindliche Indikation» oder «eugenische Indikation» oder «embryopathische Indikation» genannt. Solche Schwangerschaftsabbrüche waren nur bis zur 22. Schwangerschaftswoche rechtlich erlaubt. Die embryopathische Indikation wurde nicht beibehalten, weil der Gesetzgeber zum Ausdruck bringen wollte, dass die diagnostizierte Behinderung eines Kindes *an sich* noch kein Abtreibungsgrund sei, sondern lediglich die daraus erwachsende körperliche und psychische Gesundheitsgefährdung der werdenden Mutter. Durch diesen nachvollziehbaren Gedankengang besteht nun aber im Gesetz das Problem, dass Schwangerschaftsabbrüche noch bis kurz vor der Entbindung rechtlich möglich sind. In dieser Hinsicht wurden die Möglichkeiten zur vorgeburtlichen Tötung menschlichen Lebens also erweitert.

Schwangerschaftsabbrüche in einem Zeitraum der Schwangerschaft, in dem das Kind auch außerhalb des Mutterleibes schon Überlebenschancen hätte (also etwa ab der 24. Schwangerschaftswoche), sind aber aus meiner Sicht nicht im Rahmen strafrechtlicher Bestimmungen für den Schwangerschaftsabbruch zu regeln, sondern deutlich restriktiver. Hier geht es um etwas anderes als den «Abbruch» einer Schwangerschaft – es geht entweder um die Tötung eines Kindes im Mutterleib, damit es nicht lebend zur Welt kommt, oder darum, ein bereits geborenes behindertes Kind sterben zu lassen, weil niemand es haben möchte. Beide Varianten bedeuten für alle Beteiligte eine unerträgliche Zuspitzung der ethischen Problematik pränataler Diagnostik. Dies betont z.B. der Bund Deutscher Hebammen e.V. immer wieder. Solange bis für die Tötung extrauterin lebensfähiger Kinder eine angemessene strafrechtliche Regelung gefunden wird, sind Selbstverpflichtungen der Ärzteschaft und einzelner Krankenhäuser, keine Schwangerschaft mehr nach der 24. Schwangerschaftswoche abzubrechen, eine zu begrüßende Möglichkeit, solche moralisch und menschlich unerträglichen Situationen zu vermeiden.

Obwohl eine Nachbesserung der §§ 218 f. StGB in diesem Sinne von vielen Bundestagsabgeordneten verschiedener Parteien angestrebt wird und auch schon mehrere Gesetzentwürfe in den Bundestag eingebracht wurden, ist eine Änderung des Strafrechtes in naher Zukunft nicht zu erwarten. Sie könnte ohnehin nur die schlimmsten Missstände beheben helfen, aber kaum etwas an der Haltung der «Anbieterinnen» und «Konsumentinnen» der PND ändern. Im Grunde müsste man viel früher und an anderen Punkten ansetzen, nämlich bei den schwangeren Paaren, bevor sie überhaupt in die Mühlen der PND geraten, und bei den Ärztinnen und Ärzten, die medizinische Indikationen ausstellen.

Mit welchem Recht eigentlich bieten Gynäkologen schwangeren Paaren den Schwangerschaftsabbruch als «Ausweg» aus einer Konfliktsituation überhaupt an? Wie kommen sie dazu, das im Mutterleib entstehende Kind zur Disposition zu stellen, wenn es den Anforderungen unserer «Qualitätskontrollen» nicht entspricht? Prüfen sie nach einer diagnostizierten Behinderung des entstehenden Kindes zusammen mit dem betroffenen Paar Alternativen zum Schwangerschaftsabbruch? Weisen sie in ausreichender Weise auf Hilfs- und Unterstützungsangebote für die betroffenen Familien hin? Machen sie sich die Mühe, genau auszuloten, wie ausweglos ein bestimmter Fall wirklich ist und wie psychisch belastbar die werdende Mutter? Nein, all das tun sie mehrheitlich nicht! Aus der von Ilona Renner analysierten Befragung, die die Bundeszentrale für gesundheitliche Aufklärung im Jahr 2004 durchführen ließ, geht hervor, dass die ärztliche Beratung über die Möglichkeiten, sich auf ein Leben mit einem behinderten oder kranken Kind vorzubereiten, von 71 Prozent der betroffenen Frauen als «eher schlecht» bis «sehr schlecht» beurteilt wird. Und bei der Beratung über weiterführende Hilfen und bei der Vermittlung von Kontaktmöglichkeiten zu anderen Betroffenen und Selbsthilfegruppen, sieht es noch schlechter aus. Die meisten Gynäkologinnen praktizieren derzeit die medizinische Indikationsstellung unter dem Druck von möglichen Regressforderungen in vorauseilendem Gehorsam. Vermutlich spielen auch der unreflektierte Wunsch, Leid zu vermeiden, oder sogar unaufgeklärte Vorurteile über das Leben behinderter Menschen eine Rolle. Aus meiner Sicht stellt aber eine medizinische Indikationsstellung ohne eingehende Prüfung aller Alternativen einen schweren Verstoß gegen das ärztliche Ethos dar, wenn sie nicht sogar die Kriterien für den Straftatbestand der «unrichtigen ärztlichen Feststellung» einer medizinischen Indikation für den Schwangerschaftsabbruch gemäß § 218b StGB erfüllt. Ärzte sollten verpflichtet werden, alle Maßnahmen darzulegen, die sie unternommen haben, bevor sie den Abbruch als medizinische Maßnahme billigten. Sicher ist das umfassende psychosoziale Ausloten eines Schwangerschaftskonflikts im gegenwärtigen gynäkologischen Praxisalltag nur schwer zu verwirklichen. Umso eindringlicher müssten Ärztinnen schwangere Paare deshalb auf die Möglichkeit einer weitergehenden psychosozialen Beratung hinweisen. Jedoch tun sie dies mehrheitlich nicht. Es ist mir unbegreiflich, warum gewissenhafte Gynäkologinnen und Gynäkologen gegen die lebensfeindlichen Mechanismen, die sich aus der PND ergeben, nicht protestieren. Die rechtliche Debatte um die Vermeidung von Spätabbrüchen greift viel zu kurz, wenn sie nur bei der Verantwortung der betroffenen Frauen und nicht auch bei der Verantwortung der Ärzteschaft ansetzt. Es muss unbedingt nach berufsrechtlichen oder gesetzlichen Regelungen gesucht werden, die der derzeit von Ärzten praktizierten vorauseilenden Indikationsstellung Einhalt gebieten und die Gynäkologen von dem wahnwitzigen Druck befreien, eventuell «Schadensersatzzahlungen» für die Geburt eines behinderten Kindes leisten zu müssen.

Entlastend für die Ärzteschaft könnte auch eine völlige Neuorganisation der gegenwärtigen Schwangerenvorsorge sein, wie sie derzeit in Baden-Württemberg diskutiert und erprobt wird. Diese geht davon aus, dass es für schwangere Paare hilfreich wäre, wenn schon in der Frühphase der Schwangerschaft das Angebot einer «Informationsberatung für Schwangere» bestünde, in der verschiedene Möglichkeiten der Schwangerenvorsorge mit ihren jeweiligen Vor- und Nachteilen vorgestellt werden, sodass Paare nicht immer wieder uninformiert in die «Entscheidungsfallen» der PND hineintappen. Rechtliche Vorschläge in dieser Richtung legte im Jahr 2007 Annegret Braun von der Beratungsstelle PUA (Pränatale Untersuchung und Aufklärung) des Diakonischen Werkes in Württemberg vor. Diese Vorschläge wurden vom Ministerium für Arbeit und Soziales in Baden-Württemberg aufgegriffen, das nun einen Modellversuch in allen vier Regierungspräsidien durchführen lässt. Ziel des Angebotes einer freiwilligen «frühzeitigen Informationsberatung für Schwangere» bei unabhängigen Beratungsstellen ist es, Paare in die Lage zu versetzen, sich bewusst für oder gegen entsprechende Untersuchungen entscheiden zu können, indem sie vor Eintritt in pränataldiagnostische Untersuchungen stärker auf deren Sinn, Aussagekraft und mögliche Konsequenzen hingewiesen werden. Chancen hat dieses Modell jedoch nur, wenn die «frühzeitige Informationsberatung» ein integrativer Bestandteil der allgemeinen Schwangerenvorsorge wird, Ärztinnen also aktiv auf dieses Beratungsangebot als Vorsorgeleistung hinweisen, und die Krankenkassen ebenfalls in die Hinweis- und Informationspflicht für ihre Versicherten eingebunden werden. Es besteht durchaus Hoffnung, dass Paare, die umfassend über die Möglichkeiten, Aussagekraft und Konsequenzen der PND informiert werden, von unnötigen Untersuchungen Abstand nehmen und so gar nicht mehr in die Situation kommen, über das Leben mit behindertem Kind eine Entscheidung treffen zu müssen. Auch Ärztinnen könnten durch eine die ärztliche Beratung ergänzende «frühzeitige Informationsberatung für Schwangere» wieder Freiräume zurückgewinnen, die sie durch die PND verloren haben: Bei Paaren, die bewusst von ihrem Recht auf Nichtwissen Gebrauch machen, müssten Ärzte keine Angst vor den haftungsrechtlichen Folgen haben, wenn sie sich ausschließlich auf die Schwangerenvorsorge beschränkten. Und ihre aktive Mitwirkung an Schwangerschaftsabbrüchen, deren Rechtmäßigkeit sie garantieren sollen, könnte verringert werden.

Sozialethische Bewertung der PND
Ich habe auf die Darstellung der Problematik der PND deshalb so viel Wert gelegt, weil sich anhand dieser Medizintechnik gut zeigen lässt, wie durch Veränderungen bei der Entstehung von Menschen wesentliche Grundlagen unseres Denkens und unseres Wertesystems mit verändert werden. Die PND ist nicht, wie viele denken, ein reines «Frauenthema» oder Sache der wenigen Paare, die ein behindertes Kind erwarten. Und die Entscheidungszwänge durch die Möglichkeiten der PND beeinträchtigen auch nicht nur das Mutterglück aller Frauen, die derzeit schwanger werden. Die PND ist darüber hinaus ein Thema von großer gesellschaftlicher Relevanz. Durch die flä-

chendeckende Anwendung der PND gewöhnen wir uns an die Umwertung ganz zentraler Begriffe unserer Ethik und an die Neudefinition grundlegender Kategorien, mit deren Hilfe wir wesentliche Bereiche unseres Lebens ordnen.

Der Begriff der «elterlichen Verantwortung» hat sich durch die PND zum Beispiel vollkommen verändert: Als verantwortliches elterliches Verhalten gilt heute nicht primär die Zuwendung zu Kranken und Schwachen oder der Einsatz für die Integration von Behinderten, sondern die Entscheidung für die PND und einen Schwangerschaftsabbruch bei positivem Befund. Verantwortliche Elternschaft bedeutet heute die Vermeidung von unnötigen persönlichen und gesellschaftlichen Risiken und Belastungen. Immer mehr schwangere Frauen haben das Gefühl, dafür verantwortlich zu sein, kein behindertes Kind zu bekommen. In all diesen Entwicklungen sehe ich eugenische Tendenzen unserer Gesellschaft am Werke, die sich die elterlichen Wünsche nach einem gesunden Kind zunutze machen und diesen die Verantwortung für die Vermeidung von Behinderten individuell aufbürden. Der us-amerikanische Philosoph Michael J. Sandel spricht im Zusammenhang mit den sich verändernden Normen für die Anwendung pränataler genetischer Untersuchungen geradezu von einer «Explosion der Verantwortung»:

> «Manche meinen, genetische Optimierung höhle menschliche Verantwortung aus, indem sie Anstrengung und Bemühung überspiele. Aber das wirkliche Problem ist die Explosion, nicht die Erosion der Verantwortung. In dem Maße, in dem die Demut schwindet, dehnt sich die Verantwortung in erschreckende Dimensionen aus.» (108 f.)

Aber auch unsere Vorstellungen von Gesundheit und Krankheit haben sich geändert, die Grundüberzeugung von der unantastbaren Menschenwürde aller Menschen, seien sie behindert oder nicht, gerät ins Wanken, und wir verlernen produktive Umgangsformen mit unserer Angst. Natürlich ist die Entwicklung der PND hierfür nicht allein verantwortlich. Die PND ist nur ein Teilbereich unserer gesamtgesellschaftlichen Entwicklung hin zu einer konsumorientierten, normierten und zunehmend sinnentleerten Welt, in der es «Produkte» aber keine nicht käuflichen Geschenke, keine positiven Widerfahrnisse[12] und schon gar keine Wunder mehr gibt. Aber sie ist ein Teilbereich an zentraler Stelle: Haltungen, die wir bei der Weitergabe des Lebens erlernen und unbewusst einüben, prägen dann auch unseren Umgang mit Kindern und das Selbstverständnis dieser Kinder.

An einigen Beispielen möchte ich die Veränderungen unseres kollektiven Bewusstseins durch die Möglichkeiten der PND noch erläutern. Die Entwicklung der Humangenetik hat zur Folge, dass in der Zwischenzeit auch die genetische Disposition für verschiedene Krankheiten bestimmt werden kann. Wie lange wird es dauern, bis wir nicht nur vorliegende Behinderungen und Krankheiten, sondern auch die Veranlagung zu solchen für einen Abtreibungsgrund halten? Einer soziologischen Untersuchung aus den 90er Jahren zufolge waren bereits 18,9 Prozent der Befragten gewillt, die Schwangerschaft aufgrund einer genetischen Veranlagung des Kindes zum Übergewicht abzubrechen. Weitere 36 Prozent erklärten, sie würden dies wohl persönlich nicht tun, es sollte aber möglich sein.[13] Auch heute schon werden Schwangerschaften abgebrochen, wenn das entstehende Kind Träger von «Chorea Huntington» ist. Dies ist eine Erkrankung des Gehirns, deren erste Symptome in der Regel zwischen dem 30. und 60. Lebensjahr auftreten. Sicher ist dies eine bedrohliche und schlimme Krankheit – aber haben wir das Recht, über das Leben von Menschen zu entscheiden, die erst nach Jahrzehnten eines völlig uneingeschränkten Lebens überhaupt Krankheitssymptome entwickeln? Warum gilt heute schon jemand als krank, der die Veranlagung für bestimmte Krankheiten besitzt? Und wer ist dann eigentlich noch gesund? Ist Gesundheit nicht vielmehr die Fähigkeit, mit Einschränkungen welcher Art auch immer gut leben zu können? Es gibt kein Leben ohne Einschränkungen, und es gibt keine Körper ohne Krankheit, denn wir sind keine Maschinen. Die PND trägt dazu bei, den Menschen immer mehr zu normieren. Bloße Normabweichungen werden bereits als Krankheiten aufgefasst, und die Bereitschaft von Paaren steigt, Schwangerschaften auch bei Befunden abzubrechen, die nur mit relativ geringen Einschränkungen verbunden sind. Aus Angst, ihr Kind könnte aufgrund von Normabweichungen schlechtere Lebenschancen haben und ein weniger glückliches Leben führen als andere, sind viele Eltern bereit, einen hohen Preis zu zahlen. An diesem Punkt geht die Wahrnehmung der Zukunft unter dem Vorzeichen der Bedrohung (Kapitel 1) mit den medizintechnischen Möglichkeiten der PND eine unheilvolle und lebensfeindliche Verbindung ein.

Die PND wird die Gefahren, die mit der Weitergabe des Lebens verbunden sind, nicht beseitigen können, aber sie kann dazu führen, dass Menschen mit bestimmten Behinderungen nicht mehr geboren werden, zum Beispiel Menschen mit Down-Syndrom. Dabei ist zu fragen, ob es nicht ein Verlust von Menschlichkeit ist, wenn diese Menschen nicht mehr unter uns leben. Und warum setzen wir jede Form von Behinderung mit «Einschränkung» und «Leid» gleich? Eine neuere interdisziplinäre Studie zeigt, dass sich die psychische Belastung von Müttern, die ein Kind mit Down-Syndrom haben, nicht wesentlich von der psychischen Belastung von Müttern eines Kindes ohne Down-Syndrom unterscheidet. Ihre «emotionale Gesamtbelastung» ist nur minimal höher, ihr «Wunsch, das

Kind wäre nie geboren», ist ähnlich gering, und die «Sorge, das Kind nicht optimal gefördert zu haben», sogar ein wenig kleiner. Nur das «Gefühl, mehr Alltagsprobleme zu haben als andere Eltern», ist bei Müttern von Kindern mit Down-Syndrom deutlich stärker ausgeprägt als bei Müttern nichtbehinderter Kinder. Gerade bei der Bewältigung des Alltags könnten unterstützende soziale Maßnahmen aber Entlastung bringen! Sehr erhellend ist in diesem Zusammenhang auch der Bericht in der Zeitschrift «Chrismon» über die Eltern eines schwerstbehinderten Mädchens, die vor allem unter dem Mitleid ihrer Umgebung und der permanenten Unterstellung leiden, sie könnten wegen ihrer schwerstbehinderten Tochter keine glückliche Familie sein. Diese Eltern betonen, dass es einen Unterschied zwischen Einschränkung und Leid gebe, und sagen von sich: «Wir sind stolze Eltern eines glücklichen Mädchens – aber das glaubt uns keiner».[14]

Ich weiß wohl, dass das Leben mit behinderten Menschen anstrengend sein kann und dass manche Behinderungen für die Eltern fürchterlich belastend sind. Eine Mutter erzählte mir einmal, sie hätte von ihrem hochgradig autistischen Kind sein ganzes Leben lang keinen einzigen Blick in die Augen erhaschen können. Solche Erfahrungen belasten das Leben bis an seine Grenzen. Aber es gibt auch fürchterlich belastende Eltern-Kind-Beziehungen zwischen äußerlich gesunden Menschen. Menschen mit Behinderungen sind verschieden, genauso wie Menschen ohne Behinderungen. Durch viele von ihnen wird das Leben ihrer Mitmenschen reicher, lustiger, wesentlicher und verantwortungsvoller. Ich nehme die Belastungen von Eltern behinderter Kinder sehr ernst. Auch ihre Fragen nach dem «Warum?» und dem «Wie soll es weitergehen?», höre ich oft. Aber sie sind aus meiner Sicht kein Grund, alle Menschen mit Behinderungen nur unter den Vorzeichen von Last und Leid wahrzunehmen. Menschen mit Behinderungen sind nicht nur eine Last für ihre Familien und ein Kostenfaktor für unsere Gesellschaft. Sie haben wie alle Menschen auch etwas zu geben. Und das würden wir auch erkennen, wenn jeder Mensch persönlichen Umgang mit behinderten Menschen hätte.

Die Ängste schwangerer Paare vor einem behinderten Kind entpuppen sich bei genauer Betrachtung vielfach als soziale Ängste, das heißt als Ängste vor sozialer Isolation, sozialem Abstieg, sozialer Diskriminierung. Und diese Ängste sind durchaus berechtigt, denn unsere Gesellschaft und unsere Fürsorgesysteme (Krankenversicherung, Pflegeversicherung) werden unseren behinderten Mitmenschen oft nicht gerecht. Das müssen wir politisch ändern und uns persönlich um das Zusammenleben mit behinderten Menschen bemühen. Dann verliert die Angst vor «den Behinderten» ihren Schrecken. Solidarität und Unterstützung sind die beste Vorsorge für werdende Eltern und die beste Voraussetzung für ein glückliches Leben mit Kindern, seien sie nun behindert oder nicht.

7. Unfruchtbarkeit – wenn der Körper einfach nicht mitspielt

Das Thema ungewollte Kinderlosigkeit ist für viele Menschen mit einem tiefen Schmerz verknüpft. Aber natürlich gibt es auch zahlreiche Menschen, die sich keine Kinder wünschen – nicht weil sie keine Kinder mögen würden, sondern einfach, weil sie auf andere Weise ein erfülltes Leben führen. Diese Haltung ist bei Männern häufiger anzutreffen als bei Frauen, aber es gibt auch Frauen, die keine eigenen Kinder möchten. Dies ist bedingungslos zu akzeptieren. Kinderlose Menschen leisten durch ihre Berufstätigkeit und oft auch durch ehrenamtliches Engagement einen großen Beitrag für unser Gemeinwesen. Wie wir in Kapitel 4 gesehen haben, ist die Fruchtbarkeit des Menschen als ein Angebot zu verstehen, Leben weiterzugeben, indem wir mit unserem Leib schöpferisch tätig werden, demgegenüber sich Frauen und Männer in unserem Kulturkreis – Gott sei Dank! – völlig frei verhalten können. Zwar brauchen wir Kinder für die Zukunft unserer Gesellschaft, aber wir brauchen auch Arbeitskräfte und Wissenschaftlerinnen, bürgerschaftliches Engagement, Künstler und Vollblutpolitikerinnen! Jeder Mensch ist frei, seinen Beitrag zur Gestaltung unseres Zusammenlebens auf die Weise zu leisten, die ihm am ehesten entspricht. Es ist mir wichtig, dies zu betonen, damit von Anfang an der Geist der Freiheit über den folgenden Seiten zum Thema Kinderlosigkeit liegt und nicht der Anforderungswahn, der unsere derzeitige demographische Debatte prägt.

Kinderlosigkeit ist also nicht gleich Kinderlosigkeit: Es gibt Menschen, die gar keine Kinder wollten, es gibt Menschen, bei denen sich das Kinderkriegen einfach nie ergeben hat, es gibt Menschen, die vielleicht gern Kinder gehabt hätten, aber das Kinderthema so lange aufgeschoben haben, bis es keines mehr war, und es gibt natürlich auch Menschen, die sich Kinder wünschen, aber keine bekommen, sei es, weil ein geeigneter Partner oder eine geeignete Partnerin fehlen oder weil die Natur nicht mitspielt. Mit dem Leiden der Letzteren möchte ich mich zuerst beschäftigen.

Wie viele Paare in Deutschland zur Gruppe der ungewollt kinderlosen Paare gehören, lässt sich nur schätzen. Von ungewollter Kinderlosigkeit spricht man nach der Definition der Weltgesundheitsorganisation, wenn ein Paar mehr als zwei Jahre lang vergeblich versucht hat, Nachwuchs zu bekommen. In der Fachliteratur wird davon ausgegangen, dass ungefähr ein Zehntel aller Paare in Deutschland Probleme haben, auf natürlichem Wege Kinder zu bekommen. Diese Probleme haben ihre Ursachen etwa gleich häufig bei den Männern wie bei den Frauen.

In aller Regel wird die ungewollte Kinderlosigkeit als massive Lebenseinschränkung erfahren und als persönlicher Makel. Sowohl bei Frauen als auch bei Männern rufen Erfahrungen mit der Unfruchtbarkeit Gefühle des «Versagens» und der «Unzulänglichkeit» hervor. Kinder haben zu können, gilt einfach als Normalität. Und kinderlose Paare wünschen sich nichts mehr, als an dieser Normalität teilhaben zu können. Vor allem Frauen mit einem unerfüllten Kinderwunsch berichten davon, dass sie nur noch werdende Mütter und glückliche Familien um sich herum wahrnähmen, die ihre dicken Bäuche und Kinder wie Trophäen präsentierten. Darauf mit Neid, Missgunst und Aggressionen sowie dem Gefühl der Demütigung zu reagieren, gehört zum Gefühlsspektrum dieser Frauen. «Früher hätte ich jeder schwangeren Frau in den Bauch treten können», gestand mir einmal eine Frau, die dann in späten Jahren doch noch Mutter wurde. Eine solche Aussage lässt etwas von dem Ausmaß an Unglück und Isolation erahnen, das mit dem unerfüllten Kinderwunsch einhergehen kann. Aggressionen dieser Art sind so mit Scham besetzt, dass man normalerweise nicht einmal darüber spricht.

Aber woher kommt dieses Leiden, wenn in unserem Kulturkreis doch gilt, dass jeder Mensch in seiner Lebensgestaltung frei ist? Warum wird selbst für Paare, die lange Zeit ohne Kinder glücklich waren, die Kinderfrage manchmal zur Obsession, sobald sie erfahren, dass eine Schwangerschaft nicht selbstverständlich eintritt? Das Leiden ungewollt kinderloser Paare hat verschiedene Ursachen. Einmal hat es damit zu tun, dass Kinder in der Tat etwas Wunderbares sind. Kinder intensivieren das eigene Leben, und zwar in jeder Hinsicht. Mit Kindern wird das Leben lauter, bunter, anstrengender, chaotischer, fröhlicher – einfach intensiver: es gibt mehr zu lachen, aber auch mehr Sorgen; unsere Kinder lieben uns, ohne dass wir es uns verdienen müssen, aber es gibt auch mehr Konflikte und Streit in einer Familie mit Kindern; es gibt mehr Zärtlichkeit im Leben, aber Kinder verlangen ihren Eltern auch eine Härte ab – etwa beim Setzen notwendiger Grenzen –, die diese sonst nur selten aufbringen müssen; Kinder eröffnen den Erwachsenen eine neue Zukunft, aber an ihnen sehen wir auch, wie wir altern. Eine Wohnung mit mehreren Kindern hat einen anderen Energiepegel als eine Wohnung, in der ausschließlich Erwachsene leben. Wenn ich von beruflichen Terminen nach Hause komme, muss ich manchmal richtig durchatmen und Kraft schöpfen vor der Haustür, bevor ich nach drinnen gehe und mich dem Ansturm der Kinder aussetze. Leibliche Kinder faszinieren uns darüber hinaus durch die Mischung von Vertrautem und Fremdem. Das beliebte Spiel: «Von wem hat die Kleine das nur?», das schon bei der Geburt eines Kindes beginnt, schickt uns auf eine Entdeckungsreise, in deren Verlauf wir auch uns selbst und den Partner immer besser kennen und verstehen lernen. Aber jedes Kind hat natürlich auch ganz andere Möglichkeiten als wir selbst, und es macht Freude, sich davon überraschen zu lassen. Der Kinderwunsch ist ein ähnlich elementarer Wunsch wie der Wunsch nach Gesundheit oder der Wunsch nach einer glücklichen Partnerschaft. Bleibt er unerfüllt, ist dies verständlicherweise Anlass zur Klage und zur Trauer. Die Unfruchtbarkeit ist für eine Frau oder einen Mann ein schmerzhafter Mangel, weil ohne Kinder in der Familie eine ganz wichtige Quelle der Lebensfreude, des Lebenssinns und der eigenen Selbstverwirklichung fehlen. In vielen Fällen sind Paare auch bereit, Kinder zu adoptieren, um mit Kindern leben zu können, wenn sie selbst keine bekommen. Aber Adoptionen sind in unserem Land mit hohen Hürden verbunden, und sie sind mit Schwierigkeiten eigener Art verknüpft.

Für Frauen ist der Schmerz der Kinderlosigkeit oft noch bedrängender als für Männer, denn sie werden durch die Unfruchtbarkeit nicht nur um das Leben mit Kindern, sondern auch um die Erfahrung der Schwangerschaft und des Gebärens gebracht. Weil diese einmaligen leiblichen Erfahrungen Frauen vorbehalten sind, leiden Frauen auch besonders daran, wenn sie nicht schwanger werden können. Welche Intimität und Freude damit verbunden sein kann, einem Kind das Leben zu schenken, habe ich im 4. Kapitel ja bereits ausführlich beschrieben. Wenn man sich die Bedeutung der Schwangerschaft für das Leben von Frauen klarmacht, dann ist es vollkommen verständlich, dass Frauen, denen die Erfahrung der Schwangerschaft aufgrund der Unfruchtbarkeit einer Beziehung verwehrt bleibt, dies als einen großen Schmerz im eigenen Leben empfinden. Manchmal geht der Schmerz der Kinderlosigkeit auch mit der Wut über Frauen einher, die ihre Schwangerschaft abbrechen.

Aber es gibt noch weitere Gründe, warum Unfruchtbarkeit als schmerzhaft empfunden wird. Auch kulturelle Gründe spielen eine Rolle. In allen Religionen, die für unseren Kulturkreis prägend waren oder sind, werden Kinder als ein Segen Gottes verstanden, eine Vorstellung, die sich in dem Wort «Kindersegen» bis heute erhalten hat. «Segen», das bedeutete ursprünglich: viel von allem – viel Vieh, viel Korn, viel Land, viele Nachkommen! Den Wohlstand führen wir heute nicht mehr ohne weiteres auf Gottes Segen zurück. Das zeigt sich schon daran, dass wir in dem bekannten Geburtstagslied «Viel Glück und viel Segen» statt «Gesundheit und Wohlstand», wie es früher hieß, heute «Gesundheit und Frohsinn» singen. Aber Kinder gelten immer noch als Zeichen göttlichen Segens, ähnlich wie die Gesundheit. Und deshalb wirft die Frage, warum jemand unfruchtbar ist, immer auch die Frage nach Gott auf, genau wie schwere Krankheiten. Nicht wenige Paare entwickeln angesichts ihrer Unfruchtbarkeit auch religiöse Praktiken: sie entzünden Kerzen in christlichen Kapellen oder kaufen Öle von hinduistischen Mönchen. Daran zeigt sich, dass unser kulturelles Gedächtnis die Erinnerung daran bewahrt hat, dass das Glück, Kinder zu bekommen, uns aus einer höheren Welt zufällt.

Auch Menschen, für die Gott keine Realität darstellt, stellen angesichts ihrer Kinderlosigkeit quälende Fragen: Sie fragen dann nach dem Grund ihres Schicksals. Warum ich? Warum wir? Warum werde ich bestraft? Warum können wir nicht, was alle können? Solche Fragen stellen sich immer, wenn wir spüren, dass das Leben keinen Sinn für Gerechtigkeit hat und dass wesentliche Dimensionen unseres Lebens nicht in unserer Hand liegen. Dies ist umso schwerer zu ertragen, als wir in nahezu allen Lebensbereichen daran gewöhnt sind, unser Leben planen, lenken und bestimmen zu können – und dies auch tun müssen! Nur Geburt, Tod und Krankheit machen uns manchmal einen Strich durch die Rechnung. In allen drei Bereichen wird aber hart darum gekämpft, den Entscheidungsspielraum der Handlungssubjekte zu erweitern, ihre Selbstbestimmung zu erhalten und die «Widerborstigkeit» der Natur zurückzudrängen.

Am Lebensanfang hat sich insbesondere durch die Möglichkeiten der Empfängnisverhütung und die Legalität des Schwangerschaftsabbruchs in unserer modernen Welt die Vorstellung der «reproduktiven Autonomie» durchgesetzt, der freien Selbstbestimmung in allen Fragen der Fortpflanzung. Sowohl in der juristischen als auch in der ethischen Debatte spielt das «Recht auf reproduktive Autonomie» eine große Rolle. Weil Frauen und Männer heute fraglos das Recht haben, den Zeitpunkt ihrer Elternschaft selbst zu bestimmen, und unser Staat ihnen aus guten Gründen auch das Recht einräumt, eine ungewollte Schwangerschaft straffrei abzubrechen, hat sich auf der Kehrseite dieser Freiheiten die Vorstellung entwickelt, es gäbe auch so etwas wie ein «Recht auf ein eigenes Kind». Ob sich diese Vorstellung bei näherer Betrachtung halten lässt, ist noch zu prüfen, aber sie erklärt, warum Menschen, die ungewollt kinderlos bleiben, sich so ungerecht behandelt fühlen und den Eindruck haben, ihnen werde etwas vorenthalten, das ihnen so gut wie jedem anderen zustehe. Die reproduktionsmedizinischen Praxen sind voll von Menschen, die daran gewöhnt sind, ihr Leben erfolgreich zu gestalten, und die einfach nicht verstehen können, warum sie bei der Familienplanung keinen Erfolg haben. Der allgemeine Erfolgsdruck in unserer Gesellschaft erschwert es Paaren noch zusätzlich, dazu zu stehen, dass bei ihnen die Fortpflanzung nicht problemfrei ist. Selbstbestimmung und Erfolg tragen als zentrale Werte unserer Gesellschaft dazu bei, ungewollte Kinderlosigkeit als schmerzhaft zu empfinden.

Als weitere Ursache mag hinzukommen, dass es zu unserem romantischen Liebeskonzept gehört, Kinder als die Erfüllung einer Paarbeziehung zu verstehen. Viele Erwachsene leiden darunter, wenn die Liebe zu ihrem Partner nicht durch ein gemeinsames Kind besiegelt werden kann. Die Kinderlosigkeit als Erfahrung des Mangels wird dann zum Spiegelbild eines Defizits in der Partnerschaft. Immer wieder zerbrechen Paarbeziehungen an ihrer Kinderlosigkeit oder an der Unfähigkeit beider Partner, einen Umgang mit diesem Problem zu finden, der beiden Beteiligten gleichermaßen entspricht. Natürlich können Paarbeziehungen auch an der Überforderung durch Kinder zerbrechen. Ungewollt kinderlose Paare nehmen aber vor allem wahr, dass ihnen die Chance zur Weiterentwicklung der Paarbeziehung durch das gemeinsame Erleben der Elternschaft fehlt.

Obwohl Unfruchtbarkeit beziehungsweise Zeugungsunfähigkeit weit verbreitet sind, umgibt sie eines der letzten Tabus in unserer Gesellschaft. Die Scham auf der Seite der Betroffenen, keinen Einfluss auf den eigenen Körper nehmen zu können, bewirkt zusammen mit dem derzeitig weit verbreiteten Unverständnis für Paare ohne Kinder ein kaum durchdringbares Schweigen über das Thema «Unfruchtbarkeit». Auch die Debatten über erhöhte Beitragspflichten kinderloser Erwachsener in unserem Renten- und Pflegeversicherungssystem wirken sich auf ungewollt kinderlose Paare verheerend aus. Sie fühlen sich doppelt gestraft: durch ihre Kinderlosigkeit und durch die öffentlichen Schuldzuweisungen. Weil Kinder etwas Wunderbares sind, weil Schwangerschaft und Geburt einmalige Erfahrungen sind, weil die Kinderlosigkeit unbegreiflich ist, weil wir uns schwertun mit den Grenzen des Machbaren, weil Kinder die Liebe zwischen Erwachsenen vertiefen können und wegen des weit verbreiteten Unverständnisses für die Situation kinderloser Erwachsener ist die ungewollte Kinderlosigkeit so schmerzhaft.

Viele Paare suchen einen Ausweg aus diesem Schmerz, indem sie Ärzte aufsuchen, die ihnen bei der Fortpflanzung vielleicht helfen können. Zigtausende Paare werden derzeit in Deutschland reproduktionsmedizinisch behandelt. Die Methoden der «künstlichen» – oder wie es in Fachkreisen heißt: «assistierten» – Befruchtung reichen von der Insemination über die In-vitro-Fertilisation (IVF) bis hin zur «intrazytoplasmatischen Spermieninjektion» (ICSI). Bei der Insemination wird der Samen des Mannes über eine Kanüle direkt in die Gebärmutter der Frau geleitet. Bei der IVF und der ICSI werden hingegen Embryonen außerhalb des Mutterleibs herangezogen, die dann in die Gebärmutter transferiert werden. Bei der IVF lässt man die Vereinigung von Ei- und Samenzellen in Gefäßen mit einer Nährlösung in einem Inkubator geschehen, bei der ICSI wird das Spermium unmittelbar in die Eizelle hineingespritzt. Dieses Verfahren wurde vor allem zur Unfruchtbarkeitsbehandlung des Mannes entwickelt, wird in der Zwischenzeit aber sogar häufiger angewandt als die «klassische» IVF. Die Krankenkassen beteiligen sich an den Kosten einer künstlichen Befruchtung, seit 2004 aber in eingeschränkter Form: Sie übernehmen bei verheirateten Paaren in der Regel 50 Prozent der Behandlungskosten für drei Behandlungsversuche an Frauen zwischen 25 und 39 Jahren. Da die künstliche Befruchtung ein kostspieliges Verfahren ist (zwischen 3.000 und 3.500 € kosten IVF beziehungsweise ICSI im Durchschnitt), nehmen vor allem wohlhabende Paare diese Leistungen in Anspruch. Verfahren der Fortpflanzungsmedizin, die in Deutschland nicht erlaubt sind, von Deutschen aber im Ausland wahrgenommen werden können – manchmal sogar in Kooperation mit einheimischen Fortpflanzungskliniken –, sind die Leihmutterschaft und vor allem die Eizellspende. Ich bin der Meinung, dass diese Verfahren hierzulande zu Recht verboten sind. Durch sie werden Frauen meiner Ansicht nach zu Rohstofflieferantinnen und Gebärmaschinen degradiert, und die Armut der Spenderinnen wird von finanzkräftigen Paaren schamlos ausgenutzt. Dies ist bei den in Deutschland legalen Verfahren nicht der Fall.

Sowohl IVF als auch ICSI sind aber dennoch mit zahlreichen Problemen verknüpft. Das erste Problem besteht darin, dass das Behandlungsverfahren vor allem für die Frauen körperlich und seelisch anstrengend ist, die Behandlungserfolge jedoch bescheiden sind. Auch optimistischen Schätzungen zufolge führt höchstens ein Fünftel der Behandlungen zur Geburt eines Kindes. Das Kinderkriegen bleibt «Glückssache», auch in den Zentren der Reproduktionsmedizin. Diejenigen Paare, die zu den Glücklichen gehören und Eltern werden, empfehlen das Verfahren natürlich weiter und würden es in den meisten Fällen wieder in Anspruch nehmen. Aber für diejenigen, die trotz aller Strapazen kinderlos bleiben, steigert die Erfolglosigkeit der medizinischen Prozeduren die Versagensgefühle ins Unermessliche. IVF und ICSI sind aus meiner Sicht ethisch, sozial und psychisch hoch problematische medizintechnische Verfahren, auch wenn ich nicht die Auffassung vertrete, sie seien grundsätzlich und ausnahmslos abzulehnen.

Grundsätzlich abzulehnen wären IVF und ICSI nur, wenn sie den Sinn von Schwangerschaft und Geburt unkenntlich machen und so die Anfangsbedingungen des Menschseins in unheilvoller Weise verändern würden. Dies ist aber nicht der Fall. Alles, was beim Werden eines neuen Menschen von Bedeutung ist – die Liebesbeziehung der werdenden Eltern, die Unverfügbarkeit bei der Entstehung eines neuen Menschen, die Wahrnehmung des entstehenden Lebens in personalen Kategorien, das Ja der Eltern und das personale Geschehen in der Schwangerschaft –, wird meiner Ansicht nach durch IVF und ICSI nicht unmöglich gemacht. Beim derzeitigen Embryonenschutzgesetz ist auch der Umgang mit den sogenannten «überzähligen Embryonen» in akzeptabler Weise geregelt. Deshalb ist es verständlich und auch ethisch vertretbar, wenn Paare, die keine Kinder bekommen können, IVF in Anspruch nehmen. Allerdings müssen Ärztinnen die betroffenen Paare umfassend aufklären und dabei auch die Grenzen des Verfahrens und dessen Belastungen offen darlegen, selbst wenn die hoffenden Paare davon nichts hören wollen.

Ethisch, sozial und psychisch problematisch sind IVF und ICSI aus Gründen, die zum einen mit der Gesundheit und psychischen Belastbarkeit der betroffenen Frau zu tun haben, zum anderen mit der Stabilität und Belastbarkeit einer Partnerschaft und schließlich mit dem Wohl des Kindes.

Für jede Befruchtung außerhalb der Gebärmutter müssen der Frau, die schwanger werden möchte, mehrere Eizellen entnommen werden. Diese reifen jedoch nur heran, wenn die Frau regelmäßig Hormonpräparate gespritzt hat, die ihre Eierstöcke zu einer Überproduktion von Eizellen anregen. Diese Hormonpräparate haben oft sehr unangenehme Nebenwirkungen, die von Übelkeit und Bauchschmerzen bis zu Blutverdickung, aufgeblähtem Bauch und Atemnot reichen können. Viele Frauen ekeln sich vor der Fremdartigkeit dieser Substanzen, und sie beschreiben den Produktionsdruck im Hinblick auf ihre Eizellen als psychisch belastend. Sind dann genug Eizellen zur Befruchtung herangereift, müssen diese abgesaugt und mit den Spermien zusammengebracht werden. Nach geglückter Befruchtung einiger Eizellen in speziellen Gefäßen, was wiederum nicht selbstverständlich ist, werden zwei bis drei Embryonen in die Gebärmutter eingesetzt. Auch dieser Vorgang kann misslingen oder aber zu einer Mehrlingsschwangerschaft führen, die für Mutter und Kinder Gefahren birgt. Und schließlich besteht noch das Risiko einer Fehlgeburt, das vor allem bei älteren Frauen, die sich künstlich befruchten lassen, deutlich höher ist als bei einer natürlichen Zeugung. All diese Schwierigkeiten führen dazu, dass auch nach mehreren Versuchen – je nach Leidensbereitschaft und Finanzkraft des Paares – jedes zweite bis vierte Paar ohne Nachwuchs bleibt. Selbstverständlich hoffen alle Paare, dass sie zu den Glücklichen gehören, bei denen die Therapie Erfolg hat, aber in vielen Fällen ist es eben nicht so. Die Seele der Betroffenen macht in der Zeit der künstlichen Befruchtungsversuche oft eine Berg- und Talfahrt durch, die schwer zu verkraften ist. Natürlich kann ein gescheiterter Befruchtungsversuch wiederholt werden, aber die Angst vor dem nochmaligen Scheitern wird jedes Mal größer. Und wenn es gar nicht geklappt hat, tragen die betroffenen Frauen und Männer oft jahrelang an dieser vermeintlichen Niederlage. Durch die künstliche Befruchtung stellen Paare und insbesondere Frauen ihren Leib unter einen Produktions- und Leistungsdruck, der an der Seele der Beteiligten nicht spurlos vorbeigeht, denn wir *haben* nicht nur einen Leib, sondern *sind* in gewisser Weise dieser Leib, weil wir in ihm und durch ihn leben.

Je schwieriger sich eine künstliche Befruchtung gestaltet, desto größer sind auch die Belastungen für die Partnerschaft des betroffenen Paares. Eine Lebensphase zwischen Fiebermesskurven, Medikamentenplänen, Arztbesuchen und Ultraschallbildern bleibt nicht ohne Auswirkungen auf alle Betroffenen. Der Kinderwunsch wird mit der Zeit immer dominanter und andere ehemals für wichtig erachtete Lebensziele und Erfahrungen treten ganz in den Hintergrund. Auch viele Männer fühlen sich durch die «Samenspende» im Zimmer einer Arztpraxis ohne Sexualität mit ihrer Partnerin nicht gut, ja entfremdet, und die Konzentration aller Energien einer Partnerschaft auf die Fortpflanzung bekommt den wenigsten Paaren über einen langen Zeitraum hinweg. Oft leiden betroffene Paare auch an der Tabuisierung ihrer assistierten Fortpflanzungsversuche. Viele erzählen nicht davon, weil sie sich bewusst oder unbewusst für ihre Unfruchtbarkeit schämen und werden dadurch immer einsamer. Oft entwickelt sich bei Paaren, die mehrere Versuche unternehmen, auf medizinischem Wege schwanger zu werden, eine innere Dynamik, bei der sich nicht mehr Menschen einer medizinischen Technologie bedienen, sondern die Technologie über das betroffene Paar zu herrschen beginnt. Dies beschreibt eine Frau, der es so erging, im Dossier der «Brigitte» 9/2007 sehr eindrücklich:

«Die Geschichte ist immer ähnlich, bei allen Frauen, die Reproduktionsmedizin machen. Kinderwunsch, es klappt nicht, zum Arzt, Diagnose, Beratung, Schock, lange Diskussionen mit dem Partner, ob man zur künstlichen Befruchtung bereit ist, sich rantasten, im Internet lesen, die ersten Hormone nehmen, einmal ist keinmal, Insemination, Blutung, neuer Versuch ... Das ist wie eine Lotterie: Wenn du einmal nicht gewonnen hast, kaufst du dir das nächste Los. Du denkst, im nächsten Zyklus klappt's. Ob du die Hormone verträgst, ob dir zum Heulen ist, ob dir noch Ausreden einfallen, warum du bei der Arbeit dauernd früher gehst oder später kommst oder plötzlich weg musst, ob die Kliniktermine deine Lebensplanung diktieren und Urlaub unmöglich machen, ob du noch mit deinem Mann schläfst, oder du nur noch streitest oder gar nichts mehr sagst, ob du an irgendwas anderes denken kannst als: es muss, es muss, es muss – egal, du ziehst das einfach durch. Du stellst dich ab. Batteriebetrieb. Du misst nicht mehr, was du willst oder wünschst. Mein Kinderwunsch ist auf die Art richtig verkommen, es war kein positives Gefühl mehr. Es war nicht liebevoll oder freudig. Es war Druck. Medizin.»

Und eine andere Frau resümiert in diesem Dossier:

«Du machst so lange weiter wie es geht, ... bis der Körper am Ende ist, die Beziehung kurz vor dem Aus und das Bankkonto leer geräumt.»

Den Absprung aus dem Prozedere der Reproduktionsmedizin zu finden, ist oft unendlich schwer.

Und schließlich ist da das Kind, um das es geht. Sein Wohl muss bedacht werden, genau wie das Wohl der zukünftigen Eltern. Obwohl allein in Deutschland schon circa 150.000 künstlich gezeugte Menschen leben, gibt es keine seriösen Untersuchungen zum Eltern-Kind-Verhältnis und darüber, wie sich diese Menschen selbst erleben. Es scheint mir jedoch unwahrscheinlich, dass die medizinischen Prozeduren das Eltern-Kind-Verhältnis unangetastet lassen. Was sicher gesagt werden kann ist, dass die Reproduktionsmedizin das Erleben der Schwangerschaft tief greifend verändert. Wie ich im 4. Kapitel geschildert habe, ist normalerweise schon der Kinderwunsch und dann auch jede Schwangerschaft mit ambivalenten Gefühlen und Zweifeln verbunden. Diese Zweifel und ambivalenten Gefühle gestehen sich schwangere Frauen, die unter großen persönlichen Opfern schwanger wurden, jedoch oft nicht zu, und gerade das macht sie so bedeutsam. Auch der Umgang mit der eigenen Angst scheint bei künstlich zustande gekommenen Schwangerschaften schwieriger zu sein als bei natürlich entstandenen: Die Angst, das Kind doch noch zu verlieren, und die Angst, das Kind könne irgendwie geschädigt sein, begleiten solche Schwangerschaften oft bis zur Geburt des Kindes. Auf der anderen Seite gibt es auch Frauen, die durch das Eintreten einer Schwangerschaft nach mehreren vergeblichen Versuchen plötzlich von Panik befallen werden, sie könnten mit diesem Kind gar nicht leben. Die verdrängte

Ambivalenz des eigenen Kinderwunsches bricht sich dann mit Beginn einer Schwangerschaft massiv Bahn. Es ist bei dem hoch komplexen und sensiblen Zusammenspiel von Mutter und Kind während der Schwangerschaft zu vermuten, dass die Ängste der werdenden Mutter negative Auswirkungen auf das im Mutterleib entstehende Kind haben, und Studien an der Ulmer Universitätsklinik im Zusammenhang mit der PND bestätigen diese Vermutung.[15] Natürlich sprechen solche Zusammenhänge nicht grundsätzlich gegen die Reproduktionsmedizin. Ängste gehören zum Leben, auch mit ihren negativen Auswirkungen, aber es stellt sich die Frage, ob medizinische Maßnahmen, die Ängste produzieren, nicht viel stärker sozial begleitet werden müssten als dies bisher geschieht.

Eine weitere mögliche Gefährdung des Kindeswohls hat mehr mit der inneren Einstellung der zukünftigen Eltern zu tun. Nach meiner festen Überzeugung können sich Kinder nur dann frei entfalten, wenn sie um ihrer selbst willen geboren wurden und niemandem notwendig sind, obgleich sie ihr Leben natürlich den Eltern verdanken. Wahrscheinlich treffen die meisten Eltern ihre Entscheidung für eine IVF oder ICSI einfach aus ihrem elementaren Kinderwunsch heraus, und damit aus ganz legitimen Gründen. Aber die innere Dynamik der Reproduktionsmedizin kann dazu führen, dass das Kind den Eltern im wahrsten Sinne des Wortes immer «notwendiger» wird, also schließlich dazu dient, die elterliche Not zu wenden. Um die körperlichen und seelischen Belastungen der medizinischen Prozedur zu kompensieren, muss irgendwann der Erfolg der Behandlung her, und schließlich wird das Kind nicht mehr um seiner selbst willen geboren, sondern um eine Partnerschaft zu retten, die Würde einer Frau wiederherzustellen oder erlittenes Leiden nachträglich zu rechtfertigen. Eine solche Haltung kann das Kindeswohl gefährden, weil es durchaus möglich ist, dass das Kind den Eltern auch nach seiner Geburt in irgendeiner Weise «not-wendig» bleibt und somit in seiner Freiheit eingeschränkt wird. Es ist nicht auszuschließen, dass Eltern, die große Opfer gebracht haben, um ein Kind zu bekommen, insgeheim von ihrem Kind Dankbarkeit, ein gesteigertes Lebensglück und eine besonders gelingende Entwicklung erwarten. Selbstverständlich können auch auf natürlichem Wege entstandene Kinder von ihren Eltern funktionalisiert werden. Eine natürliche Zeugung ist keine Gewähr für die Freiheit des Kindes, und eine künstliche Zeugung ist nicht zwangsläufig mit einer problematischen Haltung der Eltern verknüpft. Dennoch birgt die Technik der künstlichen Befruchtung, eben weil sie etwas herzustellen versucht, das sonst einfach so entsteht, die Gefahr, dass auch das Kind als Produkt erscheint und seine unverfügbare Freiheit in den Hintergrund gerät.

Schließlich wird das Kindeswohl auch durch Mehrlingsschwangerschaften gefährdet. Dies ist unbestritten. Meist werden einer Frau zwei, ab Mitte dreißig sogar drei befruchtete Eizellen wieder eingepflanzt. Wenn sich alle einnisten, erwartet die Frau Zwillinge oder Drillinge. Mehrlingsschwangerschaften sind für den Körper der Frau aber außerordentlich belastend und enden häufig mit Frühgeburten, die wiederum den Kindern schaden. Um dieses Problem zu «lösen», wird schwangeren Paaren manchmal sogar die «Fötus-Reduktion» empfohlen, also die gezielte Tötung eines oder mehrerer Föten im Mutterleib, damit die anderen sich besser entwickeln können. All diese möglichen Komplikationen sollten bedacht und abgewogen werden, bevor eine künstliche Befruchtung in Anspruch genommen wird.

Damit ist aber keineswegs schon alles gesagt, was über die Technik der IVF/ICSI aus ethischer Sicht zu sagen ist. Ich kann mich im Zusammenhang dieses Buches nur auf die individualethische Perspektive der betroffenen Paare beziehen.

Die Technik der extrakorporalen Herstellung von Embryonen muss aber in doppelter Perspektive ethisch reflektiert werden, individualethisch – als Möglichkeit der Fortpflanzung bei eingeschränkter Fruchtbarkeit – und sozialethisch – als Schlüsseltechnologie für die Embryonenforschung, weil durch diese medizintechnische Entwicklung menschliche Embryonen der Forschung zugänglich gemacht werden. Und es sollte Paare mit Kinderwunsch schon interessieren, was mit den Embryonen, die aus ihren Keimzellen hergestellt wurden, später passiert. Die Begehrlichkeiten der medizinischen Embryonenforschung nach den sogenannten «überzähligen Embryonen», die tiefgefroren in den Labors lagern, weil eine künstliche Befruchtung erfolgreich war oder ein Paar die Behandlung abgebrochen hat, werden immer größer. Bevor man diese auftauen und sterben lässt, könnte man doch an ihnen forschen, heißt es immer wieder. Solche pragmatischen und ökonomischen Überlegungen über menschliches Leben sind aber gefährlich. Ich halte alle menschlichen Embryonen – unabhängig von ihrem Entstehungsort – für zur Menschwerdung bestimmtes menschliches Leben. Deshalb schulden wir den menschlichen Embryonen in den medizinischen Zentren einen Umgang, der den Zusammenhang, in dem sie mit der Menschheit, mit späteren möglicherweise lebenden Personen und damit indirekt auch mit uns stehen, wahrt, und ihn nicht mehr und mehr untergräbt. Dieser Zusammenhang wird meines Erachtens am besten gewahrt, wenn man überzählige Embryonen sterben lässt und sie möglicherweise in einem anonymen Gräberfeld bestattet. Durch diese rituelle Handlung käme der Zusammenhang der menschlichen Embryonen mit der Gesamtheit aller Menschen am besten zum Ausdruck.

Solange das Embryonenschutzgesetz, das die Herstellung von Embryonen ausschließlich zum Zwecke der Fortpflanzung erlaubt, bestehen bleibt, ist die IVF beziehungsweise ICSI auch aus dem Blickwinkel des Embryonenschutzes vertretbar. Durch eine Lockerung des Embryonenschutzgesetzes und die Freigabe von «überzähligen Embryonen» zu Forschungszwecken würde sich die technik (ethische) Bewertung der künstlichen Befruchtung aber radikal ändern. Und der Druck der Forschung, den Anschluss an die internationale embryonale Stammzellforschung nicht zu verlieren, wird ständig größer ...

Aber welche Alternativen zur künstlichen Befruchtung gibt es denn? Ich bin mir darüber im Klaren, dass es für Menschen, die ungewollt kinderlos bleiben, schwer zu ertragen ist, wenn Menschen, die problemlos Eltern geworden sind, ihnen gute Ratschläge erteilen. Aber Unfruchtbarkeit ist ja nicht nur ein individuelles, sondern auch ein gesellschaftliches Problem. Angesichts der ethischen, sozialen und psychischen Brisanz der Reproduktionsmedizin – und ihrer weitgehenden Erfolglosigkeit! – ist es dringend geboten, auch nach anderen Umgangsweisen mit dem Problem der ungewollten Kinderlosigkeit zu suchen als der medizinischen. Deshalb möchte ich im letzten Teil des Kapitels nach Bedingungen fragen, die einen guten Umgang mit der Unfruchtbarkeit vielleicht erleichtern könnten. Natürlich würde auch ich die Erfahrung, nicht schwanger werden zu können, medizinisch abklären lassen. Ich würde ganz bestimmt auch medizinische Hilfe in Anspruch nehmen, ein Kind zu bekommen, sofern sie meinen Leib und meine Partnerschaft nicht über Gebühr belasten. Aber dem Druck des medizintechnisch Machbaren würde ich mich nicht gerne ausliefern wollen. Die Deutungshoheit über die Vorgänge in meinem Körper würde ich gerne behalten.

Dafür gilt es sich zunächst einmal klarzumachen, dass die Diagnose «Unfruchtbarkeit» oder «Zeugungsunfähigkeit» häufig ein theoretisches Konstrukt ist und keine unerschütterliche Tatsache. Diese Diagnose sagt manchmal mehr über unsere Vorstellungen von Familienplanung aus als über die objektive Fortpflanzungsfähigkeit von Menschen und kommt in vielen Fällen nur deshalb zustande, weil wir vergessen haben, dass Kinderkriegen Zeit braucht. Unfruchtbarkeit ist außerdem oft ein gradueller Begriff. «Eingeschränkt zeugungsfähig» oder «subfertil» heißt die Diagnose dann, und dies ist kein neues Phänomen. Viele Paare haben früher jahrelang auf Kinder gewartet, ohne als unfruchtbar zu gelten. Im Unterschied zu heute hatten diese Paare aber auch Zeit zum Warten, weil sie bereits in jüngeren Jahren einen Kinderwunsch entwickelten, und die ganze Frage der Fortpflanzung nicht nur unter dem Vorzeichen der Familien*planung* stand. Auch heute noch wird das Warten auf Kinder in vielen Fällen belohnt. Ich habe schon zahlreiche Kinder getauft, deren Eltern jahrelang mit der Diagnose «Unfruchtbarkeit» gelebt hatten. Oft stellen Kinder sich ein, wenn eine neue Stelle in Sicht ist, wenn nach langen Überlegungen eine Pflegschaft beantragt oder das geplante Kinderzimmer endgültig zum Büro oder Atelier umgebaut wird, wenn die späteren Eltern also begonnen haben, sich mit ihrem Leben ohne Kinder anzufreunden. Trotz aller Planungen kommen Kinder zu uns, wann und wie sie wollen. Wer die Zeit hat, darauf zu warten, wird häufig positiv überrascht. Aber das Warten will gelernt und geübt sein. Es erfordert eine Offenheit für die eigene Zukunft und das Vertrauen darauf, dass der eigene Lebensweg ein guter Weg sein wird, unabhängig davon, ob er mit Kindern oder ohne Kinder weitergeht. Diese Zuversicht fehlt vielen Erwachsenen. Deshalb setzen sie ihr Vertrauen in die Versprechungen der Reproduktionsmedizin. Ich bezweifle jedoch, dass die Erfolgschancen von IVF und ICSI größer sind als die Erfolgschancen des gelassenen Abwartens. Und wer zu dieser Haltung in der Lage ist, erspart sich immerhin die strapaziösen und manchmal sogar demütigenden medizinischen Prozeduren. Stattdessen haben Paare, die ihren Weg an der Reproduktionsmedizin vorbei wählen, Zeit, ihr Leben in Zweisamkeit zu genießen, sich anderen Zielen zuzuwenden und sich mit ihren Träumen und Gefühlen aktiv auseinanderzusetzen.

Die Fähigkeit, warten zu können, wird unterstützt durch die Überzeugung, dass es das *Recht* auf ein eigenes Kind gar nicht gibt. Kinder werden uns genauso geschenkt wie eine erfüllte Partnerschaft, künstlerische Begabungen oder andere Talente. Die Fruchtbarkeit des Menschen ist so betrachtet eher mit der Erfahrung der Liebe oder der Gabe der Kreativität zu vergleichen. Zweifellos sind die meisten Menschen der Meinung, dass Glückserfahrungen wie die Erfahrung der Liebe zu einem erfüllten und sinnvollen Leben hinzugehören, aber einklagen können wir diese nirgendwo. Erwachsene Menschen haben kein Recht darauf, Eltern werden zu können, weder im moralischen noch im juristischen Sinne. Kinder sind und bleiben eine «Glückssache», und das Glück lässt sich nicht einklagen. Jeder und jede von uns bekommt bestimmte Lebensmöglichkeiten mit und andere nicht. Das, was uns versagt bleibt, erfordert einen individuellen produktiven Umgang mit der Einschränkung und nicht den massenhaften Gang zum Arzt.

Dieser produktive Umgang mit Einschränkungen ist jedoch auf ein günstiges gesellschaftliches Umfeld angewiesen. Der Anforderungswahn, der unsere Gesellschaft derzeit prägt, ist da eher kontraproduktiv. Es ist schwer, warten zu lernen, wenn alle anderen planen und hetzen; es ist schwer, dankbar auf das zu blicken, was einem im Leben mitgegeben wurde, wenn alle alles haben wollen; es ist schwer, demütig anzuerkennen, dass wir auf manches keinen berechtigten Anspruch haben, wenn uns die Werbung täglich eintrichtert: Du hast es dir verdient! Es ist schwer, offen zu sein für das, was das

Leben bringt, wenn schon Kinder in Kategorien des Wettbewerbs und des programmierbaren Erfolgs erzogen werden. Deshalb brauchen wir ein gesellschaftliches Umdenken hin zu so «altmodischen» Werten wie «Geduld» und «Demut», und wir brauchen Strukturen, die den Weg der Pluralisierung der Lebensformen weiter vorantreiben. Die mentale Kehrtwende brauchen wir, weil die Schattenseiten unserer Planungs-, Machbarkeits- und Autonomiewut beim Kinderkriegen immer deutlicher werden. Und den Fortschritt auf dem Weg der Pluralisierung der Lebensformen brauchen wir, weil das Leiden an der ungewollten Kinderlosigkeit viel zu tun hat mit unseren genormten Vorstellungen von Leben und Glück. In den Köpfen gibt es die Erkenntnis, dass Lebensformen heute vielfältig *und gleichwertig* sind, aber in den Herzen ist sie noch nicht angekommen. Solange die Kinderlosigkeit eine soziale Stigmatisierung bedeutet, wird der produktive Umgang mit der eigenen Kinderlosigkeit erschwert. Aber was heißt das nun konkret? Drei Vorschläge möchte ich kurz entfalten:

Familiengründungen früher ermöglichen
Das Problem der ungewollten Kinderlosigkeit würde aus meiner Sicht einiges von seiner Dringlichkeit verlieren, wenn wir unser gegenwärtiges Leitbild für die Lebensgestaltung junger Menschen überdenken würden. Die meisten ambitionierten jungen Erwachsenen von heute sind mit der Devise aufgewachsen «zuerst die Ausbildung, dann der Beruf und dann die Kinder». Diese Form der Lebensplanung war vor allem für Frauen in der Zeit wichtig, in der sich die Berufstätigkeit von Frauen als Lebensentwurf erst etablieren musste. Aber jetzt ist es Zeit, Ausbildungsmodelle für Frauen und Männer *mit* Kindern zu entwickeln, Studiengänge kinderverträglich zu gestalten, und die Vereinbarkeit von Familie und Beruf für beide Elternteile zu fördern, damit die Lust auf Kinder recht-

zeitig Raum bekommen kann. Viele Frauen sind keineswegs unfruchtbar, sondern schlicht «Aufschieberinnen», die den richtigen Zeitpunkt für Kinder verpassen. Deshalb muss es für Paare, die beieinanderbleiben und grundsätzlich Kinder haben möchten, auch möglich werden, dass sie ihre Kinder bereits während der Ausbildung oder in den ersten Berufsjahren bekommen. Daneben wird es auch weiterhin zahlreiche Paare geben, die aus individuellen Gründen erst spät Eltern werden. Ich plädiere nicht für ein neues Leitbild der Frühgebärenden, sondern für die Abschaffung aller normierender Leitbilder, gute Vorbilder für verschiedene Lebenswege und echte Wahlmöglichkeiten schon in der Phase der Ausbildung.

Neue Formen des Zusammenlebens von Erwachsenen und Kindern entwickeln
Außerdem sollten wir gemeinsam überlegen, wie kinderlose Menschen in intensiveren Kontakt mit Kindern kommen können, wenn sie das wollen. Davon würden alle profitieren: die Eltern, die kinderlosen Erwachsenen und die Kinder! Ein Leben ohne eigene Kinder muss kein Leben ohne Kinder sein. Die meisten positiven Aspekte des Lebens mit Kindern lassen sich auch mit Kindern erleben, die man nicht selbst geboren hat. Ich träume von Gemeinschaftsformen, in denen Kinder nicht nur das Privatvergnügen ihrer Eltern sind, sondern auch der Schatz der ganzen Gemeinschaft, sei diese eine Hausgemeinschaft, eine Nachbarschaft, eine Kirchengemeinde oder eine Kommune. Das Patenamt ist zum Beispiel eine soziale Form im christlichen Kontext, in der Erwachsene Verantwortung für Kinder anderer Leute übernehmen und einen vertrauten Umgang mit ihnen entwickeln können. Mit etwas Phantasie lassen sich sicher noch mehr Sozialformen finden, in denen Erwachsene und Kinder einander bereichern können, wie beispielsweise das Modell der «Leihoma» oder des

«Leihopas». Die größte Verbindlichkeit haben natürlich Pflegschaften und Adoptionen. Wer die Chance bekommt und die Kraft aufbringt, eine solche zu übernehmen, wird in der Regel durch das Glück des Lebens mit Kindern reich belohnt.

Wenn Erwachsene mit und ohne Kinder einander in ihren jeweiligen Lebenskontexten besser kennenlernen, dann wird auch dem Neid aufeinander nach und nach der Boden entzogen. Menschen, die unter ihrer ungewollten Kinderlosigkeit leiden, haben nämlich oft ein völlig unrealistisches Bild vom Leben mit Kindern. Die Erfahrung des Mangels wird auf die Familien projiziert, die einem bei Sonntagsspaziergängen und in Urlauben begegnen, und die Werbung nährt dieses Bild des ungetrübten Kinderglücks. Umgekehrt haben aber auch Familienmütter und -väter oft ein völlig unrealistisches Bild von den sozialen, beruflichen und finanziellen Möglichkeiten kinderloser Menschen. Und immer wieder wird der Neid aufeinander durch Polemiken im öffentlichen Diskurs genährt. Diese unguten Mechanismen könnten jedoch unterbunden werden, wenn Menschen mit und ohne Kinder verstärkt miteinander und nicht länger nebeneinander her leben würden.

Die Gabe der Kinderlosigkeit nutzen und würdigen
Für diejenigen, die ungewollt kinderlos bleiben, ist es wichtig, trauern zu können und neue Lebensorientierungen zu entwickeln. Dies kann bedeuten, sich anderen Begabungen und Fähigkeiten zuzuwenden, für deren Entfaltung Eltern kaum Zeit und Kraft haben. Ich denke hier an alle Formen der Kreativität im beruflichen, künstlerischen oder sozialen Bereich. Welche Mutter oder welcher Vater haben schon Zeit für die Kunst, die Musik oder die intensive Pflege von Freundschaften? Viele Eltern von heute schaffen es gerade noch, die Familie und ihren Beruf unter einen Hut zu bringen – aber unser gemeinsames Leben braucht mehr! Die einzige Person, die immer Zeit für

mich hatte und die anreiste, wenn aus irgendwelchen Gründen das Chaos über unsere Familie hereinzubrechen drohte, war die kinderlose Tante meines Mannes. Ich wusste nicht, welch wunderbaren Klang das Wort «Tante» haben kann, bevor ich diese Frau kennenlernte. Und die einzige Freundin, die mir aus meinem früheren Leben durch Pfarramt, Umzüge und Familie geblieben ist, ist meine kinderlose Freundin, weil sie die Freiheit hat und sich nimmt uns regelmäßig zu besuchen. Bei der Würdigung dessen, was kinderlose Menschen für uns alle tun und leisten, stehen wir erst ganz am Anfang. Der Schmerz der eigenen Kinderlosigkeit verschwindet dadurch nicht, aber er wird vielleicht erträglicher.

Ein besonderer Fall des Kinderwunsches besteht, wenn sich alleinstehende Erwachsene oder homophile Paare Kinder wünschen. Hier steht der Erfüllung dieses Wunsches keine Dysfunktionalität des Körpers entgegen, sondern es fehlt am geeigneten Partner beziehungsweise an der Partnerin für die Fortpflanzung. Grundsätzlich kann und darf die Sehnsucht nach Kindern überhaupt keinem erwachsenen Menschen abgesprochen werden. Wenn sie vorhanden ist, sollte sie sich auch Gehör verschaffen können. Bei der Vielzahl alleinerziehender Eltern ist nicht einzusehen, warum Menschen auf Kinder verzichten sollen, nur weil sich kein geeigneter Partner oder keine geeignete Partnerin zur Familiengründung findet. Auch homophilen Paaren darf das Leben mit Kindern nicht grundsätzlich verweigert werden, denn sie können Kindern ein genauso gutes Zuhause ermöglichen wie heterosexuelle Eltern, die in vielen Fällen (zum Beispiel in Patchwork-Familien) ja auch nicht die leiblichen Eltern sind. Angesichts der schon existierenden Vielfalt der Lebensformen in unserer Gesellschaft, mit denen Kinder oft besser zurechtkommen als wir vermuten, ist es schwer, allgemeine ethische Richtlinien für verschiedene Einzelfälle zu entwickeln. Am unproblematischsten ist es, wenn Kinder aus früheren Beziehungen allein erzogen oder in homophile Beziehungen mit eingebracht werden. Gibt es aber keine Kinder aus früheren Beziehungen, sollten aus meiner Sicht folgende ethisch bedeutsame Punkte in jedem Fall bedacht werden. Erstens ist es der Eltern-Kind-Beziehung nicht zuträglich, wenn ein Erwachsener beziehungsweise eine Erwachsene ein Kind nur für sich haben möchte. Jedes Kind hat zwei Elternteile, und Elternschaft ist ihrem Wesen nach eine gemeinsame Aufgabe. Die erziehenden Eltern müssen nicht die biologischen Eltern sein, und das gemeinsame Projekt «Elternschaft» gelingt auch nicht immer, aber es tut Kindern grundsätzlich gut, zwei verschiedene Bezugspersonen zu haben, und es tut Erwachsenen gut, sich die Erziehungsverantwortung teilen zu können. Die Elternschaft von vorneherein als eine One-Man- oder One-Woman-Show zu konzipieren, erscheint mir problematisch, weil familiäre «Zweierbeziehungen» stärkere Abhängigkeiten schaffen als «Dreierbeziehungen», in denen jedes Kind zwei Elternteile als Spiegel der eigenen Entwicklung zur Verfügung hat. Zweitens sollten alle Formen der Fortpflanzung unterlassen werden, in denen der spätere Streit um das Kind vorprogrammiert ist. Es gibt nicht nur ein *zu wenig*, sondern auch ein *zu viel* an zuständigen Elternteilen. Viele lesbische Paare zeugen ihren Nachwuchs deshalb nicht mit einem befreundeten Mann, sondern mit einer anonymen Samenspende aus dem Ausland. Gegen eine solche anonyme Elternschaft habe ich jedoch ebenfalls große Bedenken. Von adoptierten Kindern wissen wir, dass sich die Frage nach den leiblichen Eltern irgendwann in der Persönlichkeitsentwicklung mit Nachdruck stellt. Dieses Suchen nach der eigenen Herkunft kommt am ehesten dann zur Ruhe, wenn sich die betreffende Person selbst ein Bild von ihren Erzeugern machen kann. Ich denke deshalb drittens, dass

Kinder ein Recht darauf haben, ihre Herkunft kennenlernen zu können, und diese hat eben elementar mit den biologischen Eltern zu tun. Kindern das Wissen um ihre biologische Herkunft um der Erfüllung eines ungestörten Elternglücks willen bewusst vorzuenthalten, erscheint mir problematisch. Für völlig indiskutabel halte ich auch die «Leihschwangerschaft» zur Erfüllung des Kinderwunsches für schwule Paare. Abgesehen davon, dass sie in Deutschland verboten ist, beruht in solchen Fällen das Elternglück eines Paares auf dem «Unglück» eines anderen Menschen. Dies alles zusammengenommen, spricht viel für die Erleichterung und Ausweitung der Adoptions- und Pflegschaftsmöglichkeiten für homophile Paare.

8. Kinder – eine Glückssache

Viel wäre gewonnen, wenn wir alle ein realistisches Bild vom Leben mit Kindern hätten und wenn dieses auch medial verbreitet würde. In unserer Öffentlichkeit begegnen uns vor allem die Extreme: im politischen Diskurs sind es die problematischen Seiten, in Filmen und Werbung die idealisierten. Diese Darstellungen sind natürlich nicht wirklich falsch: Kinder sind in unserer Gesellschaft häufig ein «Armutsrisiko» und ein «Karrierehindernis»; wir haben sie auch als zukünftige Steuer- und Beitragszahler bitter nötig; der Medienkonsum, fehlende Vorbilder und die verschärfte Konkurrenzsituation auf dem Arbeitsmarkt haben die Kindheit verändert und manche Kinder und Jugendliche unruhiger, anstrengender und vielleicht sogar gewalttätiger gemacht; es gibt die diskutierten Probleme im Schulwesen, die Eltern häufig zu unbezahlten Nachhilfelehrern ihrer Kinder machen, und die neuen «Kinderkrankheiten», von denen AD(H)S nur die häufigste ist, die Eltern schwierige Behandlungsentscheidungen und Therapieprogramme abverlangen; und es gibt auch die völlig überforderten Eltern, die durch die Vernachlässigung ihrer Kinder und Gewalt an ihnen in die Schlagzeilen kommen. Selbstverständlich gibt es ebenso das ungetrübte Elternglück bei Ausflügen oder im Familienurlaub, sofern diese dem Geschmack der Kinder entsprechen; es gibt den Elternstolz, wenn den eigenen Kindern etwas Besonderes gelingt oder sie einfach besonders süß sind; es gibt die Selbstvergessenheit beim Spielen oder Schmusen mit Kindern; es gibt die Freude am Beobachten und am Austausch mit Kindern; und es gibt auch das tiefe Gefühl, nicht umsonst zu leben, wenn der Blick auf die eigenen Kinder fällt. Aber der Alltag des Lebens mit Kindern liegt irgendwo zwischen dem Grauschleier der sozialpolitischen Debatten und dem Hochglanz der Werbeprospekte. Wer zum Leben mit Kindern ermutigen will, der muss das Leben mit Kindern in seiner ganzen Vieldimensionalität in den Blick bekommen und weder idealisieren noch funktionalisieren oder auf seine Belastungen reduzieren.

Aber wo sind die Erwachsenen, die realistisch und liebevoll von ihrem Leben mit Kindern erzählen? Oft ist die Wahrnehmung der Eltern ähnlich verzerrt wie die öffentliche Darstellung. Bei Problemkindern fokussiert sich die Wahrnehmung oft auf die Defizite, bei Kindern, die den Erwartungen der Eltern entsprechen, auf das Beglückende.

Drei Beispiele für das realistische und liebevolle Reden vom Leben mit Kindern möchte ich gerne weitergeben. Vielleicht können sie zur Ermutigung dienen, den verschiedenen Seiten des Lebens mit jedem Kind nachzuspüren. Die Grünenpolitikerin Katrin Göring-Eckart schreibt in ihrem Buch über Familien in Deutschland:

«Kinder nerven und sind die größte Freude. So würde ich es sagen. Und deswegen immer wieder welche bekommen.» (16)

Ähnlich drückt es auf poetische Weise Barbara Degen aus:

Mutter sein
Mit den Kindern
kam der Zweifel
in mein Leben
Die Goldtöne
und das Lachen
Der Wunsch
nach nichtklebenden
Tischplatten
und Stille
Nach einem Leben
ohne Kinder
nach
MINDESTENS NOCH DREI[16]

In diesem Gedicht kommt außer der für die Elternschaft typischen Ambivalenz auch das Glück des Lebens mit mehreren Kindern zur Sprache. Die Faszination, wie unterschiedlich Kinder sein können, wird mit jedem Kind größer und das Erziehen mit jedem Kind leichter. Die Momente, in denen Eltern beobachten können, wie mehrere Kinder liebevoll miteinander umgehen, gehören zu den schönsten des Elternseins. Natürlich gibt es mit mehreren Kindern auch mehr Streit, aber viele Eltern, die einmal erlebt haben, wie schnell jedes Kindesalter vorbeigeht, obwohl es doch so spannend und schön war, möchten dies wieder erleben. Für das Leben mit mehreren Kindern gilt dasselbe wie für das Leben mit einem Kind: Die Augenblicke, in denen man einander fragt: «Warum haben wir uns das angetan?», wechseln sich ab mit solchen, in denen man einander fragt: «Warum haben wir eigentlich nicht noch mehr Kinder?» Mehrere Kinder zu haben ist anstrengend, wenn man jedem Kind gerecht werden möchte, und trotzdem kann das Kinderkriegen Lust auf immer mehr machen.

Das dritte Beispiel stammt von dem Journalisten Martin Spiewak. In der ZEIT vom 1. Oktober 2008 zeigt er anhand zweier unterschiedlicher Perspektiven auf unsere Kinder, wie unrealistisch unsere Wahrnehmung oft ist. Den Tenor des derzeitigen öffentlichen Diskurses über Familien beschreibt Spiewak durchaus selbstkritisch folgendermaßen:

> «Angst bestimmt die Sicht auf unsere Kinder. Sie sind zu dick oder zu dumm, vernachlässigt oder verhätschelt. Ein Teil dämmert willenlos vor dem Fernseher dahin, ein anderer trainiert am Computer seine Gewaltgelüste. Wer sich in der Hauptschule nicht aufgegeben hat, kämpft im Gymnasium mit Dauerstress und G8-bedingter Überforderung. Fast täglich verbreiten die Medien die Botschaft: Um den

deutschen Nachwuchs steht es schlimm und um sein Verhältnis zu den Eltern auch nicht viel besser.»

Diesem medial vermittelten Eindruck auf der Basis ganz verschiedener wissenschaftlicher Studien stellt Spiewak dann ebenfalls wissenschaftlich fundierte Erkenntnisse gegenüber, die lauten: Nie ging es der Mehrzahl von Kindern in unserem Land so gut wie heute / nie widmeten sich Eltern so intensiv ihrem Nachwuchs / nie lebten die Generationen so harmonisch zusammen / Kinder von heute sind gesünder als früher / Kinder von heute sind schlauer / Kinder leben heute sicherer / nie wollten so viele Heranwachsende ihre eigenen Kinder so erziehen wie sie erzogen wurden. Na, wenn das Eltern keinen Mut macht! Bei Spiewak stehen diese beiden sich scheinbar widersprechenden Perspektiven aber nicht unvermittelt nebeneinander, sondern durch ihre Konfrontation bekommt er das eigentliche derzeitige Problem in den Blick:

> «Zwar gibt es Kinder in Not, doch leben sie nur selten in unseren Reihenhaussiedlungen und Gymnasien. Viele Eltern haben gute Gründe, sich große Sorgen zu machen – nur sind das in der Regel nicht jene Mütter und Väter, die Erziehungsratgeber verschlingen und Elternschulungen besuchen. Die Verlierer finden sich am unteren Rand der Gesellschaft. Für den großen Rest gilt das Gegenteil. ... Hartz IV hat schlimmere Folgen für ein Kind als G8. ... Mehr Aufmerksamkeit für die Kinder am unteren Rand und dafür größere Gelassenheit gegenüber der großen normalen Mehrheit. Das würde unseren Kindern und Familien besser helfen als die gängige schlagzeilenträchtige Panikmache.»

Solche Stimmen sind in unserer Medienwelt unverzichtbar. Aber nicht nur die öffentliche und private Wahrnehmung von

Kindern sollte verschiedene Seiten miteinander verbinden. Es gehört auch zum Wesen von Kindern, dass sie uns mindestens auf zweierlei Weise begegnen. Das hat damit zu tun, dass leibliche Kinder biologisch und sozial zutiefst von ihren Eltern geprägt werden, und dennoch ganz eigene Wesen sind. Schon in ihrer Entstehung sind Kinder die Folge unseres Handelns – nämlich der Liebe und der Sexualität –, und gleichzeitig ein Geschenk, das sich nicht erzwingen lässt. Kinder sind Glückssache im dreifachen Wortsinn: sie entspringen dem Liebesglück; ob sie uns geschenkt werden, ist Glücksache; und sie beglücken uns gerade durch das Überraschende ihres Wesens. Wenn wir unsere Kinder kennen lernen, dann erfahren wir nämlich immer wieder, dass sie uns ähnlich sind und gleichzeitig eigenständige, ja sogar manchmal fremde Menschen. Jedes unserer Kinder ist uns irgendwie vertraut und zugleich ein tief geheimnisvolles Wesen. Unsere Kinder sind stark von uns abhängig – vom Leib ihrer Mutter während der Schwangerschaft, von den elterlichen Genen, von unserer Zuwendung und Fürsorge, von unserer Erziehung und den elterlichen Vorbildern – und gleichzeitig sind sie frei in ihrer Entfaltung. Die Eltern haben ihre Kinder nicht «verursacht», sondern ihnen ist die Besonderheit ihres Kindes genauso zugefallen wie dem Kind selbst. Michael J. Sandel bringt es auf den Punkt:

> «Kinder als Gabe zu schätzen, heißt sie zu akzeptieren wie sie sind, nicht als Objekte unseres Entwerfens oder als Produkte unseres Willens oder als Instrumente unserer Ambitionen.» (67)

Auch jede Erziehung kann den Weg, den Kinder einschlagen, nur einhegen und an Kreuzungen Hilfestellungen geben, auf einen anderen Lebensweg zerren kann sie ein Kind nicht.

Und das alles ist gut so! Wenn es anders wäre, würde das den Kindern und der Menschheit schaden. Die Abhängigkeit der Kinder erweckt in ihren Eltern das Gefühl der Verantwortung für sie und den Impuls zur liebevollen und umfassenden Fürsorge. Das Geheimnisvolle jedes Kindes jedoch begrenzt die elterliche Verantwortung und verlangt den Eltern Respekt vor dem Geheimnis des Kindes ab. Ohne Anerkennung seines Geheimnisses wird ein Kind durch die Macht seiner Eltern erdrückt und seiner Freiheit als Grundlage späterer Eigenverantwortung beraubt. Wenn Eltern für jede Entwicklung ihres Kindes voll verantwortlich wären, könnten Kinder ihre Verantwortung später als Erwachsene stets an die Eltern weiterreichen, nach dem Motto: «Ich kann nichts dafür – ihr habt mich so gemacht!» Auch Michael J. Sandel macht deutlich, dass die elterliche Liebe zwei Seiten haben muss, um dem Wesen von Kindern zu entsprechen:

«Elterliche Liebe hat zwei Aspekte, einen annehmenden und einen verwandelnden. Annehmende Liebe bestätigt das Kind, wie es ist, während verwandelnde Liebe das Wohlergehen des Kindes erstrebt. Jede Seite der elterlichen Liebe korrigiert die Auswüchse der anderen.» (71)

Unsere Gesellschaft und auch viele Eltern neigen heute jedoch dazu, das Unverfügbare, Zufällige und Geheimnisvolle von Kindern minimieren zu wollen. Der ganzen Reproduktionsmedizin und besonders dem Instrumentarium der PND wohnt die Tendenz inne, Kinder mehr und mehr zum Produkt unserer gezielten Einwirkungen zu machen. Damit verletzen sie einen wesentlichen Sinn der Schwangerschaft, der darin besteht, das im Verborgenen entstehende Kind davor zu bewahren, nur noch ein Ergebnis unseres Handelns zu sein. Aber nicht nur der Sinn der Schwangerschaft wird verletzt, sondern auch unser bisheriges Verständnis von Elternschaft wird zerstört. Dazu heißt es bei Michael J. Sandel:

«Das Bestreben, Kontingenz zu eliminieren und das Geheimnis der Geburt zu beherrschen, erniedrigt die entwerfenden Eltern und verdirbt die Elternschaft als soziale Praxis, die vom Standard voraussetzungsloser Liebe bestimmt ist.» (102 f.)

Wenn wir auf dem Weg der pränatalen Kontrolle und Selektion weiter fortschreiten, wird sich unser Verständnis von dem, was es bedeutet, Kinder zu haben, grundlegend ändern. Kinder würden dann zunehmend in die Vorstellungen ihrer Eltern, die wiederum von gesellschaftlichen Normen abhängig sind, gepresst und ihres Geheimnisses beraubt. Als solche wären Kinder dann keine Glücksache mehr, sondern plan- und formbar. Können wir das wirklich wollen?

Auch unseren Vorstellungen von Erziehung liegt häufig die Illusion zugrunde, die Eltern seien für alles verantwortlich. Bei der Suche nach den Schuldigen dafür, dass die Kinder von heute so anstrengend sind, fällt der Blick stets zuerst auf die Eltern, insbesondere die Mütter, und dann auf alle weiteren Erziehungspersonen wie Erzieherinnen und Lehrerinnen. Wenn Kinder irgendwelche Schwierigkeiten haben, lautet die erste und zentrale Frage aller verantwortungsbewussten Eltern heute: «Was habe ich, was haben wir falsch gemacht? Was habe ich, was haben wir versäumt?» In vielen Fällen gibt es natürlich einen Zusammenhang zwischen Erziehungsfehlern und problematischen Entwicklungen von Kindern. Mir geht es überhaupt nicht darum, die Bedeutung guter Pädagogik anzuzweifeln. Aber es muss die Frage erlaubt sein, ob wir uns als Eltern und professionelle Erzieherinnen nicht vollkommen überschätzen, wenn wir jeden Entwicklungsschritt eines Kindes auf uns selbst zurückführen. Kinder sind eben auch eigenständige Persönlichkeiten. Sie bringen etwas mit in unsere Welt und sind keine unformatierten Festplatten. Kinder geben ihren Eltern auch etwas, kommen ihnen bei der Erziehung zu Hilfe oder lassen manche Erziehungsmaßnahme einfach an sich abprallen. Wer mehrere Kinder hat, kann immer wieder die Erfahrung machen, dass sich Kinder auch bei ähnlichen Erbanlagen und ähnlicher Erziehung völlig unterschiedlich entwickeln. Nicht jedes Defizit, nicht jede Schwierigkeit, nicht jede Grenzüberschreitung und nicht jede Entwicklungsverzögerung hat ihre Ursache in den Eltern. Kinder sind einfach verschieden, und Schwierigkeiten gehören zum Leben, ja sie dienen dem Leben, wenn es gelingt, mit ihnen zurechtzukommen. Vielen mag diese Erkenntnis banal vorkommen, aber sie ist die Grundlage für die Freiheit von Kindern und Eltern. Wenn sich die Vorstellung der Vorherbestimmtheit von Kindern durch ihre Eltern weiter durchsetzt, werden Eltern dem Förderwahnsinn verfallen und/oder an der Last ihrer Verantwortung zerbrechen, und Kinder werden ihrer Kindheit und ihres Charmes beraubt. Letztlich ist auch Erziehung Glückssache – zum Glück für Eltern und für Kinder!

Die Philosophin Hannah Arendt beschreibt auf wundervolle Weise, was mit Kindern in unsere Welt kommt: Jedes neugeborene Kind ist ein «Anfang und Neuankömmling in der Welt». Es ist das Wesen jedes Menschen, ein Anfang zu sein. Nur wenn das so bleibt, können Menschen auch später im Leben Anfänger werden, Initiative ergreifen und Neues in Bewegung setzen, indem sie handeln. Das heißt, nur wenn wir der Geburt jedes Menschen das Spezifische eines Neuanfangs belassen, ist und bleibt der geborene Mensch in seinem Leben frei. Dies verlangt jedoch von den werdenden Eltern, dass sie sich auf das Unvorhersehbare, das mit dem «Neuankömmling» in ihr Leben kommt, bewusst und beherzt einlassen.

> «Es liegt in der Natur eines jeden Anfangs, daß er von dem Gewesenen und Geschehenen her gesehen, schlechterdings unerwartet und unerrechenbar in die Welt bricht. Die Unvorhersehbarkeit des Ereignisses ist allen Anfängen und allen Ursprüngen inhärent. ... Der Neuanfang steht stets im Widerspruch zu statistisch erfassbaren Wahrscheinlichkeiten, er ist immer das unendlich Unwahrscheinliche; er mutet uns daher, wo wir ihm in lebendiger Erfahrung begegnen, ... immer wie ein Wunder an. Die Tatsache, daß der Mensch zum Handeln im Sinne des Neuanfangens begabt ist, kann daher nur heißen, daß er sich aller Absehbarkeit und Berechenbarkeit entzieht, daß in diesem einen Fall das Unwahrscheinliche selbst noch eine gewisse Wahrscheinlichkeit hat, und daß das, was ‹rational›, das heißt im Sinne des Berechenbaren schlechterdings nicht zu erwarten steht, doch erhofft werden darf.» (166-167)

Weil jeder Mensch als ein einzigartiges neues Wesen geboren wird, erscheint es Hanna Arendt so, als werde durch die Geburt jedes Menschen «der Schöpfungsakt Gottes wiederholt und bestätigt» (167). Diese anthropologischen Überlegungen Hannah Arendts machen deutlich, wie sehr all unsere Versuche, das Unvorhersehbare bei der Geburt eines Menschen und in der Kindheit zu kontrollieren, unser Selbstverständnis als Menschen verändern. Die Reproduktionsmedizin, die pränatale Psychologie, die Entwicklungspsychologie und die Familiensoziologie machen immer nur statistische Aussagen über Menschen und sie können vom Wesen eines Individuums rein gar nichts erfassen. Wer kann schon mit Bestimmtheit sagen, dass ein Mensch mit seinem Leben zurechtkommen wird oder nicht, dass er sein Glück finden wird oder nicht? Solche berechnenden Zukunftsaussagen sind anmaßend. Die ganze Rechnerei ist im besten Fall überflüssig, weil sie ohnehin keine wesentlichen Aussagen machen kann – im schlimmsten Fall aber beraubt sie einen Menschen seiner Lebensmöglichkeit, weil er erst gar nicht geboren wird, wenn die Statistik gegen unsere Vorstellung von Lebensglück spricht. Wenn es uns aber eines Tages gelingen wird, unsere Kinder nicht nur zu selektieren, sondern auch zu konditionieren, dann wird es keine Freiheit mehr geben und kein eigenständiges Handeln, keine Verantwortung mehr und keine Dankbarkeit. Vielleicht wird es nicht einmal mehr das geben, was wir einst «Kinder» oder «Menschen» genannt haben, denn die Ungewissheit im Hinblick auf das Leben eines Menschen ist eine Grundvoraussetzung für seine Freiheit.

Die einzig angemessene Haltung gegenüber Kindern ist deshalb die Hoffnung. Nicht umsonst wurde in früheren Zeiten schon die Schwangerschaft ein Zustand «guter Hoffnung» genannt. Aber auch nach ihrer Geburt verpflichten uns Kinder zur Hoffnung für sie. Sie sind einzigartige «Neuankömmlinge» und damit mehr als ihre errechneten Lebens- und Bildungschancen. Bei der Geburt jedes Kindes besteht die Möglichkeit, dass es seinen Platz und sein Glück findet, unabhängig davon, ob es gesund ist oder behindert, ob es aus einem bildungsnahen oder bildungsfernen Elternhaus kommt, ob es arm ist oder reich. Wir haben einfach nicht das Recht, Kinder aufzugeben und zur Summe ihrer Dispositionen zu degradieren, um der Kinder willen nicht, aber auch um unserer selbst willen nicht. Für Hannah Arendt ist vollkommen klar, dass wir uns unserer eigenen Zukunft berauben, wenn wir Kindern keine Zukunft eröffnen. Für sie ist es keine religiöse Aussage, sondern eine allgemein menschliche, wenn sie sagt:

«Das ‹Wunder› besteht darin, daß überhaupt Menschen geboren werden, und mit ihnen der Neuanfang, den sie handelnd verwirklichen können kraft ihres Geborenseins. Nur wo diese Seite des Handelns voll erfahren ist, kann es so etwas geben wie ‹Glaube und Hoffnung› […] Daß man in die Welt Vertrauen haben und daß man für die Welt hoffen darf, ist vielleicht nirgends knapper und schöner ausgedrückt als in den Worten, mit denen die Weihnachtsoratorien ‹die frohe Botschaft› verkünden: ‹Uns ist ein Kind geboren›.» (243)

Hannah Arendt weiß natürlich, dass auch die Freiheit eines Neuankömmlings keine absolute ist. Jeder Mensch wird ja in eine konkrete Realität hineingeboren, die ebenfalls Bedeutung für sein Leben besitzt:

«Da Menschen nicht von ungefähr in die Welt geworfen werden, sondern von Menschen in eine schon bestehende Menschenwelt geboren werden, geht das Bezugsgewebe menschlicher Angelegenheiten allem einzelnen Handeln und Sprechen voraus, sodaß sowohl die Enthüllung des Neuankömmlings durch das Sprechen wie der Neuanfang, den das Handeln setzt, wie Fäden sind, die in ein bereits vorgewebtes Muster geschlagen werden und das Gewebe so verändern, wie sie ihrerseits alle Lebensfäden, mit denen sie innerhalb des Gewebes in Berührung kommen, auf einmalige Weise affizieren.» (174)

Das Wesentliche des Menschseins besteht für Hannah Arendt nicht darin, dass der Mensch vollkommen frei seine Zwecke und Ziele verwirklichen kann, sondern darin, dass er durch eigene Impulse Geschichten verursacht und prägt. Dies aber kann jeder Mensch, der die Chance bekommt, zu leben. Kinder sind Menschen, deren Lebensgeschichten mit denen ihrer Eltern verwoben sind und die die Lebensgeschichten der Erwachsenen um sie herum prägen. Hannah Arendt geht es nicht darum, die oft weitreichenden Bestimmungen unseres Daseins zu leugnen. Ihr geht es darum, die Offenheit und Spannung jeder Lebensgeschichte zu betonen, die den Menschen von produzierten Gegenständen unterscheidet. Bei Herstellungsprozessen ist die Entwicklung einer Sache durch das Modell oder den Plan vorgezeichnet, den wir uns machen. Wir wissen, was herauskommen soll und wann der Gegenstand fertig ist. Handlungsprozesse und Lebensgeschichten hingegen sind offen und entsprechen niemals genau den Handlungszielen und Lebensplänen. Wäre es anders, so wären wir Menschen lenk- und programmierbar. Wenn die Vorstellung von programmierbaren Menschen nach Plan eine Horrorvorstellung ist, dann sollten wir alles daransetzen, dass unsere Kinder auch in Zukunft nicht erzeugt werden, sondern sich im Mutterleib entwickeln und geboren werden. Eltern sind Menschen, die zusammen mit ihren Kindern einen Weg beschreiten, dessen Verlauf sie nicht kennen – dies muss von Anfang an klar sein.

Menschen werden also nicht erzeugt, sondern geboren, und es ist ihnen nicht angemessen, programmiert und geformt zu werden, sondern ins Offene hinein zu leben. Das bedeutet für die Zeit der Kindheit, dass wir Kindern wieder viel mehr Zeit geben müssen, sich zu entwickeln und zu entfalten. Es gehört zu den Privilegien der Kindheit, keinen Terminplaner führen zu müssen, scheinbar Nutzloses tun zu können und auf dem Weg in eine offene Zukunft zu sein. Heute betrachten wir Kinder aber häufig nur unter dem Blickwinkel von determinierenden Bedingungssätzen: Wenn das Kind nicht krabbelt, wird es später Probleme mit der Rechtschreibung haben. Wenn das Kind nicht rückwärts gehen kann, wird es nicht Minusrechnen können. Wenn das Kind kein Musikinstrument spielt, werden seine beiden Hirnhälften nicht optimal vernetzt. Wenn das Kind keine Bücher liest, wird es das Gymnasium nicht schaffen, und wenn es das Gymnasium nicht schafft – oh je! All diese Zusammenhänge haben wahrscheinlich irgendeinen wissenschaftlich belegbaren Kern. In ihrer popularisierten Fassung verleiten sie Eltern jedoch dazu, ihr Kind mit ängstlich kontrollierenden Augen zu beobachten, um nur ja nichts zu versäumen. In der Entwicklung des eigenen Kindes ständig nach Defiziten Ausschau zu halten, die sich an genormten Entwicklungsstandards orientieren, ist einfach Blödsinn. Erstens macht es keinen Spaß, zweitens raubt es dem Kind die Freiräume, die es zu seiner Entfaltung braucht, und drittens vermittelt es schon dem Kind das Gefühl, ständig bestimmten Anforderungen entsprechen zu müssen oder «es eben nicht zu bringen». Ich bin ganz gewiss keine Gegnerin gezielter Fördermaßnahmen bei eindeutigen Entwicklungsverzögerungen. Auch für meine eigenen Kinder habe ich schon Hilfen in Anspruch genommen. Natürlich habe ich den Rat unseres Kinderarztes befolgt, als er mir Krankengymnastik für unser neunmonatiges Kind empfahl, das noch keinerlei Anstalten machte, sich zu drehen. Eltern sollten sich auf jeden Fall professionell helfen lassen, wenn ihr Kind Schwierigkeiten hat, die es aus eigener Kraft nicht überwinden kann, oder sogar leidet. Aber bis dahin sollte gelten: «cool» bleiben, abwarten und dem Kind die Chance geben, seine Schwierigkeiten selbst zu meistern. In einem Artikel über die ungarische Kinderärztin Emmi Pikler schreibt die Journalistin Elisabeth C. Gründler:

«Was bedeuten wenige Wochen oder Monate früher oder später stehen oder gehen im Vergleich zu dem lebenslangen Gefühl, aus eigener Kraft in den aufrechten Gang gefunden zu haben? Dieses Gefühl eigener Kraft und Kompetenz, das im Körpergedächtnis gespeichert wird, ist eine Mitgift fürs Leben.» (20)

In jedem Einzelfall sollte deshalb mit der nötigen Sorgfalt und Gelassenheit überlegt werden, was ein Kind durch eine Fördermaßnahme, eine therapeutische Maßnahme oder die Gabe eines Medikamentes wirklich gewinnt: Kommt das Kind mit seinen Schwierigkeiten nachher besser zurecht oder lernt es eher, sich als Problemkind zu begreifen? Kann das Kind sein eigenes Leistungspotential wirklich besser ausschöpfen, oder versteht es vor allem, dass es ohne Medikamente eben nur wenig leisten kann? Wird das Leiden eines Kindes wirklich gelindert, oder lernt das Kind in erster Linie, sich mit einem Etikett aus einigen Großbuchstaben zu identifizieren, über das die Expertinnen schon alles Wesentliche zu wissen meinen? Mich besorgt, in welchem Maße wir unseren Kindern heute vermitteln, dass sie das Leben ohne massive elterliche Unterstützung und therapeutische Interventionen kaum noch bestehen können. Was für Erwachsene werden aus diesen Kindern? Und was sagt es über unsere Gesellschaft aus, dass 2006 ungefähr zwanzig Mal so viele Tagesdosen des Wirkstoffs Methylphenidat (zum Beispiel Ritalin) verschrieben wurden wie im Jahr 1994?[17] Nach Ansicht der Kinderpsychiater Miguel Benasayag und Gérard Schmit zeigt sich in dieser extensiven Anwendung dieses Medikamentes in der Behandlung von Kindern

«ein Umschwenken auf ‹Therapien›, deren Ausgangspunkt die Norm und das gesellschaftliche Ideal sind und deren Hauptzielsetzung es ist, dass sich das Kind entsprechend den Erwartungen einer Gesellschaft verhält, die ja gerade daran gescheitert ist, dieses Kind seinen Bedürfnissen und

Fähigkeiten gemäß zu erziehen und in seiner Entwicklung zu begleiten». (137)

Dies muss im Einzelfall nicht gegen die Gabe des betreffenden Medikamentes sprechen, aber Eltern sollten sich darüber im Klaren sein, welche gesellschaftlichen Entwicklungen sie durch ihre Einzelentscheidungen befördern. Diese beschreibt Michael J. Sandel in unübertroffener Deutlichkeit:

«Es ist verlockend zu glauben, dass es eine Übung in Sachen Freiheit sei, unsere Kinder ... biotechnisch auf Erfolg in einer auf Wettbewerb orientierten Gesellschaft zu trimmen. Aber unsere Natur zu verändern, damit sie in die Welt passt, und nicht umgekehrt, ist in der Tat die tiefste Form der Entmachtung. Es lenkt uns davon ab, kritisch über die Welt nachzudenken, und betäubt den Drang nach sozialer und politischer Reform.» (118)

Ein weiteres – viel weniger dramatisches, aber nicht weniger erhellendes – Beispiel für die veränderte Art und Weise, in der wir mit unseren Kindern umgehen, ist die Hausaufgabenfrage. Anders als noch eine Generation zuvor, sind die Hausaufgaben heute ein wichtiges Thema für alle Eltern von Schulkindern. Kaum eine Mutter, kaum ein Vater, die oder der nicht klagt über die vielen Stunden, die Eltern und Kinder heute gemeinsam bei den Hausaufgaben verbringen. Noch in meiner Schulzeit waren die Hausaufgaben Sache der Kinder und der Schule. Man hat sie schnell oder langsam, gut oder schlecht, ordentlich oder schlampig, vollständig oder unvollständig erledigt, und hatte dafür die Verantwortung zu tragen. Das ging häufig schief, aber Verantwortung zu übernehmen, muss man eben erst lernen. Heute ist es Sache der Eltern, dafür zu sorgen, dass die Hausaufgaben richtig, ordentlich und vollständig gemacht werden, und zwar bereits von der ersten Klasse an. Wer die Hausaufgaben nicht gemacht hat, dessen Eltern kümmern sich eben nicht genug um das Kind. Bei den Elternabenden erzählen die Lehrerinnen zwar noch, dass Kinder ihre Hausaufgaben möglichst früh selbstständig erledigen sollten, aber nur naive Eltern (mein Mann und ich gehörten dazu) nehmen das ernst. Die überwiegende Mehrheit der fürsorglichen und verantwortungsvollen Eltern pfeift auf die Worte der Lehrerin und hilft ihrem Kind natürlich trotzdem. Sonst hätte man ja gar keine Kontrolle über den Leistungsstand des Kindes! Oder noch schlimmer: Es könnte zurückfallen hinter die anderen Kinder! Zwar klagen die meisten Eltern über den Kampf, den Streit, das Geschrei und die Tränen bei den Hausaufgaben, aber sie lassen die kostenlose elterliche Hausaufgabenbetreuung auch dann nicht bleiben, wenn sie täglich erfahren, dass das gemeinsame Erledigen der Hausaufgaben der Eltern-Kind-Beziehung nicht gut tut. Auch beim Thema Hausaufgaben sind Eltern zugleich Opfer und Verursacher des Anforderungswahns. Wenn aber die Mehrheit der Kinder mit elterlich überwachten, ordentlichen und richtigen Hausaufgaben in die Schule kommt, dann sind die selbstständig arbeitenden Kinder oft die Dummen. Sie wollen dann auch, dass ihnen geholfen wird, oder fühlen sich schlecht. Und den Eltern, die sich dem verweigern, wird unterstellt, sie hätten kein Interesse an der Bildung ihrer Kinder. Warum dürfen unsere Kinder eigentlich keine Fehler mehr machen? Warum dürfen sie nicht lernen, wie mühsam das Leben wird, wenn man ständig unorganisiert ist? Warum dürfen sie nicht stolz sein auf das, was sie selbst können, sondern müssen dauernd erfahren, dass Eltern alles besser wissen? Für Eltern, die ihre Kinder gerne solche Erfahrungen der Selbständigkeit machen ließen, gibt es kaum ein Entrinnen aus dem Hausaufgabendilemma, vor allem, wenn ihre Kinder nicht leicht lernen. Sie können die Hausaufgabenbetreuung natürlich in professionelle Hände geben – und das ist in aller Regel besser als die Eltern-Kind-Beziehung zu belasten –, aber auch dadurch wird das Lernen zu Hause nicht wieder zu einer Sache der Kinder. Die einzige Alternative ist eine gute Ganztagsschule.

Das Hausaufgabenthema setzt sich dann bei der Frage nach der geeigneten weiterführenden Schule fort. Die passende Schule ist heute nicht mehr die Schule, die ein Kind ohne fremde Hilfe gut schaffen kann, sondern diejenige Schule, auf die es ein Kind mit der Unterstützung von Eltern, Nachhilfe, Medikamenten und Lerntrainings schaffen könnte. Auch ein Kind mit eindeutigen Lernschwierigkeiten wird von seinen verantwortungsbewussten Eltern heute so lange und intensiv gefördert, bis es auf der Schule ist, die dem IQ des Kindes entspricht, denn «es ist ja nicht blöd». Dass zum Lernen mehr gehört als die messbare Form der Intelligenz, gerät dabei aus dem Blick – und dass die Schule nicht alles ist im Leben (auch von Kindern!) erst recht!

Die Schule ist heute für die meisten Familien das alles bestimmende Thema und der größte Vernichter von Eltern- und Kinderglück. (Außer natürlich bei den Eltern besonders erfolgreicher Kinder. Diese können durch die Schule nach wie vor Bestätigung, Stolz und Glücksmomente erfahren und verstehen wahrscheinlich gar nicht, wovon ich rede). Dieser Glücksvernichter ist die Schule aber nicht, weil sie so schlecht ist und schon gar nicht, weil die Lehrerinnen so schlecht wären. Die Schule macht heute so vielen Eltern und Kindern Sorgen, weil sie die Kinder für die bedrohliche Zukunft fit machen soll, und Angst noch nie ein guter Lehrmeister war. Außerdem wird der Begriff der Bildung heute von vielen Bildungspolitikern, Eltern und Arbeitgebern fälschlich mit der schulischen Laufbahn gleichgesetzt. Selbstverständlich werden Kinder auch durch ihr Elternhaus gebildet, durch Freundinnen und Freunde, durch die Beschäftigung mit Musik, Kunst und guten Büchern, durch Bewegungen des Körpers, durch das Entdecken der Natur, durch kreatives Spielen, durch Jugendgruppen und und und. Aber all das zählt nicht mehr, seit durch den PISA-Schock verängstigte Politikerinnen, Lehrer und Eltern die Schule derart wichtig nehmen. Wenn die Schule im Leben von Familien aber so dominant wird, dann gibt es nicht mehr viele Möglichkeiten, die eigenen Kinder als eine große Glückssache erleben zu können, außer sie funktionieren schulisch perfekt. Den Eltern und Kindern, denen dies gegeben ist, sei es von Herzen gegönnt! Die meisten Eltern müssen jedoch mit der Aufgabe zurechtkommen, ihre nicht perfekt funktionierenden Kinder inmitten einer vom Anforderungswahn bestimmten Welt zu zukunftsfähigen Menschen zu erziehen, die auch noch Freude am Leben haben. Wie das vielleicht (!) gelingen kann, wird im übernächsten Kapitel zur Sprache kommen. Zunächst sollen nach den Frauen und Kindern aber auch die Versuche der Väter gewürdigt werden, den Anforderungswahn zu bestehen.

9. Väter – männlich, partnerschaftlich, kinderlieb?

Das Problem des «kinderarmen Deutschland» hat keineswegs nur Ursachen in der Verunsicherung oder im Selbstverwirklichungsstreben von Frauen. Und auch die viel gescholtene Kinderfeindlichkeit unserer Gesellschaft kann dieses Phänomen nicht hinreichend erklären. Erst wenn die Männer mit in den Blick kommen, ergibt sich ein vollständiges Bild. Viele Frauen sind heute nämlich kinderlos, weil ihre Partner nicht Väter werden wollen. Die Journalistin Meike Dinklage zitiert in ihrem Buch «Der Zeugungsstreik» eine Studie, derzufolge 43 Prozent der 18- bis 39-jährigen Männer angeben, ihnen seien Freizeit und Reisen wichtiger als Heirat und Familiengründung. 33,6 Prozent der Männer zwischen 35 und 40 Jahren sind kinderlos, während es bei Frauen derselben Altersgruppe nur 17,4 Prozent sind. Viele Männer schieben die Kinderfrage immer weiter hinaus, bis die Partnerschaft über der Kinderfrage zerbricht oder die Frauen nicht mehr schwanger werden können. Außerdem sind die Männer auch in der Frage der Kinderzahl die maßgeblichen Bremser. Zum dritten Kind lassen sich nur noch ganz wenige Männer überreden. Die Gründe für den Zeugungsstreik von Männern sind vielfältig: hohe Erwartungen an das, was einem das eigene Leben zu bieten hat, verbinden sich häufig mit der Angst vor der finanziellen Verantwortung für Kinder. Männern kann schon der Gedanke an den Kombi, dessen Kauf für den Transport des Kinderwagens nötig wird, den Angstschweiß auf die Stirn treiben. Für viele Männer ist die Entscheidung für ein Kind vor allem eine Entscheidung gegen ihre persönliche Freiheit und ihren bisherigen Lebensstil. Diesen Aspekt des Kinderkriegens kennen

Frauen natürlich auch, aber in ihrer Wahrnehmung der Kinderfrage dominiert er seltener.

Paaren, für die Kinder ein «Reizthema» sind, kann man nur empfehlen, sich möglichst schnell entweder auf einen realistischen Zeitpunkt des Elternwerdens zu einigen oder sich zu trennen. Frauen mit Kinderwunsch sollten ihre besten Jahre nicht mit einem Mann verbringen, der andere Vorstellungen von der Zukunft hat. Dasselbe gilt natürlich auch umgekehrt, aber dieser Fall ist seltener, und die «biologische Uhr» der Männer tickt weniger laut. Die Kinderfrage gehört zu den wenigen Lebensfragen, die zu Beginn einer ernsthaften Beziehung geklärt sein müssen. Die Anzahl der Kinder ist «Verhandlungssache» innerhalb einer Beziehung, aber ob überhaupt Kinder gewünscht werden, darüber sollten sich die Partner einig sein. Ich selbst frage inzwischen in jedem Traugespräch, ob beim Thema «Kinder» Einvernehmen zwischen den Partnern herrscht.

Für Männer, die gerne Kinder möchten oder die bereits Väter sind, ist die Vaterschaft gegenwärtig vor allem dadurch gekennzeichnet, dass es keine festen Verhaltenserwartungen mehr an die Vaterrolle gibt. Väter stehen heute vor all den Fragen und Entscheidungen im Hinblick auf ihr eigenes Rollenverständnis, vor denen auch Mütter stehen. Nur ist ihr Ausgangspunkt auf der entgegengesetzten Seite – eben beim Ideal des vollzeitbeschäftigten Alleinernährers der Familie und weitgehender familiärer Abwesenheit. In dem erhellenden Buch des Geisteswissenschaftlers und engagierten Vaters Robert Habeck wird deutlich, dass Väter die Verantwortung für ihre Familie vor allem als materiellen Druck wahrnehmen. Väter wollen wie Mütter das Beste für ihre Kinder, aber aus väterlicher Sicht bedeutet dies, den Kindergarten «mit besonderen pädagogischen Konzepten», die «internationale KiTa» und die Ganztagesschule, in der «ökologisch einwandfrei gekocht wird» (23), bezahlen zu können. Die gegenwärtig prekäre Lage auf dem Arbeitsmarkt wirkt sich deshalb stärker auf die Fortpflanzungsbereitschaft von Männern aus als auf die von Frauen: Den Mut zur Familiengründung oder zur Mehrkindfamilie haben vor allem Männer in relativ stabilen beruflichen Verhältnissen.

Ein weiterer Unterschied in der Situation von Frauen und Männern besteht darin, dass die Vaterrolle anders als die Mutterrolle nicht seit Jahrzehnten ständig öffentlich debattiert wird. Das Problem der Vereinbarkeit von Familie und Beruf für Männer ist beispielsweise noch nicht als allgemeines Problem erkannt worden. Dadurch erleben Väter ihre Situation eher als individuelles Problem und gesellschaftlichen Druck eher als Anspruchsdenken ihrer Partnerin oder persönliches Scheitern an zu hohen eigenen Ansprüchen.

Väter wissen heute vor allem, wie sie *nicht* mehr sein wollen: weder die Rolle der traditionellen autoritären Wochenendväter ist für moderne Männer attraktiv, noch die Rolle der sogenannten «neuen Väter», die in den 80er Jahren als Gegenbild zum traditionellen Väterbild entstand und darin ihren Ausdruck fand, dass Väter die Geburtsvorbereitungskurse stürmten, Atemtechniken übten, ihre Kinder im Kängurusack durch die Gegend trugen, Vätergruppen gründeten und Männerbücher schrieben oder zumindest lasen und diskutierten. Genau wie jede Frau muss heute auch jeder Mann für sich selbst entscheiden, wie er seine Vaterrolle ausfüllen möchte, und diese aus zahllosen Möglichkeiten zusammensetzen. Väter, die ihre Vaterschaft ernst nehmen, stehen dabei genau wie ihre Partnerinnen vor der Aufgabe, ihr Leben zwischen Beruf, Kindern, Partnerschaft und Selbstsorge immer wieder neu auszubalancieren. Und wie diese haben sie dabei mit alten Klischees zu kämpfen, denn die Männerklischees von früher sind das exakte Spiegelbild zu den traditionellen Mütterklischees. Die Spannung zwischen Karriere und Abwasch auszuhalten ist ebenso anstrengend wie die Spannung zwischen Abwasch und Karriere. Der Geisteswissenschaftler und Vater Robert Habeck beschreibt die Ansprüche an die Väter von heute eindrücklich und mit hohem Wiedererkennungseffekt auch für Mütter von heute:

«Er soll eben beides sein: Geldbeschaffer und Sandkastenfreund. Er soll gleichzeitig da und weg sein. An zwei Orten, zu Hause und auf der Arbeit sein, hier und da, in zwei Leben gleichermaßen anwesend, gleichzeitig liebender und fürsorglicher Papi sein und den Unterhalt der Familie sichern, – irgendwie fordert Vater zu sein, sich zunehmend virtuell zu begreifen.» (39)

Diese Wahrnehmung des gegenwärtigen «Väterproblems» führt Robert Habeck zu einer eigenen Deutung des männlichen Zeugungsstreiks, die ich für die Gruppe der engagierten Väter gut nachvollziehen kann:

«Die Ursachen für den männlichen Zeugungsstreik sind mit oberflächlichen Klischees des Junggesellendaseins … zu lange weggewischt worden. … Es sind nämlich eher die Ideale einer ‹guten Vaterschaft›, die die Männer vom Kinderkriegen abbringen: ‹Rücksichtnahme, Fürsorglichkeit und Reife und das Interesse, Kindern das Leben zu zeigen›, wie das Max-Planck-Institut 2007 auflistete, inklusive einer nachdenklichen Haltung bezüglich ‹persönlichem Wachstum und der Selbstfindung als Mann durch eine Vaterschaft›. Männer werden also keine Väter, weil sie gute Väter sein wollen.» (36 f.)

Im Kapitel über den Schwangerschaftskonflikt habe ich bereits dargelegt, dass hohe Elternideale der gelebten Elternschaft tatsächlich entgegenstehen können. Für Männer und Frauen gilt offensichtlich gleichermaßen, dass im Hinblick auf das Elternwerden eine Spannung zwischen Wunsch und Wirklichkeit besteht. Diese muss aus meiner Sicht auf beiden Seiten bearbeitet werden: die Elternideale bedürfen einer kritischen Prüfung und die Lebensumstände müssen politisch so verändert werden, dass es für Väter und Mütter möglich wird, ihre Wünsche wahr werden zu lassen. Für letzteres liefert das Buch von Robert Habeck, der im «Nebenberuf» auch Politiker ist, zahlreiche Anregungen.

Einen wesentlichen Unterschied zwischen den Geschlechtern gibt es jedoch, denn der Anstoß zur Veränderung des traditionellen Vaterbildes ging von der Frauenbewegung aus, und die Männer haben erst unter einem gewissen Druck erkannt, dass die Bedürfnisse der Frauen auch ihre Bedürfnisse sein, und neue Rollen- und Elternbilder auch ihnen Vorteile bringen könnten. Bis heute ist der Veränderungsprozess im Geschlechterverhältnis durch diese Einseitigkeit bestimmt, und mancher Mann trauert dem Verlust alter Privilegien noch nach, weil er den Gewinn durch neue Verhaltensmuster noch nicht positiv erleben kann.

Insgesamt gibt es in Deutschland aber einen deutlichen Trend zur aktiveren Gestaltung der Vaterschaft, der schon mehrere Jahrzehnte anhält: Immer mehr Väter verbringen immer mehr Zeit mit ihren Kindern und übernehmen immer vielfältigere Erziehungsaufgaben. Zwar gibt es noch deutlich weniger engagierte Väter als den engagierten Müttern lieb wäre, aber es gibt sie immerhin. Und in wissenschaftlichen Untersuchungen sagen zahlreiche Männer, dass auch sie gerne noch mehr Zeit mit ihren Kindern verbringen würden. Zwei Faktoren sind es, die die Väter daran hindern und in der Realität dazu führen, dass im Hinblick auf das Familien- und Hausarbeitsengagement der Männer eine riesige Deckungslücke klafft zwischen dem, was man theoretisch für richtig und erstrebenswert erachtet, und dem, was mehrheitlich praktisch umgesetzt wird: Dies sind erstens die Bedingungen auf dem Arbeitsmarkt und zweitens die in der Gesellschaft noch unbewusst vorhandenen Männerbilder. Und wie so oft hängen beide Faktoren zusammen, weil Männer und Frauen eben auch Arbeitnehmer/ Arbeitnehmerinnen und Arbeitgeber/Arbeitgeberinnen sind. Zum einen ist es sicher richtig, dass es Männern durch den Konkurrenzdruck am Arbeitsmarkt, die Arbeitszeiten in verantwortungsvollen Berufen und die Mobilitätserwartungen der Arbeitgeberschaft strukturell verwehrt wird, sich in der Familie mehr zu engagieren. Robert Habeck schreibt dazu:

«Offensichtlich kann man private Lebensvorstellungen nicht diskutieren, ohne die Organisation der Arbeitswelt insgesamt in den Blick zu nehmen. Offenbar stoßen widersprüchliche Anforderungen aufeinander. Einer immer größer werdenden Brutalisierung der Arbeitswelt steht die Forderung nach immer sensibleren Vätern gegenüber. Offenbar kann die Gesellschaft nicht einlösen, was sie sich selbst verspricht und von ihren Männern erwartet.» (201)

Väter erleben diese Zerreißprobe meist intensiver als Mütter, weil der Mann in den meisten Paaren immer noch der ökonomisch Stärkere ist, sodass partnerschaftliche Rollenmodelle oder gar ein Rollentausch mit finanziellen Einbußen für die ganze Familie verbunden wären. Dies wird häufig als ein Argument dafür angeführt, dass es vernünftiger sei, wenn die Mutter zu Hause bleibt, vor allem wenn gerade ein Eigenheim erworben wurde. Und so kommt es, dass auch aus solchen

Paaren, die ohne Kind vollkommen gleichberechtigt zusammengelebt hatten, nach der Geburt des ersten Kindes plötzlich Kleinfamilien mit einer traditionellen Rollenverteilung werden.

Auf der anderen Seite ist Geld nicht alles, und die harten Bedingungen des Arbeitsmarktes gelten für Männer und Frauen gleichermaßen. Dass immer noch 95 Prozent der Väter von Kindern im Alter unter drei Jahren Vollzeit arbeiten, muss damit zu tun haben, dass sich in den Tiefenschichten des Bewusstseins immer noch Vorstellungen darüber erhalten haben, was «männlich» und «weiblich» ist, die einen freien Umgang mit der eigenen Geschlechtsidentität erschweren. Ein ZEIT-Dossier vom Januar 2008 zitiert die Soziologin Andrea Bambey, die auf der Basis verschiedener Männerstudien zu dem Ergebnis kommt:

«Männliche Geschlechtsidentität und emotionale Vaterschaft – das ist immer noch nicht ohne weiteres in Deckung zu bringen.»

Das traditionelle Vollzeitarbeitsverhältnis war für Männer offenbar so lange identitätsstiftend, dass es ihnen immer noch schwer fällt, sich ohne angemessen bezahlten Vollzeitjob als «richtiger Mann» zu fühlen. Auch viele Arbeitgeber empfinden so, und selbst manche Frau tut sich schwer damit, ihren Partner beim Windelnwechseln und Kindergeburtstagsprogramm «männlich» zu finden. Ohne diese noch anhaltende Fixierung auf alte Rollenklischees lässt sich nicht erklären, warum die derzeitige Beschäftigungslage nicht viel mehr als Chance für neue familiäre Arbeitsmodelle begriffen wird. Die Familienarbeit würde ja auch arbeitslosen Männern sinnvolle und gesellschaftlich bedeutsame Arbeitsmöglichkeiten bieten, und die steigende Zahl von Teilzeitstellen könnte auch von Männern für eine partnerschaftlichere Rollenverteilung genutzt werden. De facto tun die meisten arbeitslosen Männer aber lieber nichts, als dass sie traditionelle «Frauenarbeit» verrichten. Offensichtlich kann der Verlust eines Vollzeitarbeitsplatzes von Männern bisher nur als Versagen begriffen werden, und sie besitzen (noch) nicht die innere Freiheit, ihre freie Zeit selbstbewusst für neue Erfahrungen in der Familienarbeit zu nutzen.

All diese Beobachtungen lassen sich folgendermaßen zusammenfassen: Während sich viele vor allem erfolgreiche Männer im «Zeugungsstreik» befinden, lässt sich bei denen, die gerne Vater wären oder sind, ein Trend zur aktiven Wahrnehmung der Vaterrolle beobachten, der jedoch eher theoretisch begrüßt als praktisch gelebt wird, und eine dritte Gruppe von Männern nimmt umso mehr zu traditionellen Vaterbildern Zuflucht, desto mehr ihre männliche Identität durch Arbeitslosigkeit und prekäre Beschäftigungsverhältnisse bedroht wird. Den Männern der ersten Gruppe sei gesagt, dass sie sich durch ihre Kinderlosigkeit um die Erfahrung einer Form der Liebe bringen, die so beglückend ist wie kein Sportwagen der Welt. In dem schon erwähnten ZEIT-Dossier beschreibt ein Vater, er habe diese neue Form der Liebe erst durch seine Tochter entdeckt, «eine so intensive Form von Liebe, wie ich sie bisher einfach nicht kannte, und die ganz anders ist als Liebe einer Partnerin gegenüber». Den Männern der dritten Gruppe sei der Besuch eines Arbeitslosentreffs empfohlen, in dem sie erfahren können, dass Arbeitslosigkeit ein strukturelles Problem ist und nichts mit individuellem Versagen zu tun hat. Vielleicht wird es ihnen dadurch möglich, ihre Kinder durch gemeinsam verbrachte Zeit für die materiellen Entbehrungen zu entschädigen, die mit der Arbeitslosigkeit unweigerlich verknüpft sind. Die Männer der zweiten Gruppe seien ermutigt, den Wunsch nach mehr Zeit für die Familie energisch umzusetzen und die alten Männerklischees endgültig hinter sich zu lassen. Das Windelnwechseln ist weder «weiblich» noch «männlich», und es kann deshalb auch weder «unweiblich» noch «unmännlich» sein – es ist einfach eine Arbeit, die getan werden muss. Ich kann aus eigener Anschauung versichern, dass die partnerschaftlich wahrgenommene elterliche Verantwortung (abgesehen von der finanziellen Seite) nur Vorteile hat, und zwar sowohl für die Eltern als auch für die Kinder und vor allem für die Partnerschaft. Für Männer, die nach einem anstrengenden Arbeitstag nach Hause kommen, ist es unmöglich, wirklich zu verstehen, warum am Abend das Haus nicht aufgeräumt ist, die Frau ihn gereizt empfängt und die Kinder über irgendeine Kleinigkeit streiten. Und Frauen, die nicht mehr berufstätig sind, vergessen allzu schnell, wie weit die Anforderungen und Selbstverständlichkeiten des Berufslebens vom Alltagsleben mit Kindern entfernt sind. Wenn Männer und Frauen einander nach einiger Zeit der traditionellen Aufgabenverteilung nicht mehr verstehen, so liegt das nicht an ihrem individuellen Unvermögen, sondern daran, dass sie in verschiedenen Welten leben. Neues Verständnis wird nur dann wieder möglich, wenn beide Elternteile neue Erfahrungen in der Welt des/der anderen machen. Für eine Generation, die mit partnerschaftlichen Familienidealen groß geworden ist und in der Männer wie Frauen viel Energie auf ihre Ausbildung, ihre Selbständigkeit und ihren beruflichen Erfolg verwendet haben, ist das traditionelle Familienmodell auf Dauer unerträglich. Zeitweise klappt es hingegen oft gut. Die Neubausiedlungen in den prosperierenden Gegenden unseres Landes sind voll von unzufriedenen Müttern und von sich selbst enttäuschten Vätern, die einander nicht verstehen und sich überdies fragen, warum sie nicht mehr können, was ihre Eltern noch konnten. Dabei ist das ganz einfach: Sie haben ihr Leben unter anderen Voraussetzungen geplant und ihre Partnerschaft unter anderen Voraussetzungen begonnen! Die Frauen haben einst bewusst partnerschaftliche Männer gewählt und die Männer gleichberechtigte Partnerinnen – wie soll eine Partnerschaft gelingen, wenn die Geld-, Macht- und Anerkennungsverhältnisse plötzlich ganz einseitig verschoben werden? Wohlgemerkt: Frauen, die von Herzen gern zu Hause bleiben, und Männer, die sich nie etwas anderes vorstellen konnten, als Vollzeit zu arbeiten und die Familie zu ernähren, dürfen und sollen dies ohne schlechtes Gewissen tun! Aber meine Erfahrung als Pfarrerin in einer Gemeinde mit vielen jungen Familien ist die, dass den meisten Frauen die einstige Berufstätigkeit fehlt, wobei sie das nur selten zugeben, dass es die Kinder bei unzufriedenen Müttern nicht gut haben, und dass die Ehen oft sehr belastet sind, oder sogar scheitern. Häufig ist auch zu beobachten, dass Mütter die Effektivitäts- und Leistungsanforderungen, die sie im Berufsleben eingeübt haben, auf den Hausfrauen- und Mutteralltag übertragen und einander durch gestylte Gärten, ausgefeilte Kochrezepte, durchorganisierte Kindergeburtstage oder die Mal-, Tauch- und Töpferkurse ihrer Kinder zu übertreffen versuchen. Der Anforderungswahn in den Neubaugebieten unserer Städte und Dörfer ist ein fehlgeleitetes Leistungsstreben beruflich unterforderter Mütter, das diesen selbst und ihren Kindern schadet. Viele Ehe- und Erziehungsprobleme, viel Verkrampftheit im Familienalltag und viele Frustrationen lösen sich von selbst, sobald Paare ihr ursprünglich partnerschaftlich konzipiertes Zusammenleben im Alltag umsetzen, und sei es mit finanziellen Einbußen. Die gesellschaftlich und privat erhobene Forderung, dass Väter sich mehr am Leben ihrer Kinder und an der Haus- und Erziehungsarbeit beteiligen sollen, ist kein Ausdruck des Anforderungswahns, sondern eine Frage der Gerechtigkeit und dient dem Wohl der Kinder und der Partnerschaft.

Aber in welcher Weise werden Männer denn gegenwärtig Väter? Was geschieht vor der Elternschaft? Wie erleben Männer Schwangerschaft und Geburt? Was setzt sie unter Druck und was entlastet sie beim Vaterwerden? Die Rolle von Männern beim Thema Kinderkriegen realistisch zu erfassen, ist aus mehreren Gründen gar nicht so leicht: Zunächst einmal fehlt es an Quellentexten, in denen Männer ihr «Schwangerschaftserleben», ihre Wahrnehmung eines Schwangerschaftskonflikts, ihre Rolle bei der Geburt von Kindern und ihre Verantwortung als Väter reflektieren. Auch als «Forschungsgegenstand» waren Väter lange Zeit weit weniger interessant als Frauen, die beim Thema Kinderkriegen eben die entscheidende Rolle spielen. Dadurch, dass Schwangerschaft und Geburt an den Leib von Frauen gebunden sind, empfinden Männer häufig eine gewisse Fremdheit gegenüber diesen Vorgängen. Für viele Männer wird wahrscheinlich zutreffen, was Wulf Köpke, ein Vater, der die Geburt seiner beiden Kinder miterlebt hat, in der Zeitschrift Hebammenforum vom Januar 2003 so ausdrückt:

«Über eines muss sich ein Mann jedoch letztlich klar sein: Ganz wird sich ihm das Phänomen oder, wenn man das lieber sagen möchte, das Mysterium Geburt nie erschließen können. Und damit wird er wohl leben müssen ...» (21)

Die Schwierigkeit für Männer, in die Mutter-Kind-Dyade einbezogen zu werden, bleibt manchmal bis lange nach der Geburt bestehen, vor allem wenn die Mutter ihr Kind stillt. Die Lasten in den ersten Wochen nach der Geburt sind aus Sicht einiger Männer nicht gerecht verteilt: Die Mutter nährt und beruhigt das Kind und wird für ihre Anstrengungen durch Zärtlichkeit und selige Blicke belohnt, während dem Vater nur die «Drecksarbeit» bleibt: Wickeln, Baden und die Hausarbeit. Immer wieder entfliehen frischgebackene Väter auch dem häuslichen Alltag und stürzen sich noch mehr als bisher in den Beruf, vielleicht auch um der Intensität der Mutter-Kind-Beziehung auszuweichen. Andere Väter kommen mit dieser Arbeitsteilung, die ja nur relativ kurze Zeit dauert, gut zurecht und genießen den Körperkontakt mit den Kindern beim Saubermachen. Und spätestens, wenn das Kind seinem Papa durch eindeutige Reaktionen oder Lächeln zeigen kann, dass er von ihm als Vater angenommen wurde, hat das Ausgeschlossensein aus der Mutter-Kind-Dyade ein Ende.

Die Fremdheit von Männern gegenüber dem Kinderkriegen hat aber noch tiefere Gründe als denjenigen, dass Männer an Schwangerschaft, Geburt und Stillzeit leiblich relativ unbeteiligt sind. Die Weitergabe des Lebens kann für Männer mit erschreckenden Ohnmachtserfahrungen verknüpft sein. Frauen haben in diesem Bereich mehr Macht als Männer. Sie können einem Mann ein Kind «anhängen», auch wenn er keins wollte; sie können ihm das Kind eines anderen Mannes «unterjubeln»; sie können sich gegen den Willen des potentiellen Vaters für einen Schwangerschaftsabbruch entscheiden, ohne dass dieser dagegen rechtliche Einsprüche erheben könnte. All diese weiblichen Verhaltensweisen sind eher selten. Im Schwangerschaftskonflikt zum Beispiel ist der Fall, dass sich der Mann der Schwangerschaft verweigert, bei weitem häufiger! Aber die Häufigkeit dieser Verhaltensweisen hat mit der Angst der Männer nichts zu tun. Allein die Tatsache, *dass* Frauen diese Möglichkeiten haben, kann Ohnmachtsgefühle auslösen. Außerdem fühlen sich Männer häufig machtlos, wenn sie ihre Partnerinnen während der Geburt leiden sehen und ihnen nicht helfen können. Und schließlich kann jede Auseinandersetzung mit Schwangerschaft und Geburt unbewusste Erinnerungen an die eigene Geburt und damit an die eigene Abhängigkeit von einer Frau wachrufen. Diese unbewussten Erinnerungen können verstörend sein, insbesondere für Männer. Nun wird uns aber durch jede Schwangerschaft erneut vor Augen geführt, dass wir unser Leben eben nicht uns selbst verdanken, sondern unseren Eltern, insbesondere unserer Mutter. Die archaische Weise unserer Entstehung im Leib einer Frau steht in Spannung zu unserer autonomieverliebten und machbarkeits-wahnsinnigen Welt. Vielleicht empfinden Männer diese Spannung noch deutlicher als Frauen, weil sie nur die passive Seite der Schwangerschaft selbst erleben können, das Geborenwerden, nicht aber die aktive Seite, das Gebären. Und wahrscheinlich liegt in der Spannung zwischen der Art und Weise unserer eigenen Entstehung und der Art und Weise der technischen Herstellung aller Dinge unseres Lebens eine der Wurzeln für die gesellschaftliche Deklassierung von Müttern in den letzten Jahrzehnten.

Der Kontakt des Vaters zum Kind verläuft während der ganzen Zeit der Schwangerschaft bis zum Abschluss der Geburt immer über die Mutter. Daran lässt sich nichts Grundsätzliches ändern, solange Kinder auf natürlichem Wege auf die Welt kommen. Die Beteiligung von Männern an den Vorgängen rund ums Kinderkriegen hat sich jedoch in den letzten 40 Jahren massiv verändert. Durch seine Lust an der Zeugung und durch die Weitergabe seines Chromosomensatzes war der Vater immer an der Entstehung seiner Kinder beteiligt. Heute nehmen Männer aber auf vielfache Weise auch emotional und sozial an der Schwangerschaft und der Geburt ihrer Kinder Anteil. Den Trend zur aktiven Vaterschaft gibt es auch schon vor der Geburt: Männer begleiten ihre Partnerinnen häufig zum Frauenarzt, besuchen Geburtsvorbereitungs- und Wickelkurse und wollen ihre Frauen bei der Geburt unterstützen. Während der Geburtsvorbereitungskurs von werdenden Vätern nach Aussage vieler Hebammen vor allem auf Wunsch ihrer Partnerinnen besucht wird, lassen sich die meisten Männer ihre Anwesenheit während der Geburt heute nicht mehr nehmen. Im Jahr 2002 waren nach Auskunft der Zeitschrift «Hebammenforum» 78 Prozent der Väter bei der Geburt ihres Kindes anwesend und nochmals 13 Prozent haben wenigstens einen Abschnitt der Geburt selbst erlebt. Viele Männer erleben den Akt der Geburt und den ersten körperlichen Kontakt mit dem Kind als ergreifende und überwältigende Erfahrung und zeigen sich vom «Wunder des Lebens» tief berührt. Anders als die Frau, bei der sich das Mutterwerden schon während der ganzen Zeit der Schwangerschaft vollzieht, erleben Männer in der Regel die Geburtsstunde des Kindes auch als die Geburtsstunde ihrer Vaterschaft. Ein Vater beschreibt dies so:

«Die Hebamme durchtrennte die Nabelschnur und übergab mir dieses neue kleine Wesen. Es war ganz nass und schrumpelig, und ich hielt ihn an meine Brust, wollte ihn in meinen Körper und meine Arme wickeln, um ihn warm und sicher zu halten. So kostbar. Ich hielt seiner kleinen Hand meinen Finger hin und er ergriff ihn [...] Meine Welt hatte sich verwandelt – später merkte ich, dass es nicht nur meine Welt war. Ich selbst wurde ein neuer Mensch.» (5)

Die Anwesenheit der Väter bei der Geburt ihres Kindes birgt viele Chancen, vor allem für sie selbst, aber auch für die Kinder, für die Frau und für die Partnerschaft. Sehr wahrscheinlich wird durch das Miterleben der Geburt der Keim einer tiefen Beziehung zwischen Vater und Kind gelegt. Väter, die bei der Geburt anwesend waren, haben häufig weniger Berührungsängste gegenüber ihrem Kind und beteiligen sich mehr an der Säuglingspflege als andere Väter. Sie können besser würdigen, was ihre Partnerin bei der Geburt geleistet hat, und sie können die gebärende Frau unterstützen, indem sie sie halten, massieren, umsorgen oder als vertraute Person einfach bloß anwesend sind. Für viele Frauen ist es auch hilfreich, das Baby unmittelbar nach der Geburt in den Händen des Vaters zu wissen, während sie noch medizinisch versorgt werden müssen. In der Beziehung der Eltern wird durch die Anwesenheit der Männer im Kreißsaal das partnerschaftliche Element der gemeinsamen Sorge um die Kinder gestärkt, während der Einfluss des gemeinsamen Geburtserlebens auf das Sexualleben eines Paares umstritten ist. Unterschiedlich erlebt wird auch das Angebot vieler Hebammen an die frischgebackenen Väter, die Nabelschnur zu durchtrennen. Während manche Väter hierin eine wichtige symbolische Handlung sehen, durch die zum Ausdruck kommt, dass die Symbiose von Mutter und Kind nun zu Ende ist und durch die der Vater aktiv seinen Platz im Beziehungsgeschehen der Familie beansprucht, ist diese Handlung anderen Männern unangenehm, und sie überlassen das Durchtrennen der Nabelschnur gern der Hebamme. Weil die Geburten ihrer Kinder von Männern aber überwiegend positiv erlebt werden, nehmen es die meisten Männer heute in Kauf, sich in manchen Momenten des Geburtsvorgangs auch nutzlos zu fühlen. Selbst die Hilflosigkeit im Hinblick auf die Qual der geliebten Frau, die Angst um ihr Leben und das Zum-Nichtstun-und-Warten-verdammt-Sein, das Männern oft besonders schwer fällt, nehmen werdende Väter heute auf sich, um die Geburt ihres Kindes miterleben zu können.

Nicht alle Männer finden aber einen guten Umgang mit diesen Ängsten und negativen Gefühlen während einer Geburt. Deshalb ist es in letzter Zeit wieder umstritten, ob die Anwesenheit der Väter im Kreißsaal hilfreich ist. Vor allem bei Geburten in Kliniken drängen Männer das Geburtsteam manchmal zu medizinisch unnötigen Interventionen. Eine kritische Stimme zur Anwesenheit von Vätern bei der Geburt ihres Kindes, nämlich die des Arztes Michel Odent, gibt die Sozialpädagogin Petra Otto wider:

> «Der Mann projiziert seine Ängste und Stimmungen auf die Gebärende, stört damit den physiologischen Geburtsablauf, treibt die Technisierung und Kaiserschnittraten in die Höhe und schadet damit Mutter und Kind.» (839)

Problematisch an der Entwicklung, dass Väter die Geburt ihrer Kinder heute meist miterleben, scheint mir nur, dass sie in der Zwischenzeit schon wieder zur Doktrin geworden ist. Männer, die als gute Väter gelten wollen, müssen heute bei der Geburt ihrer Kinder anwesend sein, ob es ihnen behagt oder nicht. Der Anforderungswahn greift in diesem Punkt auch nach den Männern: Die Möglichkeit, im Kreißsaal dabei zu sein, bedeutet für Männer neuen Druck, und sie erleben, wie stark der Zwang gesellschaftlicher Normen alle Vorgänge rund um das Kinderkriegen prägt. Ein Mann jedoch, der für das Erlebnis einer Geburt aus irgendwelchen Gründen nicht bereit ist, wird die Geburt seines Kindes sicher nicht als beglückende Erfahrung erleben und den Geburtsvorgang wahrscheinlich auch nicht unterstützen können. Er tut besser daran, mit seiner Partnerin offen zu sprechen und gemeinsam mit ihr nach anderen Möglichkeiten suchen, sie zu unterstützen. Auch für werdende Väter gilt: das Wichtigste im Umgang mit gesellschaftlichen Erwartungen ist es, wieder zu lernen, auf die eigene innere Stimme zu hören. Nur so entsteht Freiheit. Der moralische Zwang für Väter, an der Geburt teilzuhaben, ist sicher negativ für glückliche Geburten. Bis ungefähr 1970 war das Gebären ohnehin reine Frauensache. Erst seit die meisten Geburten in der Klinik stattfinden, haben Frauen verstärkt das Gefühl, in dieser fremden, kalten und technisierten Welt eine vertraute Person um sich zu brauchen. Diese

Person kann nicht mehr die Hebamme sein, weil sie in der Klinik in das medizinische Team eingegliedert wurde und der schwangeren Frau oft erst im Kreißsaal zum ersten Mal begegnet. Die Rolle einer vertrauten Person im Kreißsaal muss aber nicht unbedingt vom Partner übernommen werden. Auch die eigene Mutter oder eine gute und erfahrene Freundin kann die schwangere Frau zur Geburt begleiten. Außerdem bieten Hausgeburten ein gutes Umfeld für die Anwesenheit von Männern bei der Geburt. Hier kann der werdende Vater frei wählen, inwieweit er den Geburtsvorgang miterleben möchte, und sich entweder ganz um seine Frau kümmern oder auch Aufgaben im Haus übernehmen.

Die Frage, ob Männern bei der Geburt ihrer Kinder anwesend sein sollen, ist jedoch nur ein Teilaspekt des Kinderkriegens. Von mindestens ebenso großer Bedeutung ist das Verhalten von Männern vor der Schwangerschaft und während dieser. In einer tragfähigen und beglückenden Partnerschaft können Kinder von Frauen viel leichter willkommengeheißen werden als in einer labilen, flüchtigen, anonymen, asymmetrischen oder gar gewalttätigen sexuellen Beziehung. Verantwortliche Vaterschaft beginnt daher schon bei der Art und Weise, die eigene Partnerschaft zu gestalten, inklusive der Frage der Empfängnisverhütung. Wenn Männer sich für die Empfängnisverhütung ebenso wie Frauen zuständig fühlen und bei der Gestaltung der Sexualität Rücksicht auf den Körper ihrer Partnerin nehmen, werden ihnen auch später die Vorgänge im Mutterleib näherkommen können, als wenn der männliche Blick auf den Körper der Frau ausschließlich vom Erleben eigener Lust geprägt ist. Souveräne Männer gehen mit ihrer Zeugungsfähigkeit sorgsam um und suchen den Dialog über das Kinderkriegen mit ihrer Partnerin. Bei einem grundsätzlich nicht vorhandenen Kinderwunsch oder nach Abschluss der Kinderphase ist in diesem Zusammenhang insbesondere die Sterilisation eine verantwortungsbewusste Handlungsmöglichkeit des Mannes.

Zusammenfassend lässt sich sagen, dass Frauen dann glücklich Mutter werden, wenn sie einen Partner haben, der sie schon während der Schwangerschaft in ihrem Ja zum Kind unterstützt und für den Vaterschaft mehr bedeutet als ein erhebendes Geburtserlebnis. Männer werden dann glücklich Vater, wenn die Schwangerschaft gemeinsam gewollt wurde und ihre Partnerin sie in dem Maße an der Schwangerschaft und an der Geburt teilhaben lässt, in dem sie es sich wünschen. Der gesellschaftliche Zwang zum Geburtsvorbereitungs- oder Wickelkurs, zur Anwesenheit bei der Geburt, zum gemeinsamen Veratmen der Wehen oder zum Durchtrennen der Nabelschnur ist für das Vaterwerden von Männern eher schädlich. Hilfreicher wären wahrscheinlich speziell für Männer konzipierte «Geburtsvorbereitungskurse», in denen sich Männer sowohl über ihre Fremdheit beim Vorgang des Kinderkriegens als auch über ihre Beteiligung an diesem Vorgang selbstständig klar werden könnten. Erfahrungen mit solchen Kursen gibt es bereits und diese kommen zu dem Ergebnis:

> «Gut vorbereitete und zufriedene Väter tragen zu einer zufriedeneren Partner- und Elternschaft und damit zu stabileren Familien bei.»[18]

10. Was sind eigentlich gute Eltern? – 15 Thesen

1. Gute Eltern haben Hoffnung für ihr eigenes Leben.
Die wichtigste Haltung gegenüber Kindern ist die Hoffnung: das ist in diesem Buch bisher sicherlich deutlich geworden. Für die eigenen Kinder das Gute erhoffen und darauf vertrauen, dass die Kinder ihren Weg zum Lebensglück schon finden werden, kann aber nur jemand, der in seinem Leben bereits erfahren hat, dass es Grund zur Hoffnung gibt und Vertrauen sich lohnt. Gute Eltern werden sich immer wieder zurückerinnern, wie es war, als sie selbst Kinder waren und heranwuchsen. Wer oder was hat ihnen Selbstvertrauen gegeben? Wer oder was hat ihnen die Hoffnung vermittelt, dass sich das Leben lohnt? In der Regel werden das die Eltern, Großeltern, Freunde oder Lehrpersonen gewesen sein, die ihnen zutrauten, den eigenen Weg finden zu können, um eines Tages selbstständig zu leben. Ohne dieses Zutrauen gibt es keine gesunde Entwicklung. Bei der Erinnerung an die eigene Erziehung werden die meisten Erwachsenen auch erkennen, dass ihre Eltern sehr wohl Fehler gemacht haben und sie trotz dieser Erziehungsfehler reife Persönlichkeiten wurden. Fehler in der Erziehung sind nicht schlimm, sofern Kinder in einer Atmosphäre des Vertrauens groß werden. Ich empfehle deshalb Eltern, sich immer wieder darüber klar zu werden, was ihnen selbst Hoffnung und Zutrauen gibt und diese Kräfte zu mobilisieren, um sie an ihre Kinder weitergeben zu können. Eltern, deren eigener Lebensweg zunächst wenig Anlass zur Hoffnung gab und die in ihrer Kindheit und Jugend, zum Beispiel während ihrer Schullaufbahn, Schwierigkeiten meistern mussten, können dies oft besser als Eltern, bei denen alles problemlos verlief. Letzteren machen

die Probleme ihrer Kinder häufig mehr Angst, weil sie selbst nicht die Erfahrung gemacht haben, dass Schwierigkeiten von Heranwachsenden gemeistert werden können und positive Auswirkungen für den eigenen Lebensweg haben. Es gehört jedoch zu den Aufgaben des Elternseins, zwischen den eigenen Ängsten und dem Leben der Kinder unterscheiden zu lernen und die Ängste nicht auf die Kinder zu übertragen. Diese erste Anforderung an gute Eltern ist vielleicht die schwierigste des ganzen Elternseins. Eltern, die selbst ohne das Zutrauen ihrer Eltern aufgewachsen sind oder sich gerade in hoffnungslosen Lebenssituationen befinden, brauchen dabei Unterstützung und sollten sich nicht scheuen, diese in Anspruch zu nehmen.

2. Gute Eltern haben zu der Geburt ihres Kindes Ja gesagt und buchstabieren dieses Ja immer wieder neu durch.
In den Kapiteln über das Wesen der Schwangerschaft und den Schwangerschaftskonflikt habe ich dargelegt, dass die zentrale mit der Schwangerschaft verbundene Aufgabe darin besteht, ein Ja zur eigenen Mutterschaft zu finden und darin das werdende Kind anzunehmen. Weil das Ja der Mutter stark von der Haltung des Mannes abhängt, besteht diese Aufgabe auch für den späteren Vater. Das Ja der Eltern muss dabei nicht laut sein, nicht himmelhoch jauchzend, auch nicht unangefochten. Es muss nicht das Resultat eines rationalen Abwägungsprozesses sein, und es muss schon gleich gar nicht unmittelbar zu Beginn der Schwangerschaft gesprochen werden. Schwangere Eltern haben Zeit, ihr Ja wachsen zu lassen. Unter schwierigen Umständen wird das Ja der Eltern eher ein «na, dann versuchen wir's halt» sein oder ein «wo drei groß werden, wird auch noch ein viertes groß». Manchmal sagen Frauen auch nur deshalb Ja zu ihren Kindern, weil sie sich einen Schwangerschaftsabbruch aus ethischen Gründen nicht vorstellen können. Auch ein solches Ja reicht aus. Aber es muss im Leben der

Eltern irgendetwas für dieses Kind sprechen, damit ein Kind geboren wird. Und wenn etwas für das Kind spricht, dann wird das Kind dies auch spüren. Wo Eltern dieses freudige oder verhaltene, laute oder leise Ja zu ihrem Kind sprechen, da haben sie vor der Geburt das Entscheidende getan. Alles Weitere – schöne Musik hören, die Babyausstattung kaufen, den Bauch massieren, Kreißsäle besichtigen usw. – kann man tun, aber man kann es auch lassen. Wer zu seinem Kind im Leib Ja sagt, wird im Rahmen der eigenen Möglichkeiten, ganz von selbst auf Drogen und Medikamente verzichten und irgendeine Art der Schwangerenvorsorge vornehmen lassen. Das ist natürlich empfehlenswert. Ich möchte um Gottes Willen nicht so verstanden werden, dass ich jede Form der elterlichen Fürsorge für unnötig hielte. Eltern dürfen ihrer Fürsorge für das entstehende Menschlein schon in der Schwangerschaft Raum geben, und Frauen sollten die Fürsorge für den eigenen Körper in dieser Zeit auf keinen Fall vernachlässigen. Aber ich plädiere dafür, schon in der Schwangerschaft zwischen dem unterscheiden zu lernen, was schlechterdings notwendig, und dem, was möglicherweise wohltuend ist. Aus meiner Sicht ist dies die Grundlage für späteres Elternglück. Schlechterdings notwendig ist das Ja der Eltern zu ihrem Kind, wohltuend für alle Beteiligten ist sicher viel mehr. Wer schon in der Schwangerschaft lernt, dass es vor allem auf das Ja zu diesem entstehenden Menschen ankommt, der wird auch später immer wieder die Kraft haben, das Ja zum eigenen Kind zu erneuern. Denn das ist unsere Aufgabe als Eltern: zu unseren Kindern stehen, egal wie sie sich entwickeln. Und wenn wir das tun, dann sind wir als Eltern gut genug. Eigene Kinderzimmer, Bildungsreisen, coole Klamotten und der neueste Elektronik-Schnickschnack sind hingegen nicht von Bedeutung für gute Elternschaft. Liebe ist nach wie vor das Wichtigste fürs Elternsein. Und das heißt: Immer wieder Ja zu der Person des Kindes sagen und seinem Verhalten aus Liebe Grenzen setzen.

Viele Eltern leiden darunter, dass ihr Ja zum eigenen Kind vielleicht schon in der Schwangerschaft sehr zögerlich gesprochen wurde oder auch später aufgrund von Problemen zunehmend schwer fällt. Es ist jedoch völlig normal, dass die Eltern-Kind-Beziehung immer wieder durch Zweifel, Ärger oder Unverständnis belastet wird. Ideale Eltern gibt es nicht. Elternsein ist stets mit der Übernahme von Schuld verbunden, weil Eltern gegen die Anforderungen der Elternschaft immer wieder verstoßen. Dies ist belastend, schuldhaft, den Eltern zurechenbar und dennoch unvermeidlich. Schon in der Schwangerschaft und erst recht in der Erziehung kann und wird es elterliche Versäumnisse geben. Der Bauch der Mutter und unsere Familien sind nicht das Paradies, sondern ein Ort, an dem Menschen auf menschliche Weise entstehen und heranwachsen, indem sie in einem elementaren Sinne bejaht werden. Wo dieses Ja aber gar nicht mehr gesprochen werden kann, braucht es dringend die Intervention von Erziehungsberatern und/oder Therapeuten, damit die Eltern zum Ja zu ihrem Kind zurückfinden.

3. Gute Eltern wissen, wofür sie nicht verantwortlich sind.
Zweifellos ist die Elternschaft mit der Übernahme einer großen Verantwortung verbunden. In allen anderen Thesen entfalte ich diese Verantwortung. Für einige Dinge sind Eltern jedoch nicht verantwortlich, und es ist aus meiner Sicht für Eltern wichtig, dass sie lernen, die Verantwortung abzulehnen, die ihnen zu Unrecht zugewiesen wird. Erstens sind Eltern nicht dafür verantwortlich, dass ihr Kind in optimale Lebensbedingungen hineingeboren wird. Im Kapitel über den Schwangerschaftskonflikt haben wir gesehen, dass die Entscheidung zum Schwangerschaftsabbruch häufig aufgrund des Verantwortungsgefühls der Mutter gefällt wird, dem

entstehenden Kind *dieses* Leben nicht zumuten zu können. Solche Überlegungen sind angesichts des Wettbewerbs in unserer Gesellschaft zwar verständlich, aber sie sind ethisch nicht begründbar. Die Zukunftschancen von Kindern liegen nicht in der privaten Verantwortung ihrer Eltern. In unserem reichen Land darf es für Kinder einfach keine unzumutbaren Lebensumstände geben. Es ist aus ethischer Sicht eine unerträgliche Entwicklung, dass der Begriff der verantworteten Elternschaft mehr und mehr in den Dienst der Lebensverhinderung von Kindern gestellt wird. Zweitens sind Eltern nicht dafür verantwortlich, kein behindertes Kind zu bekommen. Dies ist vielen Eltern nicht mehr klar. Unter dem Einfluss der pränataldiagnostischen Möglichkeiten hat sich unser Verantwortungsbegriff im Zusammenhang mit dem Elternwerden deutlich verändert. Früher waren Eltern dafür verantwortlich, ihrem Kind im Mutterleib keinen Schaden zuzufügen. Heute haben insbesondere schwangere Frauen immer stärker das Gefühl, dafür verantwortlich zu sein, dass sie auf keinen Fall ein behindertes Kind bekommen. Diese Verantwortung besteht aber gegenüber niemandem. Ganz im Gegenteil! Unsere Verantwortung für die eigenen Kinder ist vielmehr begrenzt durch die Verpflichtung, ein Kind so anzunehmen wie es ist. Im Kapitel über die PND habe ich gezeigt, wie sich die Anfangsbedingungen unseres Menschseins verändern, wenn Paare ihr Ja zu dem Kind von den Ergebnissen pränataler Untersuchungen abhängig machen. Angesichts dieser Entwicklungen ist es eine durchaus verantwortliche Haltung, das gesamte Arsenal pränataldiagnostischer Untersuchungen abzulehnen und offen zu sein für die Geburt eines Kindes mit Behinderung. Drittens können Eltern das Leben ihres Kindes nicht verantworten. Angesichts einer Entwicklung, die jeden erzieherischen Problemfall dem Elternhaus ankreidet und die Ursachen für jede Lebensuntüchtigkeit Jugendlicher und junger Erwachsener in Erziehungsfehlern der Eltern sucht, ist zu betonen, dass die Möglichkeiten für Eltern, erzieherisch auf ihre Kinder einzuwirken, und damit auch ihre elterliche Verantwortung begrenzt sind. Dies hängt mit der Eigenständigkeit und Freiheit unserer Kinder zusammen. Eltern können ihren Kindern nur Angebote machen, sie lieben und sich bei Problemen Hilfe suchen – mehr nicht! Wenn die Kinder trotz aller Versuche diese Angebote nicht ergreifen, dann gehen sie eben ihren eigenen Lebensweg in den Schlamassel hinein. Dies auszuhalten ist für Eltern schmerzlich, aber es liegt nicht allein in unserer Hand, dass unsere erzieherischen Versuche gelingen.

4. Gute Eltern vernachlässigen ihre Kinder nicht.
Natürlich darf diese schmerzliche Einsicht kein Vorwand für die Vernachlässigung von Kindern sein. Deshalb muss das Nachdenken über die Grenzen unserer Verantwortung als Eltern unmittelbar damit verknüpft sein, sich klarzumachen, wofür wir als Eltern voll verantwortlich sind. Verantwortlich sind wir als Eltern für die Befriedigung der elementaren Grundbedürfnisse unserer Kinder. Dazu gehören eine ausgewogene Ernährung, medizinische Versorgung in Krankheitsfällen, der Witterung entsprechende Kleidung, ungestörte Ruhemöglichkeiten, die Einübung in eine Tagesstruktur, eine gewisse Bewegungsfreiheit, ein Mindestmaß an Privatheit, Spielmöglichkeiten und vor allem ein gewisses Maß an gemeinsam verbrachter Zeit. An den nötigen materiellen und räumlichen Voraussetzungen für die gesunde Entwicklung von Kindern fehlt es bei den Leserinnen und Lesern von Büchern zum Thema Elternschaft in aller Regel nicht. Deshalb wende ich mich vor allem dem Zeitthema zu. Für Kinder (bis zur Pubertät) ist es besonders wichtig, dass vertraute Erwachsene beim Aufstehen und Zubettgehen anwesend sind, dass

die Mahlzeiten gemeinsam eingenommen werden und dass im Regelfall jemand da ist, wenn sie nach Hause kommen. In den Zeiten dazwischen müssen Kinder ab einem gewissen Alter oft «nebenherlaufen». Das ist nicht schlimm, denn so lernen sie, sich mit sich selbst zu beschäftigen und Rücksicht zu nehmen. Immer wieder brauchen Kinder aber auch ungeteilte Aufmerksamkeit und Zeit, wenn sie sich verletzt haben zum Beispiel oder etwas auf dem Herzen haben. Wenn Kinder nur noch «nebenherlaufen» müssen, beginnen sie, massiv zu stören oder kommen auf dumme Gedanken. Dies verursacht bei den Eltern in aller Regel Ärger über die Kinder. Wiederkehrende Störungen aufseiten der Kinder und anhaltender Ärger aufseiten der Eltern sind deutliche Signale dafür, dass es nun Zeit ist, die Kinder wieder einmal bestimmen zu lassen, was die Eltern mit ihnen machen sollen: reden und zuhören, ein bestimmtes Spiel spielen, einen Laternenlauf machen, zum Schwimmen gehen, ein Buch vorlesen, einen Film ansehen, Kastanien sammeln oder den Kindern auch einfach nur bei dem zusehen, was sie gerade machen wollen. Oft ist dies für Eltern langweilig. Es macht keinen Spaß, auf der Spielplatzbank herumzuhocken und zum 43. Mal zu bewundern, wie toll der oder die Kleine die Rutsche hinunterrutschen kann. Aber es ist wichtig für Kinder, sich unter den Augen der Eltern erproben und beweisen zu können und in ihrem Tun gewürdigt zu werden. Das Zeitthema ist in jedem Familienalltag Gegenstand permanenter Verhandlungen. Am besten sind Lösungen, die sowohl Kindern als auch Eltern Spaß machen. Genauso wichtig sind aber gemeinsam verbrachte Zeiten, in denen Eltern sich nach dem Spaß der Kinder richten und umgekehrt! Die für Kinder langweiligen Spaziergänge der Eltern haben noch nie geschadet, denn sie bieten Zeit zum Reden und für gemeinsame Entdeckungen am Wegesrand.

5. Gute Eltern hören ihren Kindern zu.

Wenn Streetworker oder Sozialarbeiterinnen, die mit Jugendlichen arbeiten, erzählen, was diesen Kindern und Jugendlichen am allermeisten fehlt, dann sagen sie häufig: jemand, der ihnen zuhört; jemand, der sich aufrichtig für sie interessiert, sie ernst nimmt, sie akzeptiert, wie sie sind, und ihnen als Erwachsener Möglichkeiten aufzeigt, wie das Leben auf gute Weise weitergehen kann. Das Einfachste ist in der Erziehung zugleich das Wichtigste: Zuhören. Nur durch das Zuhören erfahren wir, was in unseren Kindern vorgeht, was sie beschäftigt, ängstigt, freut, beunruhigt, beglückt, interessiert oder zweifeln lässt. Nur durch das Zuhören lernen wir unsere Kinder in ihrer Vielschichtigkeit kennen. Nur durch das Zuhören können uns unsere Kinder verblüffen, zum Lachen bringen, beglücken oder mit uns selbst konfrontieren. Nur unser Zuhören berechtigt uns als Eltern dazu, das Zuhören auch von den Kindern zu verlangen. Jede lebendige Eltern-Kind-Beziehung lebt vom Zuhören. Nur wenn wir zuhören, können wir unseren Kindern Lebensmöglichkeiten aufzeigen, die zu ihrer momentanen Lebenssituation passen. Erwachsene kennen aufgrund ihres Erfahrungsvorsprungs vielfältige Möglichkeiten, Konflikte gewaltfrei zu lösen, mit Enttäuschungen und Schuld umzugehen, eine Freundschaft zu kitten, Schmerzen aller Art zu ertragen, Kompromisse zu finden oder die Erfahrung zu machen, Anforderungen nicht bestanden zu haben. Es ist wichtig, dass wir unseren Kindern diese Möglichkeiten aufzeigen, denn Kinder und Jugendliche manövrieren sich oft in Situationen, in denen sie nicht mehr weiterwissen – aber unsere Ratschläge müssen zum jeweiligen Kind passen! Und selbst wenn Eltern einmal keinen Rat wissen, ist das nicht schlimm, sofern die gemeinsame Ratlosigkeit verständnisvoll und in dem Vertrauen, dass sich eine Lösung noch finden wird, ausgehalten werden kann.

Wenn Eltern mehrere Kinder und Aufgaben haben, ist es oft schwer, in dem alltäglichen Lärm und Stimmengewirr Inseln des Zuhörens zu schaffen. Aber sie bewirken gerade im größten Chaos oft Wunder. Wie lange am Tag dieses intensive Zuhören pro Kind dauern sollte, ist schwer zu sagen. Wahrscheinlich reichen in normalen Zeiten schon fünf Minuten täglich, und an manchen Tagen werden sogar diese ausfallen. Es ist nicht wichtig, dass wir als Eltern ein Leben nach Stundenplan führen, aber es ist wichtig, dass wir wissen: Unsere Kinder haben ein Recht darauf, dass wir uns in unserer Geschäftigkeit immer wieder unterbrechen lassen, uns ihnen mit ungeteilter Aufmerksamkeit zuwenden und sagen: «Ich höre dir zu ...»

Natürlich gibt es manchmal auch Zeiten, in denen Kinder und vor allem Jugendliche mit ihren Eltern gar nicht mehr reden wollen, selbst wenn diese außerordentlich verständnisvoll sind. Immer wieder möchten Kinder etwas für sich behalten, etwas mit sich alleine ausmachen oder sich von ihren Eltern abgrenzen. Auch das ist völlig normal und von den Eltern zu respektieren. Kinder dürfen Geheimnisse haben, selbst vor ihren Vätern und Müttern, und die Eltern sollten darauf vertrauen, dass der Gesprächsfaden von den Kindern schon wieder aufgegriffen werden wird, wenn sie es brauchen.

6. Gute Eltern erkennen das Geheimnis ihrer Kinder an.
Wie ich in den Kapiteln über die PND und über die Bedeutung von Kindern dargelegt habe, gehört zum Elternwerden meines Erachtens die Bereitschaft, das Kind in seiner Eigenart anzunehmen, sein Geheimnis zu achten und es auf dieser Basis zu fördern. Egal wie begabt es ist, egal wie schön oder gesund, egal wie brav oder störrisch – jedes Kind hat einen Weg vor sich, einen Platz und eine Aufgabe im Leben, die wir als Eltern

nicht kennen. Eltern können, wenn es gut geht, ihrem Kind dabei helfen, diesen Weg zu finden und diesen Platz und diese Aufgabe zu entdecken, aber sie können ihm keinen Lebensweg, keinen Platz im Leben und keine Lebensaufgabe zusammenschustern. Und sie müssen es auch nicht! Natürlich möchten Eltern ihre Kinder fördern. Natürlich erträumen sie sich eine bestimmte Zukunft für sie. Aber jede Fördermaßnahme, jeder Zukunftstraum und jede Form der Fürsorge muss eine Grenze haben an dem Punkt, an dem aus dem Kind ein anderes werden soll, als es ist. Diese Grenze ist manchmal schwer zu entdecken und in vielen Fällen sogar fließend, aber es gibt sie. Ich denke, Eltern spüren bei gewissenhafter Selbstprüfung, wann Kinder auf ihrem eigenen Weg gestärkt werden, und wann sie Lebensträume ihrer Eltern erfüllen müssen. Und gute Eltern rudern zurück, wenn sie die Grenzen ihrer Kinder verletzt haben. Erwachsene haben nicht das Recht, Kinder zur Perfektion ihres eigenen Lebens zu missbrauchen. Elternschaft bedeutet eben nicht nur aktiv fordern, fördern und er*ziehen*. Elternsein heißt vielmehr auch wachsen *lassen*, geschehen lassen, werden und entstehen lassen. Und staunende Eltern sind mindestens genauso gute Eltern wie fordernde Eltern. Dieses Wachsen- und Geschehenlassen können Frauen und Männer schon während der Schwangerschaft lernen, und es ist gut, wenn sie sich davon etwas für die lange Zeit nach der Geburt bewahren.

7. Guten Eltern sind ihre Kinder nicht not-wendig.
Als es um den Schmerz der ungewollten Kinderlosigkeit ging, wurde deutlich, dass Kinder ein wichtiger Sinn im Leben von Männern und Frauen sind. Diesen Sinn kann ein Kind aber umso mehr erfüllen, je weniger seine Eltern die Funktion der Sinnstiftung von ihm erwarten. Je weniger ein Kind sein *muss*, desto mehr kann es *Kind* sein. Weder eine elterliche Not noch die Not von Geschwisterkindern kann es rechtfertigen,

dass Kinder funktionalisiert werden. Aus Amerika und Spanien sind Fälle bekannt, in denen Eltern ein gesundes Kind mit einer bestimmten körperlichen «Ausstattung» haben wollten, weil es später als Organspender für ein krankes Geschwisterkind fungieren sollte. Dies ist eine extreme Form der Funktionalisierung von Kindern. Grundsätzlich aber gilt auch in weniger dramatischen Fällen: Kinder, die geboren wurden, um irgendeine Sinnkrise oder Beziehungsnot zu beheben, werden nur schwer die Erfahrung machen können, um ihrer selbst willen geliebt zu werden, und sich aller Wahrscheinlichkeit nach als Versager fühlen, wenn sie die gewünschte Funktion aus irgendeinem Grund nicht übernehmen können.

8. Gute Eltern bewahren ihre Kinder vor Förderstress und Anforderungswahn.
Obwohl es zum Elternsein gehört, die eigenen Kinder auf der Basis ihrer individuellen Fähigkeiten zu fördern, können Fördermaßnahmen sich auch nachteilig auf das Eltern-Kind-Verhältnis auswirken. Förderung kann für Kinder und ihre Eltern zum Förderstress werden. Bei jeder besonderen Fördermaßnahme besteht die Gefahr, dass das Kind vor allem eines mitbekommt: dass nämlich etwas mit ihm nicht stimmt. Sicher kann man Kindern auch erklären, dass man ihnen helfen möchte, dass es normal ist, manchmal Schwierigkeiten zu haben und dass man dagegen etwas tun kann. Trotzdem wird sich in Kindern, die immer wieder Sondermaßnahmen über sich ergehen lassen müssen, die Selbsteinschätzung festsetzen, sie könnten die Anforderungen des Lebens ohne therapeutische oder medikamentöse Hilfe eben nicht bestehen. Dies ist schon in jedem Einzelfall besorgniserregend, aber wenn jedes zweite Kind bis zum Ende seiner Grundschulzeit bereits irgendeine Therapie durchlaufen hat, dann ziehen wir eine ganze Generation heran, die sich selbst für lebensuntauglich hält. Dies ist

nicht nur besorgniserregend, sondern verheerend.

Für die Entscheidung von Eltern, wann es Zeit ist, ihr Kind auf spezielle Weise zu fördern, gibt es natürlich keine allgemeinen Regeln, aber es gibt ein untrügliches Warnsignal für das Zuviel an Förderung. Wenn Eltern sich nicht mehr in ihrer Rolle als Mama oder Papa spüren können, sondern nur noch in ihrer Rolle als Nachhilfelehrerin, Cotherapeut, Krankengymnastikübungsleiterin oder Chauffeur – dann stimmt etwas nicht mehr. Damit Eltern sich auf positive Weise als Mutter oder Vater erleben können, braucht es gemeinsame Zeiten, in denen die Leistung der Kinder keine Rolle spielt. Es braucht Zeiten der ungetrübten, ungeplanten und nicht zielgerichteten Freude aneinander. Wenn solche Zeiten nicht mehr vorkommen, ist es höchste Zeit, Fördermaßnahmen entweder an Profis zu delegieren oder sie zu streichen. Förderung ist ein nach oben offener Begriff, der kein «Genug» kennt. Deshalb müssen Eltern dieses «Genug» mit Rücksicht auf ihre Eltern-Kind-Beziehung selbstbewusst setzen. Als Faustregel kann gelten: Ein Fördertermin pro Woche und Kind ist meist noch verträglich, bei mehr beginnt schon der Stress. Diese Faustregel gilt auch für Eltern von Kindern mit Behinderungen. Sie werden besonders mit der allgemeinen Erwartung konfrontiert, sie müssten ihre Kinder fördern, wo es nur geht. Aber warum eigentlich? Warum dürfen Menschen mit Einschränkungen ihr Leben nicht einfach in dieser eingeschränkten Form genießen? Auch die Bewahrung von Kindern vor Förderstress hat mit dem Respekt vor ihrem Geheimnis zu tun.

Für Eltern besonders schwer zu entscheiden sind Fälle, in denen Kinder- und Jugendpsychiater die Einnahme von Medikamenten empfehlen, die das Nervensystem beeinflussen. Was die Fürsorgepflicht von Eltern in diesen Situationen verlangt, muss jedes Elternpaar für sich selbst herausfinden. Ein bedeutendes Kriterium in diesem Entscheidungsprozess scheint mir aber der Leidensdruck der Kinder zu sein. Wenn Kinder «nur» hinter den Erwartungen der Eltern und ihren eigenen Möglichkeiten zurückbleiben, ohne darunter zu leiden, fällt der Verzicht auf Medikamente leichter, als wenn Kinder über sich selbst zutiefst unglücklich sind. Aufgrund meiner Erfahrungen mit einer Vielzahl von Grundschülerinnen und -schülern stehe ich selbst der Gabe von Medikamenten kritisch gegenüber. Viele soziale Auffälligkeiten und Lernschwierigkeiten von Kindern müssten eigentlich durch kleinere Klassen, spezielle Betreuungslehrerinnen und mehr Zeit für ein ganzheitliches Lernen gemildert werden, nicht auf medizinische Weise. Aber darauf können viele Eltern in ihrer Not nicht warten. Dies ist verständlich, und dennoch ist die stets zunehmende Pathologisierung und Medikalisierung der Kindheit ein gesellschaftliches Problem. Nur Eltern, die ihre Kinder vertrauensvoll durch Höhen und Tiefen begleiten, können diese Entwicklung bremsen, indem sie anderen Eltern Alternativen aufzeigen.

9. Gute Eltern folgen bei der Erziehung ihrem Gefühl
Die Buchhandlungen und Leihbibliotheken sind voll von Ratgeberliteratur rund um Erziehungs- und Familienfragen. Männer und Frauen, die während der Zeit der Schwangerschaft keine Schwangerschaftsbücher, während der Stillzeit keine Stillführer, während des doch entscheidenden ersten Lebensjahres keine Säuglingspflege- und Entwicklungsratgeber und während ihrer Erziehungszeit keine pädagogischen Fachbücher gelesen haben, gestehen dies nur mit schlechtem Gewissen. Je unsicherer Eltern in der Ausübung ihrer Elternschaft werden, desto mehr boomen der Ratgeber-Büchermarkt und die einschlägigen Internetportale. Noch voller als die einschlägigen Regale der Buchhandlungen sind aber die Wartezimmer und Gruppenräume der Spezialisten für die Entwick-

lung von Kindern: die PEKIP-Gruppen, die Elternseminare, die schulpsychologischen Beratungsstellen, die Wartezimmer von Ergotherapiepraxen, Logopädiepraxen, Kinderarztpraxen, Kinderpsychologinnen und Kinder- und Jugendpsychiatern. Es ist auch absolut nichts dagegen einzuwenden, wenn sich Eltern fachkundigen Rat holen, wenn sie Fragen oder Probleme haben. Ganz im Gegenteil! Wenn man gezielt nach bestimmten Hilfestellungen sucht, sind diese meist außerordentlich hilfreich. Die Fülle von Ratgeber- und Expertinnenwissen kann Eltern aber auch verunsichern. Dies beobachten auch die Journalisten Martin Spiewak und Astrid Viciano in dem bereits zitierten ZEIT-Artikel:

«Die Kakophonie der Empfehlungen vermittelt vielen Eltern das Gefühl, ständig etwas falsch zu machen, und bringt sie gleichzeitig dazu, jedem Rat zu misstrauen.»

Man kann seine Kinder deshalb auch bekommen und großziehen, ohne jemals ein Buch über Schwangerschaft, sanfte Geburt, Kinderpflege und Kindererziehung gelesen zu haben. Der Austausch mit anderen erfahrenen Eltern genügt oft. Und letztlich muss man als Mutter oder Vater ohnehin das eigene Gefühl befragen, um zu einer Entscheidung zu kommen. Dieses Gefühl sagt uns oft ohne die zahlreichen Einflüsterungen von außen deutlicher, was zu tun ist, als wenn wir zig Ratgeberinnen und Spezialisten konsultieren. Eltern fehlt es heute eher an dem Vertrauen in die eigene Intuition als an entsprechendem Fachwissen. Das Gefühl einer Mutter und eines Vaters für ihr Kind kann aber kein Buch der Welt ersetzen. Bücher kategorisieren und verallgemeinern – Eltern hingegen sehen das einzelne Kind vor sich. Selbst Ärztinnen und Psychologen diagnostizieren und etikettieren ein Kind nach allgemein beschreibbaren Symptomen und Defekten, nicht aus Bosheit oder Unfähigkeit, sondern aufgrund ihres Wissenschaftsanspruchs – aber Eltern können ihr Kind in seiner ganzen Vieldimensionalität wahrnehmen. Deshalb ist es außerordentlich wichtig, dass Eltern ihren Wahrnehmungen vertrauen lernen, nicht damit sie nie professionelle Hilfe brauchen, sondern damit die professionelle Hilfe wirklich auf ihr Kind passt, wenn sie sie brauchen. In vielen Fällen können Eltern aber auch ohne den Rat von außen gute Entscheidungen für ihr Kind treffen, einfach, indem sie ihrem Gefühl folgen.

10. Gute Eltern lassen ihre Kinder eigene Erfahrungen machen
Der mit Abstand beliebteste Taufspruch, den Eltern für ihre Kinder aussuchen, stammt aus Psalm 91,11-12 und lautet:

> «Der HERR hat seinen Engeln befohlen, dass sie dich behüten auf allen deinen Wegen, dass sie dich auf den Händen tragen und du deinen Fuß nicht an einen Stein stößt.»

Für viele Eltern bringt dieser Bibeltext ihr Elternideal zum Ausdruck, und weil sie spüren, dass sie diesem Ideal als fehlerhafte Menschen nicht entsprechen können, erhoffen sie sich den weitergehenden Schutz für ihr Kind von Gott. Die Sehnsucht von Eltern, ihr Kind vor allen Übeln der Welt beschützen zu können, ist absolut verständlich, vor allem, wenn das Baby so winzig, abhängig und verletzlich in den eigenen Armen liegt. Entwicklungspsychologisch gesehen ist es aber wichtig, dass sich das Kind bewegt und dabei an allen möglichen «Steinen stößt», auch wenn es weh tut, weil es sonst kein Bewusstsein für die Grenzen seines eigenen Körpers entwickelt. «Auf Händen getragen werden» ist schön für Babies und Verliebte, aber es ist ein schlechtes Lebensmotto, um gehen zu lernen und auf eigenen Beinen zu stehen. Eltern sollten ihre Kinder vor Lebensgefahr schützen, aber nicht davor, negative

Erfahrungen zu machen. Kleinkinder müssen hinfallen, sich verletzen und sich wehtun, weil sie sonst nie lernen, wieder aufzustehen, sich selbst zu schützen, Schmerzen auszuhalten und zu erleben, dass sie wieder nachlassen. Und was für Kleinkinder gilt, gilt im übertragen Sinne auch für größere Kinder und Jugendliche. Nichts nützt Heranwachsenden mehr, als wenn sie ihre eigenen Grenzen kennenlernen und nichts stärkt sie mehr als die Erfahrung, mit Widrigkeiten fertig geworden zu sein. Eltern müssen sich nicht in jeden Streit auf dem Spielplatz einmischen, sobald er etwas lauter ausgetragen wird, sie müssen nicht bei jeder waghalsigen Kletteraktion ihrer Kinder unter dem Baum stehen aus Angst, das Kind könnte abstürzen, und sie müssen auch nicht die Polizei verständigen, sobald das Kinder außer Sichtweite ist. Kinder haben ein Recht auf ihre eigenen Erfahrungen, auch auf ihre eigenen negativen Erfahrungen. Natürlich hat diese Devise Grenzen, aber ich bin der Meinung, diese Grenzen könnten heute weiter gesteckt werden als verantwortungsbewusste Eltern dies tun. Das würde Eltern auch von so manchem Kampf entlasten, der um witterungstaugliche Kleidung, regelmäßiges Zähneputzen, gesunde Ernährung oder andere Verbote zum Schutz der Kinder geführt wird. Dies ist nicht als Plädoyer dafür zu verstehen, dass Kindern keine Grenzen gesetzt werden sollten, sondern ein Plädoyer dafür, sich als Eltern immer wieder zu prüfen, welche Grenzen zum Schutz der Kinder von Eltern gesetzt werden müssen, und welche Grenzen Kinder und Jugendliche durch eigene Anschauung eindrücklicher erfahren können als durch elterliche Warnungen und Verbote. Zur Ermutigung auf diesem für Eltern schwierigen Weg und zu ihrer Erheiterung zwischendurch sei folgender Text eingeschoben, der seit einigen Jahren im Internet kursiert und den Titel trägt «Für alle, die vor 1970 geboren sind».

«Wenn du nach 1970 geboren wurdest, hat das hier nichts mit dir zu tun ... trotzdem weiter lesen. Wenn du als Kind in den 40er, 50er oder 60er Jahren lebtest, ist es zurückblickend kaum zu glauben, dass ihr so lange überleben konntet!

Als Kinder saßt ihr in Autos ohne Sicherheitsgurte und ohne Airbags. Eure Bettchen waren angemalt in strahlenden Farben voller Blei und Cadmium. Die Fläschchen aus der Apotheke konntet ihr ohne Schwierigkeiten öffnen, genauso wie die Flasche mit Bleichmittel. Türen und Schränke waren eine ständige Bedrohung für eure Fingerchen. Auf dem Fahrrad trugt ihr nie einen Helm. Ihr trankt Wasser aus Wasserhähnen und nicht aus Flaschen. Ihr bautet Wagen aus Seifenkisten und entdecktet während der ersten Fahrt den Hang hinunter, dass ihr die Bremsen vergessen hattet. Damit kamt ihr nach einigen Unfällen klar.

Ihr verließt morgens das Haus zum Spielen. Ihr bliebt den ganzen Tag weg und musstet erst zu Hause sein, wenn die Straßenlaternen angingen. Niemand wusste, wo ihr wart, und ihr hattet nicht mal ein Handy dabei! Ihr habt euch geschnitten, bracht Knochen und Zähne, und niemand wurde deswegen verklagt. Es waren eben Unfälle. Niemand hatte Schuld außer ihr selbst. Keiner fragte nach «Aufsichtspflicht». Kannst du dich noch an «Unfälle» erinnern? Ihr kämpftet und schlugt einander manchmal bunt und blau. Damit musstet ihr leben, denn es interessierte den Erwachsenen nicht. Ihr aßt Kekse, Brot mit dick Butter, trankt sehr viel und wurden trotzdem nicht zu dick. Ihr trankt mit euren Freunden aus einer Flasche, und niemand starb an den Folgen. Ihr hattet keinen Computer. Ihr hattet Freunde. Ihr gingt einfach raus und traft sie auf der Straße. Oder ihr marschiertet einfach zu deren Haus und klingeltet. Manch-

mal brauchtet ihr gar nicht klingeln und gingt einfach hinein. Ohne Termin und ohne Wissen eurer gegenseitigen Eltern. Keiner brachte euch und keiner holte euch ... Wie war das nur möglich? Ihr dachtet euch Spiele aus mit Holzstöcken und Tennisbällen. Außerdem aßt ihr Würmer. Und die Prophezeiungen trafen nicht ein: Würmer lebten nicht in euren Mägen für immer weiter, und mit den Stöcken stacht ihr nicht besonders viele Augen aus.
Beim Straßenfußball durfte nur mitmachen, wer gut war. Wer nicht gut war musste lernen, mit Enttäuschungen klarzukommen. Manche Schüler waren nicht so schlau wie andere. Sie rasselten durch Prüfungen und wiederholten Klassen. Das führte nicht zu emotionalen Elternabenden oder gar zur Änderung der Leistungsbewertung. Eure Taten hatten manchmal Konsequenzen. Das war klar, und keiner konnte sich verstecken. Wenn einer von euch gegen das Gesetz verstoßen hat, war klar, dass die Eltern ihn nicht aus dem Schlamassel heraushauen. Im Gegenteil: Sie waren der gleichen Meinung wie die Polizei. So etwas! Eure Generation hat eine Fülle von innovativen Problemlösern und Erfindern mit Risikobereitschaft hervorgebracht. Ihr hattet Freiheit, Misserfolg, Erfolg und Verantwortung.
Mit alledem wusstet ihr umzugehen. Und Du gehörst auch dazu.
Herzlichen Glückwunsch!»

11. Gute Eltern lassen ihre Kinder los, wenn es Zeit ist.
Elternwerden heißt loslassen. Frauen erleben dies bei der Geburt ihres Kindes auf unvergessliche und schmerzhafte Weise; Männer holen diese Erfahrung nach, wenn sich ihre Kinder zum ersten Mal dem väterlichen Einfluss entziehen.

Das Loslassen der Kinder vollzieht sich in unzähligen kleinen mehr oder weniger schwierigen Schritten. Je nach Lebenssituation kann dies beim Abstillen sein, bei der ersten Nacht des Babys im eigenen Bett, beim Abgeben des Kindes an die Tagesmutter, beim Eintritt in den Kindergarten, beim ersten unbeobachteten Spielen im Freien, bei der ersten selbstständigen Radfahrt, bei der Schulreife, bei der ersten Gruppenreise, bei der ersten ernsthaften Verliebtheit, bei der ersten Nacht, in der die Jugendliche nicht nach Hause kommt, beim Auszug aus dem Elternhaus, bei der Hochzeit ... Elternwerden und Elternsein heißt: loslassen üben. Nichts ist schlimmer für Kinder als die totale Kontrolle. So sehr es Eltern schmerzen mag – ihre Kinder müssen und werden sie einmal verlassen. Deshalb tun Eltern gut daran, das Loslassen immer wieder neu zu praktizieren. Wenn Eltern die meisten der oben genannten Anforderungen an gute Eltern erfüllen, dann ist das Loslassen zwar immer noch schmerzhaft, aber nicht mehr bedrohlich. Wer seinen Kindern zutraut, dass sie ihr Leben meistern werden, der kann sie auch gehen lassen – und wer die Kinder immer wieder bewusst loslässt, der wird auch die Erfahrung machen können, dass sie alleine zurechtkommen. Dabei ist das Loslassen immer ein Wagnis. Aber die Ungewissheit ist eben typisch für Kinder und fürs Elternsein.

12. Gute Eltern denken nicht nur an das Wohl ihres Kindes sondern an das Wohl aller Kinder.
Immer wieder haben wir in den vorausgehenden Kapiteln erkennen können, dass das Konkurrenzdenken in unserer Gesellschaft zu einem Leistungsdruck und Anforderungswahn führt, der Eltern und Kindern, ja unserem ganzen Zusammenleben Schaden zufügt. Es gibt immer mehr Eltern, denen es nicht mehr um das Wohl der Kinder sondern nur noch um das Wohl des eigenen Kindes geht, und die alle anderen

Kinder als Konkurrenten betrachten. So tragen diese Eltern selbst dazu bei, den Leistungsdruck und Anforderungswahn zu erhöhen, unter dem auch sie und ihre Kinder irgendwann wieder zu leiden haben werden. Eltern sind nicht nur Opfer des Anforderungswahns, sondern in vielfältiger Weise auch Mitproduzenten desselben – aus welchen Beweggründen auch immer. Dies geht, wie in der ZEIT vom 31. August 2006 zu lesen war, manchmal so weit, dass Eltern in Kinderarztpraxen nachfragen, ob bestimmte Therapien, von denen sie Gutes gehört hätten, nicht ihren gesunden Kindern irgendwie nützen könnten. Diesen unheilvollen Mechanismen, die die Anforderungsspirale immer höher schrauben, können Eltern aber entgehen, wenn sie ihre Perspektive aus der Fixierung auf das eigene Kind lösen und danach fragen, was allen Kindern – und dadurch auch ihren eigenen! – langfristig wirklich gut tun würde. Dann ginge es zum Beispiel nicht mehr darum, das eigene Kind erfolgreich in einer Schule für möglichst leistungsstarke Kinder unterzubringen, sondern Schulen zu unterstützen, in der Kinder weder stark noch schwach sein müssen, sondern «in der alle zusammen lernen, mit den dem Leben eigenen Unsicherheiten zurechtzukommen» (104). Diesen Traum der beiden Psychoanalytiker Miguel Benasayag und Gérard Schmit träume ich gerne mit.

13. Gute Eltern bereiten ihre Kinder darauf vor, selbst Eltern werden zu können.
Diese These mag auf den ersten Blick befremdlich anmuten, aber die Weitergabe des Lebens endet ja nicht mit der Generation unserer Kinder, sondern steht in einem größeren Generationenzusammenhang. Deshalb gehört die Vorbereitung der Kinder auf ihre spätere Elternschaft zu den elterlichen Aufgaben. Die Einstellungen junger Menschen zur Sexualität, zu Kindern und zum Schwangerschaftsabbruch sind stark

vom Elternhaus geprägt. Insbesondere das Verhütungsverhalten junger Menschen hat zur Voraussetzung, dass eine Sexualerziehung gelang, die nicht mit Scham und Tabus belastet ist. Dennoch sollte die Frage des Kinderkriegens in Familien nicht nur unter dem Gesichtspunkt der Verhütung und Aufschiebung thematisiert werden. Auch das positive Reden über die Fruchtbarkeit, die Erfahrung der Schwangerschaft und das Leben mit Kindern gehört dazu, wenn die Generation unserer Kinder wieder Lust auf Kinder bekommen soll.

14. Gute Eltern machen Fehler und bitten ihre Kinder dafür um Verzeihung.
Wenn Eltern Fehler machen, ist das kein Hinweis auf einen schlechten Vater oder eine schlechte Mutter, sondern ein Zeichen der Menschlichkeit unserer Beziehungen. Gewisse Formen von Schuld sind mit allen menschlichen Beziehungen unausweichlich verbunden. Weil Eltern ihre Kinder immer wieder verletzen, ohne es zu wollen, werden sie schuldig, und weil sie ihren Kindern immer wieder Unrecht tun und sich in Erziehungsfragen falsch entscheiden. Es ist nicht so tragisch, wenn wir als Eltern die Geduld verlieren, unsere Kinder anschreien, sie unsanft anfassen oder Entscheidungen treffen, die sich nachteilig auf die Kinder auswirken. Aber wir sollten als Eltern zu diesen Fehlern stehen und auch wahrnehmen, dass sie uns schuldig machen. Die meisten Eltern nehmen wahrscheinlich wahr, dass sie Fehler machen, aber das Eingeständnis von Schuld ist gesellschaftlich ziemlich aus der Mode gekommen. Sprüche wie «Irren ist menschlich» oder «nobody is perfect» sind eher an der Tagesordnung. Und noch üblicher sind Rechtfertigungsmechanismen aller Art.

Es ist sicher hilfreich, wenn wir unseren Kindern, sobald sie verständig genug sind, erklären, warum wir wie gehandelt haben. Aber es ersetzt nicht die Bitte um Verzeihung. Durch die Bitte um Verzeihung wird Schuld benannt, Verantwortung für das eigene Tun übernommen und dem Kind vermittelt: «Ich möchte das nicht wieder tun.» Wenn dann das Verzeihen erfolgt, wird die Schuld sogar ausgeräumt. Dadurch werden Probleme wirklich geklärt und Beziehungen gefestigt. Durch Sprüche wie «Irren ist menschlich» hingegen wird keine Verantwortung übernommen, sondern eher die Unausweichlichkeit der Wiederholung eines falschen Verhaltens betont. Das kann verletzte Kinder nicht trösten. Am allerschlimmsten sind jedoch elterliche Rechtfertigungsstrategien, die dem Kind klarmachen wollen, dass im Grunde gar kein Fehler vorliegt und es zu Unrecht verletzt ist. Solche Argumentationen entstammen dem Arsenal elterlicher Unfehlbarkeitsphantasien. Das Ideal der perfekten Elternschaft ist aber nicht nur unrealistisch, sondern fehlerlose Eltern wären für Kinder eine Katastrophe, denn diesen Eltern könnten sie nichts geben, was diese nicht schon hätten und nichts sagen, was sie nicht schon wüssten. Perfekte Eltern könnte man nicht überraschen, man könnte nichts gemeinsam mit ihnen lernen, man könnte ihnen als Kind nichts voraus haben und die Bitte um Entschuldigung und Verzeihung nicht von ihnen erlernen. Ein sterileres Familienleben kann ich mir kaum vorstellen. Eltern müssen nicht perfekt sein. Es reicht, wenn sie tun, was sie ohne Überforderung tun können.

15. Gute Eltern vertrauen auf den guten Ausgang ihrer Erziehung.
Vielleicht haben Sie beim Lesen der ersten vierzehn Thesen bei sich gedacht: das mache ich ja alles – jedenfalls mehr oder weniger! Falls sich dieser Gedanke bei Ihnen eingeschlichen haben sollte, dann lassen Sie sich bitte jetzt auch noch Folgendes sagen: Sie sind einfach gute Eltern! Jedenfalls gut genug!!!

Die Anforderungen an Eltern sind heute derart gestiegen, dass kaum ein Elternteil und vor allem kaum eine Mutter mehr wagt, zu glauben, sie sei eine gute Mutter. Väter sind in dieser Hinsicht weniger anfällig, weil Männer im Allgemeinen ohnehin weniger zu Selbstzweifeln neigen als Frauen, und weil sie von der öffentlichen Meinung nicht in der gleichen Weise verantwortlich gemacht werden für das, was in der Erziehung schief läuft, wie Mütter. Von den permanenten Selbstzweifeln ihrer Eltern haben Kinder aber gar nichts. Meine Tochter meinte nach der Lektüre dieser 15 Überschriften: „Mama, ich muss dir leider sagen: Du bist keine gute Mutter." Wir redeten dann noch eine Weile miteinander, und ich konnte sie auf „mittelgut" hochhandeln. Ich finde, das reicht. Die perfekten Eltern gibt es nicht, nur «hinreichend gute Eltern», das heißt Mütter und Väter, die gut genug sind für ihre Kinder, weil sie die elementaren Anforderungen des Elternseins erfüllen, so gut sie eben können. Wenn Eltern zu ihren Kindern immer wieder Ja sagen, sich ihnen zuwenden und sie nach Kräften umsorgen, dann haben sie ihnen den entscheidenden Dienst erwiesen. Es ist längst an der Zeit, die Elternideale unserer Zivilisation kritisch zu prüfen und vor allem Frauen in dem Vertrauen zu bestärken, dass sie bei aller Unzulänglichkeit dennoch gute Mütter sein können. Jenseits aller Anstrengung ist das Kinderkriegen und das Elternsein wesentlich eine Sache des Vertrauens: in die eigenen Kinder, in die Macht der Elternliebe, in das Leben und vielleicht auch in Gott.

11. Das geschenkte Kind – Wie der Glaube Eltern und Kindern helfen kann

Weil sowohl das Kinderkriegen als auch die Erziehung von Kindern in so elementarer Weise eine Sache des Vertrauens ist, kann der Glaube die Aufgabe der Elternschaft sehr erleichtern. Sicher stärkt jede Form von persönlichem Glauben die Fähigkeit, zu vertrauen und auf eine gute Zukunft hoffen zu können. Als evangelische Pfarrerin kann ich aber nur von der Hilfe reden, die im christlichen Glauben gründet. Vor allem der Schöpfungsglaube und die Bedeutung der Taufe können Eltern in ihrer Erziehungsverantwortung stärken, wenn sie in geeigneter Weise auf die Themen Schwangerschaft, Geburt, Kinder und Elternschaft bezogen werden.

Aus theologischer Sicht ist schon die Fruchtbarkeit nicht nur eine biologische Disposition, sondern ein Angebot Gottes an Frauen und Männer, an seinem Schöpfungshandeln teilhaben zu können und mit dem Leib selbst schöpferisch tätig zu werden. «Schöpfung» ist nämlich nicht nur etwas, was sich irgendwann am Anfang der Welt ereignete, sondern die Schöpferkraft Gottes zeigt sich, wenn man die Welt mit den Augen des Glaubens betrachtet, bei jeder Entstehung neuen Lebens und in der Art und Weise, in der Gott unser Leben erhält: In jedem Frühjahr zeigt sie sich, an jedem Sonnenaufgang, bei der Erholung von jeder schweren Krise, bei jeder leiblichen oder seelischen Auferstehung (also wenn wir nach Zeiten der Lähmung wieder auf die Füße kommen) und natürlich bei jeder Geburt eines Kindes. Als Menschen sind wir aber nicht nur dazu fähig, dieses Schöpfungshandeln Gottes zu bestaunen und uns daran zu erfreuen, sondern Frau und Mann sind als «Ebenbilder Gottes» (1. Mose 1,27) aufgefordert, daran mitzuwirken, indem sie durch ihren Verstand oder ihren Leib selbst kreativ, das heißt schöpferisch, tätig werden.

Unter all den vielen Möglichleiten der Kreativität, die wir Menschen besitzen, ist die Schwangerschaft eine ganz besondere. Sie kann als «eine Einladung Gottes zur Teilnahme an seiner Schöpfung auf eine ganz einmalige Weise»[19] verstanden werden. Dieses Bild der Einladung hat mehrere Aspekte: Die persönliche Einladung einer Schwangerschaft stellt die schwangere Frau vor eine Entscheidung, die sie selbst treffen muss. Die Frau muss diese Entscheidung in Freiheit treffen können, andernfalls nähme die Einladung den Charakter einer gerichtlichen Vorladung an. Der einladende Gott bindet sein schöpferisches Handeln in einer Schwangerschaft an die Mitwirkung der schwangeren Frau. Und das, wozu die Frau eingeladen ist, hat bereits seinen Anfang genommen in Gottes schöpferischem Handeln an ihr. Das «Fest» der Schwangerschaft ist bereits im Gange, wenn eine Frau bemerkt, dass sie schwanger ist und dadurch die persönliche Einladung erhält mitzufeiern.

Auch die Weihnachtsgeschichte, die im Lukasevangelium berichtet wird, kann man als eine Geschichte über den tieferen religiösen Sinn der Schwangerschaft lesen. Überall in der Bibel, aber hier ganz besonders, ist die Schwangerschaft Ausdruck des gnädigen Handelns Gottes («Maria, du hast Gnade bei Gott gefunden»; Lukas 1,30) und Auszeichnung der Frau (Maria singt: «Der HERR hat große Dinge an mir getan»; Lukas 1,48). Aber dieses Gnadenhandeln Gottes geschieht nicht ohne die Zustimmung Marias. Auf die Ankündigung ihrer Schwangerschaft durch den Engel Gabriel spricht Maria den entscheidenden Satz, der den Sinn jeder Schwangerschaft verständlich macht: «Siehe, ich bin des Herrn Magd; mir geschehe, wie du gesagt hast.» (Lukas 1,38) Bei der Interpretation dieser Antwort Marias folge ich Karin Ulrich-Eschemann:

> «Wenn sie sich als Gottes Magd bezeichnet, darf das keine falsche Unterwürfigkeit konnotieren lassen, vielmehr will es sagen, dass sie sich durch den Engel von Gott berufen und das Unfassliche an sich geschehen lässt, sich dem Ruf als einem fremden Anspruch stellt. Gott ist tatsächlich bei dem, was er tun kann, auf Maria als Mitwirkerin angewiesen, deshalb ist die Antwort der Maria entscheidend.» (159 f.)

Auch aus theologischer Sicht gehört das Ja der Eltern und insbesondere der Mutter zu den Anfangsbedingungen des Menschseins. Idealerweise geht die Einwilligung der Frau der Schwangerschaft voraus, wie bei Maria. Wo die Schwangerschaft aber ohne Einwilligung der betroffenen Frau zustande kam, muss sie später gegeben werden. Nur so kann die Schwangerschaft zum Zwiegespräch mit Gott werden, und nur so bekommt der Dialog der Mutter mit ihrem Kind die Tiefe des Dialogs zwischen Geschöpfen Gottes.

Aber wie ist das gemeint, wenn ich sage, dass bei jeder Menschwerdung nicht nur Menschen handeln, sondern auch Gott? Die Beter und Beterinnen der Psalmen des Alten Testamentes begreifen ihre eigene Menschwerdung im Mutterleib einschließlich der Geburt und der Stillzeit als ein harmonisches Zusammenwirken von Gott und Mutter. Das Handeln von Gott und Mensch steht hier nicht in Konkurrenz zueinander – in Schwangerschaft und Geburt handeln Gott und die Frau gemeinsam zum Segen des Kindes. Dabei werden die Wohltaten Gottes an den Wohltaten der Mutter erfahren. Das Schöpfungshandeln Gottes an uns ist uns nur zugänglich in seiner Vermittlung durch andere Geschöpfe. Mit Bezug auf Psalm 22,10f. schreibt Ulrich-Eschemann:

«Man könnte Gott als den Geburtshelfer bezeichnen, der das Kind aus dem Mutterleib herauszieht, die Mutter als die Mitwirkerin Gottes bei dem Werden neuen Lebens. Stärker kann die Kooperation zwischen dem Schöpfer (cooperatio Dei) und der Mutter bei diesem Geschehen kaum ausgedrückt werden.» (131)

Auch das Ja, das eine werdende Mutter (und möglichst beide Eltern) zu ihrem Kind im Mutterleib sprechen, ist kein einsames, sondern ein gemeinsames Ja. Wenn ein menschliches Leben durch die Befruchtung seinen Anfang nimmt, hat Gott zu diesem Menschen bereits Ja gesagt. In diesem Ja Gottes liegt unsere Geschöpflichkeit begründet. Das Ja, das die Eltern sprechen, muss deshalb als Nachsprechen des göttlichen Ja verstanden werden. Dieses Nachsprechen kann aber selbst aus theologischer Sicht nur in Freiheit geschehen. Es ist meinem Verständnis nach theologisch undenkbar, dass dem freien göttlichen Ja zu uns Menschen anders entsprochen werden könnte als in menschlicher Freiheit.

Es hat einen religiösen Sinn, dass Menschen auf dem Wege der Schwangerschaft ins Leben treten. Dieser religiöse Sinn besteht darin, dass in der Schwangerschaft von jedem im Mutterleib entstehenden Kind die Erfahrung der Geschöpflichkeit gemacht wird und somit am Anfang jedes Menschenlebens steht. Natürlich ist dies keine bewusste Erfahrung. Es ist eine Erfahrung, die in unseren Leib eingeschrieben wird und die gerade als solche unser ganzes Leben prägen kann. Was bedeutet aber das Wort «Geschöpflichkeit»? Es bezeichnet eine Abhängigkeit, aus der heraus wir zur Selbständigkeit reifen; Geschöpflichkeit bedeutet, seinen Ursprung zu haben in einer nicht zu überbietenden Nähe, Intimität und Geborgenheit, durch ein In-Sein bestimmt zu sein, bevor wir für andere Da-Sein müssen, zunächst verbunden zu sein, bevor wir verantwortlich sind; Geschöpflichkeit bedeutet, zuerst empfangen zu werden, bevor wir geben; Geschöpflichkeit bedeutet, aus einem Ja hervorzugehen, aus der Freiheit hervorzugehen, niemandem notwendig zu sein und dennoch anderen sein Leben zu verdanken; Geschöpflichkeit bedeutet, getragen und geboren zu werden, nicht gemacht. Die ganze Sinnfülle der Geschöpflichkeit erfahren wir bereits dadurch, dass wir durch Schwangerschaft und Geburt auf die Welt kommen. Die Schwangerschaft ist also nicht nur Mittel zum Zweck der Geburt eines Kindes, sondern sie selbst ist eine den Menschen wohltuende «göttliche Einrichtung», ja der Mutterleib ist der einzige Raum der Menschwerdung, der unserer Geschöpflichkeit angemessen ist. Es tut uns Menschen gut, dass wir im Leib einer Mutter entstanden sind und unsere Eltern zu uns Ja sagen mussten. Denn durch dieses Ja kommen wir schon mit einer überaus positiven Lebenserfahrung auf die Welt und wir können, wenn wir größer werden, hinter dem Ja, das unsere Eltern zu uns gesprochen haben, das Ja Gottes zu unserem Leben entdecken, das noch viel früher da war als das Ja unserer Eltern und noch lange andauern wird, wenn unsere Eltern nicht mehr für uns da sind. Sicher müssten auch Kinder, die in einer «künstlichen Gebärmutter» herangereift sind, in theologischer Perspektive als Geschöpfe Gottes bezeichnet werden, aber der der Erfahrung zugängliche positive Sinn unserer Geschöpflichkeit ginge damit verloren. Es ist viel leichter zu verstehen, was es bedeutet, ein Geschöpf Gottes zu sein, wenn wir das Ja, das Gott zu uns spricht, schon am eigenen Leib erfahren haben, weil unsere Mutter (und möglichst auch unser Vater) es nachgesprochen haben, als wenn wir ohne jede menschliche Beziehung auf die Welt kämen oder sogar gegen den Willen unserer Eltern ins Leben gezwungen würden.

Dass die Freiheit, zu einer Schwangerschaft Ja oder Nein zu sagen, jedoch nicht bedeuten kann, dass man sich sein Kind aussuchen dürfe, wird aus der Sicht des christlichen Glaubens noch deutlicher als bei den Überlegungen, die wir bisher angestellt haben. Nach christlichem Verständnis sind Eltern nicht nur deshalb herausgefordert, ein Kind so anzunehmen wie es ist und es auf dieser Basis zu fördern, weil dies die Grundlage der Freiheit des Kindes darstellt, sondern auch, weil Gott dieses Kind aus irgendeinem Grund, der uns zunächst verborgen sein mag, genau so wollte, wie es ist. Wo das Ja der Mutter, dem sich alle Geborenen verdanken, zum Selektionsmechanismus verkommt, wird der Sinn des Zusammenwirkens von Schöpfer und Geschöpf beim Werden von Menschen zerstört. Weil der Sinn dieses Zusammenwirkens darin besteht, uns das freie Ja Gottes zu unserem Dasein und Sosein erfahrbar zu machen, es in unseren Leib bei seinem Werden einzuzeichnen, indem unsere Mutter Gottes Ja nachspricht, darf das Ja der Mutter zu unserem Dasein nicht von unserem Sosein abhängig sein. Die Klarheit in dieser ethischen Frage kann Eltern darin stärken, die «Segnungen» der Pränataldiagnostik abzulehnen und die Zumutung, der Gesellschaft ein behindertes Kind zu ersparen, entschieden von sich zu weisen. Jedes Kind ist perfekt, wie es ist – vollkommen geschaffen von demjenigen, der sich dieses Kind erdachte, seinem Schöpfer.

Marias Geschichte ist auch insofern exemplarisch, als ihre Schwangerschaft in Spannung zu ihren persönlichen Lebensplänen steht. In der Bibel wird davon berichtet, dass Maria mit einem Mann namens Joseph verlobt war. Die beiden hatten sich die Reihenfolge der Ereignisse in ihrem Leben sicher ganz anders vorgestellt, als sie sich nun ergab. Der Neuanfang, der in einer Schwangerschaft Raum greift und mit einem Kind in die Welt kommt, fügt sich trotz aller Planungen und Absicherungen niemals ganz bruchlos in unsere Lebensläufe. Durch jede Schwangerschaft werden wir an die geschenkte, unverfügbare und geheimnisvolle Seite unserer Geschöpflichkeit erinnert. Aber das muss nicht schlecht für uns sein, sondern gibt unserem Leben manchmal eine Fülle, die wir uns selbst niemals hätten vorstellen können. Marias Worte «mir geschehe, wie du gesagt hast» bringen eine Grundhaltung zum Ausdruck, die exemplarisch für jede christliche Lebensführung sein kann. In dieser Grundhaltung wird die Freiheit, Ja oder Nein sagen zu können, mit der Offenheit für die Zusagen Gottes verbunden, die das Leben manchmal in eine ganz andere Richtung lenken. Die Lebenshaltung des Geschehenlassens hat nichts mit Passivität oder gar Fatalismus zu tun, sie ist ein freies und aktives Sichverhalten zu etwas, das auf einen zukommt. Menschen mit dieser Grundhaltung leben ihrer Geschöpflichkeit gemäß, weil sie ihre Freiheit im Rahmen bestimmter unhintergehbarer Anhängigkeiten wahrnehmen. Sie sind weder Befehlsempfänger religiöser Autoritäten noch Befehlsempfänger unserer gesellschaftlichen Maximen der Kontrolle, Planung, Normierung und Optimierung des menschlichen Lebens. Die Grundhaltung des Geschehenlassens befreit Menschen vielmehr von dem Zwang, das eigene Leben und möglichst auch noch das der Kinder «im Griff» haben zu müssen. Außerdem ist eine Lebensführung, die mit der Bereitschaft einhergeht, die eigenen Lebenspläne auch infrage stellen zu lassen, bewusst offen für die Geschenke und Überraschungen Gottes. In Anlehnung an den us-amerikanischen Theologen William F. May spricht auch der Philosoph Michael J. Sandel immer wieder von der «Offenheit für das Unerbetene» als einer für die Menschlichkeit unseres Zusammenlebens ganz wesentlichen Lebenshaltung:

> «Diese Offenheit ist eine Haltung, die zu bekräftigen sich lohnt, nicht nur in den Familien, sondern auch in der übrigen Welt. Sie lädt uns ein, das Unerbetene zu ertragen, mit

Unstimmigkeit zu leben, den Drang zum Kontrollieren zu zügeln.» (108)

Ich stimme Michael J. Sandel von Herzen zu, denke aber, dass die Offenheit für das Unerbetene viel eher gewagt werden kann, wenn sie nicht nur als vernünftige Lebenshaltung erkannt wird, sondern auch auf dem Glauben an einen Gott beruht, der es gut mit uns meint.

So, wie wir in der Weihnachtsgeschichte den tieferen religiösen Sinn der Schwangerschaft entdecken können, so können wir am Jesuskind in der Krippe auch ablesen, was der tiefere religiöse Sinn von Kindern ist: Wie in dem göttlichen Kind Jesus zeigt uns Gott in jedem Kind seine überfließende Liebe und seine Macht, Neuanfänge in diese Welt zu schicken, die für uns Menschen ein Grund zur Freude und ein Zeichen der Hoffnung und der Zukunftsoffenheit der Welt sind. Wie das göttliche Kind Jesus ist jedes Kind, das auf die Welt kommt, ein Wunder. Und wie jedes Kind von uns sowohl Fürsorge als auch die Anerkennung seines Geheimnisses verlangt, so behandelt Maria auch ihr Kind Jesus: Im Lukasevangelium wird nämlich erzählt, dass Maria ihren Sohn fürsorglich «in Windeln wickelte» (Lukas 2,7) und von den Hirten gesagt bekam, was diese über den noch verborgenen Lebenssinn dieses Kindes von den Engeln gehört hatten, dass er nämlich «der Heiland» (Lukas 2,11) der Welt sei. Diese Bestimmung ihres Sohnes «behielt» und «bewegte Maria in ihrem Herzen» (Lukas 2,19). Ob sie sich darüber freute oder nicht: Maria wusste von Anfang an, dass es ihre Aufgabe als Mutter war, Jesus fürsorglich zu lieben und ihn seinen eigenen Weg gehen zu lassen, der ihm von Gott bestimmt war. Natürlich sind unsere ganz und gar menschlichen Kinder nicht dazu bestimmt, der Heiland der Welt zu sein, aber irgendeine Bestimmung zum

Wohl der Welt hat aus der Sicht des christlichen Glaubens jedes Kind, das geboren wird. Eltern, die davon überzeugt sind, fällt es leichter, das Geheimnis ihres Kindes anzuerkennen als Eltern, die in ihren Kindern immer nur das sehen können, was unmittelbar vor Augen liegt. Dass der Lebensweg von Kindern verborgen ist, lässt zwar auch gläubige Eltern manchmal verzweifelt fragen: «Was soll aus diesem Kind nur werden?» Aber es gibt im Inneren gläubiger Eltern ein Gegengewicht zur Sorge, nämlich das Vertrauen darauf, dass auch Gott für seine Kinder sorgt. Dies erleichtert den Umgang mit der Ungewissheit, die dem Lebensweg aller Kinder eigen ist.

Wenn wir den Gedanken ernst nehmen, dass sich Gott als Schöpfer in jeder Schwangerschaft einer Frau anvertraut, dann verändert dies unseren Blick auf die Schwangerschaft vollkommen. Dass schwangere Frauen und ihre Partner «Mittäter(innen) Gottes» sein können, das verleiht der Schwangerschaft und der Aufgabe der Elternschaft eine ganz eigene Würde. Die Kirchen sollten viel mehr von dieser Würde sprechen, die mit der Entstehung eines Menschen verbunden ist, als davon, dass der Schwangerschaftsabbruch gegen den Willen Gottes verstößt. Dadurch könnten die Kirchen den eigenen und besonderen Wert der Schwangerschaft als Lebensphase herausstellen und so das Selbstbewusstsein schwangerer Frauen stärken und deren Ja zum Kind unterstützen. In der Erkenntnis, dass Gott bei der Weitergabe des Lebens zusammen mit der schwangeren Frau und ihrem Partner handelt, liegt eine starke Lebenskraft.

Die Erfahrung der Schwangerschaft und des Elternwerdens machen zu können, ist eine kostbare Gabe. Und die Elternschaft sollten wir nicht nur als eine bedeutende soziale Aufgabe ansehen, sondern als eine Be-Rufung. Nicht umsonst wurde Maria durch den Heiligen Geist im Ruf eines Engels schwanger! Wenn Gott aber durch Gaben und Berufungen in der Welt wirkt, dann gilt für diese stets das Versprechen: «Gottes Gaben und Berufung können ihn nicht gereuen» (Römer 11,26). Ganz egal, ob eine Schwangerschaft geplant war oder überraschend kam, ob sie gut verläuft oder mit Schwierigkeiten verbunden ist, für die Gabe der Schwangerschaft gilt immer: «Gottes Gaben und Berufung können ihn nicht gereuen». Ganz egal, ob wir Eltern eines pflegeleichten oder eines schwer erziehbaren Kindes werden, ob wir ein gesundes, krankes oder ein behindertes Kind zur Welt bringen, für die Berufung zur Elternschaft gilt immer: «Gottes Gaben und Berufung können ihn nicht gereuen».[20] Was nämlich in der Schwangerschaft auf sinnlich einmalige Weise beginnt, das segensreiche Zusammenwirken von Gott und Mensch, das endet natürlich nicht mit der Geburt eines Kindes, sondern kennzeichnet auch die ganze Erziehungsaufgabe der Eltern. Mit Karin Ulrich-Eschemann halte ich es daher aus theologischer Sicht für unzureichend, die spätere Erziehungsaufgabe der Eltern nur unter der Perspektive der Verantwortung zu sehen und einseitig die Größe der Pflichten und die Dauer der Beanspruchung zu betonen. Wenn Gott zur Elternschaft beruft, dann steht er auch für diese ein. Deshalb verhält sich der christliche Begriff elterlicher Verantwortung immer kritisch zu den Elternidealen unserer Zivilisation, die dazu neigen, Eltern die ganze Verantwortung für ihre Kinder zuzuschreiben. Das entstehende Kind ist aus christlicher Sicht gerade nicht Gegenstand der alleinigen Verantwortung der Eltern, sondern immer auch Kind Gottes, Gegenstand seiner liebevollen Fürsorge und Leitung. Sicher machen wir Pläne für unsere Kinder, aber Gott macht das auch! Nach christlichem Verständnis sind Kinder der elementarste Ausdruck des Segens Gottes.[21] In ihnen wendet Gott sich den Eltern zu, beschenkt sie mit neuen Lebensmöglichkeiten, beruft sie zum gemeinsamen Handeln und sagt ihnen seine bleibende Nähe zu. Kinder so zu sehen, kann Eltern dabei helfen, eine Balance zu finden zwischen dem, wofür sie als Eltern zuständig sind, und dem, was sie getrost in andere Hände legen können, nämlich in die Hände Gottes.

Vor allem kann der christliche Glaube Eltern aber dabei helfen, Hoffnung für ihr eigenes Leben zu haben. Auch Erwachsene sind ja irgendwann im Leib einer Mutter und im Zusammenwirken mit Gott entstanden. Die Erinnerung daran ist untrennbar verknüpft mit der Haltung der Dankbarkeit gegenüber dem, der uns ins Leben rief, und gegenüber denen, die uns zu unserem Anfang kommen ließen. Und eine solche Schöpfungserinnerung hat Konsequenzen für unser Selbstverständnis als Mitwirkende am Schöpfungshandeln Gottes. Menschen, die wissen, dass sie selbst aus einem Ja leben, werden anderen dieses Ja nicht vorenthalten, wenn es im Bereich ihrer Möglichkeiten liegt. Die Wahrnehmung eigener Möglichkeiten aber ist wiederum abhängig davon, wie Frauen und Männer ihr Leben deuten. Wer immer wieder die Erfahrung machen konnte, dass das Ja Gottes zu uns auch in schwierigen Lebensphasen aufleuchten kann, der hofft mit Recht, dass dieses Ja auch in zukünftigen schwierigen Lebensphasen wieder aufleuchten wird.

Durch den christlichen Glauben können jedoch nicht nur die natürlichen Vorgänge bei der Entstehung eines neuen Menschen in vertiefter Weise – nämlich als schöpferisches Handeln Gottes in Zusammenarbeit mit dem Menschen – wahrgenommen werden, sondern die Lebensmöglichkeiten, die der christliche Glaube eröffnet, gehen weit über den natürlichen Bereich hinaus. Das Sakrament der Heiligen Taufe feiert nicht die Geburt eines Kindes, auch wenn die Taufe schon an Säuglingen vorgenommen wird, sondern die Wiedergeburt eines

Menschen in Jesus Christus. In der Taufe feiert die christliche Gemeinde, dass jeder Mensch noch unendlich viel mehr ist, als ein mit bestimmten Fähigkeiten begabter, von seinen Eltern geliebter Mensch, nämlich ein von Gott geliebtes Kind. In der Taufe wird gefeiert, dass ein Mensch nicht nur sein natürliches Leben hat, sondern aus Gottes Lebenskraft leben kann, die menschliche Lebensmöglichkeiten bei Weitem übersteigt. Das «neue Leben» (Röm 6) wird dem Täufling durch die Taufe zugesprochen, eine Lebenskraft, die den Tod schon hinter sich hat, und ewig bestehen bleibt. Es ist die Lebenskraft, die sich an der Auferweckung Jesu zeigte, die Kindern und Erwachsenen bei ihrer Taufe verliehen wird. In der Taufe nimmt das vergängliche Leben, das von Schuld und Tod geprägt ist, sein Ende und das neue Leben, das von der Vergebung her kommt und auf die Ewigkeit hin geht, seinen Anfang.

Die Vergebung von Schuld und die Reinigung von der Erbsünde sind wesentliche Bedeutungsaspekte der Taufe. Sie sind nicht ganz einfach zu verstehen. Das weiß ich aus Taufgesprächen, in denen Eltern immer wieder zusammenzucken, wenn ich Begriffe wie «Schuld» und «Erbsünde» in den Mund nehme. Eltern denken dann oft an eine negative Bewertung der Sexualität oder fragen: «Aber was hat denn so ein kleines Kind für Schuld?» Diese Widerstände sind völlig berechtigt. Der Begriff der «Erbsünde» hat absolut nichts mit Sexualität zu tun, und Säuglinge sind völlig unschuldige Wesen. Aber es ist ja so: Jeder Mensch ist dazu gezwungen, das Erbe seiner immer auch schuldhaften Familiengeschichte anzutreten, wenn er auf die Welt kommt, genauso wie das Erbe der immer auch schuldhaften Geschichte seines Volkes und der ganzen Menschheit. Die Rede von der «Erbsünde» ist nicht die Erfindung miesepetriger Schwarzkittel, sondern sie nimmt die Realität negativer Kräfte und lebensfeindlicher Mechanismen in unserer Welt ernst und setzt ihr etwas entgegen: nämlich die Bereitschaft Gottes, Schuld jeder Art zu vergeben, und die Macht Gottes, sogar aus lebensfeindlichen Mechanismen neues Leben zu schaffen. Wenn wir glauben, dass ein getaufter Mensch von der Macht der Erbsünde und aller Schuld gereinigt wurde, dann bekennen wir uns dadurch zu der Möglichkeit Gottes, diesem Menschen immer wieder einen neuen Anfang schenken zu können. Kein getaufter Mensch muss sich in den Stricken menschlicher Unzulänglichkeiten und menschlicher Bosheit verfangen – für ihn gibt es immer die Möglichkeit, wieder frei zu werden von den «Stricken des Todes» (Psalm 116,3). Kein getaufter Mensch muss in den Abgründen seiner eigenen Schuld untergehen – für ihn gibt es immer die Möglichkeit, wieder Boden unter die Füße zu bekommen und neu lieben zu lernen. Durch das Bekenntnis zur Reinigung von der Erbsünde und zur Vergebung aller Schuld verleihen Christen ihrem Glauben Ausdruck, dass die Macht der Liebe Gottes größer ist als die Gewalt, die mit menschlicher Schuld verbunden ist, und sei es die Schuld der Eltern. Wenn Eltern die Bedeutung der Taufe wirklich verstanden haben, dann müssen sie nicht mehr befürchten, ihren Kindern durch eigene Schuld das Leben zerstören zu können. Gottes Lebensmacht lässt dies nicht zu. Natürlich werden christliche Eltern dennoch versuchen, an ihren Kindern möglichst wenig schuldig zu werden. Aber weil sie selbst getauft wurden, gilt ihnen das Angebot der Vergebung Gottes genau so wie später dem getauften Kind.

In Taufgesprächen wird immer wieder einmal deutlich, dass ein Kind «eigentlich ungelegen» kam und die Eltern sich Vorwürfe machen, das Kind nicht von Anfang an gewollt zu haben. Manche Eltern haben in solchen Situationen ein klares Bewusstsein von der Schuld, die mit einer ungeplanten Schwangerschaft verbunden sein kann, und es hilft ihnen nicht, diese Schuld zu leugnen. Diese Eltern brauchen eine Unterstützung anderer Art. Die Taufe ist dann der geeignete

Ort, um deutlich zu machen, dass mit dem Wasser der Taufe nicht nur alle zukünftige Schuld des Kindes, sondern auch alle Schuld an diesem Kind abgewaschen wird. Denn die Zusagen der Taufe gelten für Eltern und Kind ein Leben lang. Selbst die Schuld eines Schwangerschaftsabbruchs oder die ganz anders gelagerte Schuld einer Freigabe zur Adoption und auch die Schuld, die Kindern durch eine Scheidung angetan wird, werden von Gott vergeben, wenn wir ihn darum bitten.

Ein anderer Bedeutungsaspekt der Taufe ist die Verleihung der Heiligen Geistkraft. Der Heilige Geist wird in der Bibel immer wieder als Geist der Liebe beschrieben. Das neue Leben, das in der Taufe beginnt, ist nicht nur eines, das immer wieder von neuem von Schuld gereinigt werden muss und kann, sondern eines, das auch zur Weiterentwicklung fähig ist. Gläubige Menschen müssen nicht immer wieder dieselben Fehler machen, sondern sie können durch die Heilige Geistkraft verändert werden. Dies geschieht – so meine Erfahrung – dadurch, dass sich diese Menschen immer wieder der Erfahrung der Liebe Gottes öffnen und diese dann auch erleben. Die Erfahrung der unbändigen und abgrundtiefen Liebe Gottes ist so überwältigend, dass sie auf die Menschen überfließt, die sie erleben, und diese zur Liebe fähig macht. Eltern, die sich immer wieder an dem «glühenden Backofen voller Liebe» (Martin Luther) aufwärmen, können diese Wärme auch weitergeben und den Kindern zeigen, wo der «Backofen» steht, bis diese ihn selbst finden können.

Der Heilige Geist ist aber auch ein Geist der Freiheit. Damit schließt sich der Kreis dieses Buches, denn der Geist der Freiheit ist der größte und mächtigste Gegner des Anforderungswahns. Dass Freiheit im christlichen Sinne nichts mit Unverbindlichkeit zu tun hat, zeigt sich schon daran, dass der Geist der Freiheit aus derselben Quelle entspringt wie der Geist der

Liebe. Aber der Geist der Freiheit, den der christliche Glaube schenkt, befähigt dazu, alle möglichen Zwangsmechanismen zu durchschauen und sich von ihnen zu distanzieren.

Dass der Glaube Freiheit eröffnet, ist der Grundgedanke jeder christlichen Ethik. Die evangelische Ethik bejaht die Freiheit der Lebensgestaltung auch und gerade in allen Familienfragen. Beim derzeitigen Ratsvorsitzenden der EKD, Bischof Wolfgang Huber, heißt es dazu:

> «Eine evangelische Perspektive geht davon aus, dass der Mensch zur Freiheit berufen ist. Als Gottes Ebenbild, also als der Gott entsprechende Mensch, kann der Mensch auf den Ruf Gottes antworten, indem er von seinem Leben, von den ihm anvertrauten Gaben und von der ihm gewährten Zeit einen freien, selbst verantworteten und anderen gegenüber verantwortlichen Gebrauch macht.» (21)

Schon im Neuen Testament wurde das so gesehen. Paulus schreibt in seinem Brief an die Galater: «Zur Freiheit hat uns Christus befreit. So stehet nun fest und lasset euch nicht wiederum in das knechtische Joch fangen.» (Galater 5,1) Das «knechtische Joch» können genauso gesellschaftliche Normen sein wie eigene Perfektionsideale. Es kann die Vorstellung sein, dass nur bestimmte Lebensformen Anerkennung verdienten, oder die Überzeugung, dass im Leben nur Leistung zähle. Es kann die Angst vor der Zukunft sein, die uns gefangen nimmt, oder die Last der Vergangenheit, die wir uns nicht abnehmen lassen. Paulus macht in der weiteren Argumentation des Galaterbriefs klar, worauf es wirklich ankommt. In einem Streit zwischen jüdischen und heidnischen Christen (bei ihm heißt es: zwischen beschnittenen und unbeschnittenen Christen) sagt er: «In Christus Jesus gilt weder Beschneidung noch Unbeschnittensein etwas, sondern der Glaube, der durch die Liebe tätig ist.» (Galater 5,6) Übertragen auf die in diesem Buch diskutierten Lebensformen, heißt dies: In Christus gilt weder Mutter noch Kinderlose etwas, weder Ehemann noch Single, sondern der Glaube, der durch die Liebe tätig ist. Der Glaube aber, der durch die Liebe tätig ist, ist in jeder Lebensform lebbar!

Die gesellschaftliche Diskussionskultur in unserem Land braucht die Kirchen, und zwar nicht nur als soziales Gewissen, sondern vor allem mit ihrer befreienden und hoffnungsvollen Botschaft. Unsere Zukunft wird nicht nur von Hochrechnungen und politischen Maßnahmen bestimmt, sondern auch von den Verheißungen Gottes für die Zukunft und von den Menschen, die auf diese Verheißungen hin leben. Gott selbst hält seiner Welt die Zukunft offen. Wir gehen als Menschen, denen die Verheißungen Gottes gelten, nicht finsteren Zeiten und dem Untergang unserer Nation entgegen, sondern einem «neuen Himmel und einer neuen Erde» (Offenbarung 21,1). Wir alle brauchen solche biblischen Hoffnungsbilder, denn die Zwangsmechanismen unserer Welt – Finanznot, negative Schlagzeilen, Konkurrenzdenken und düstere Zukunftsaussichten – wollen uns immer wieder in ihren Bann ziehen und uns die Hoffnung rauben. Aber wir sind nicht dazu bestimmt, uns von der Angst bannen zu lassen, sondern im Vertrauen auf eine gute gemeinsame Zukunft durch Liebe tätig zu sein: als Mütter und Väter, als engagierte Berufstätige und als Weggefährten von Kindern.

Verwendete und weiterführende Literatur (Auswahl)

Allgemein

- Hannah Arendt: Vita Activa oder Vom tätigen Leben. München, Zürich 1981.
- Miguel Benasayag / Gérard Schmit: Die verweigerte Zukunft. Nicht die Kinder sind krank, sondern die Gesellschaft, die sie in Therapie schickt. München 2007.
- Wolfgang Huber: Familie haben alle. Berlin 2006.
- Christiane Kohler-Weiß: Schutz der Menschwerdung. Schwangerschaft und Schwangerschaftskonflikt als Themen evangelischer Ethik. Gütersloh 2003.
- Christiane Kohler-Weiß: «Denn der Mächtige hat Großes an mir getan ...» (Lk 1, 49) – von Gott zur Schöpfung eingeladen. In: Themenheft der Woche für das Leben 2006: Von Anfang an uns anvertraut, S. 18-19. (Bezugsadresse: Kirchenamt der EKD, Herrenhäuser Str. 12, 30419 Hannover)
- Christiane Kohler-Weiß: Von der Gnade, geboren zu werden – eine kleine Theologie der Schwangerschaft. In: Kinder haben, Kind sein, Geboren sein, hg. von Annette Esser, Andrea Günter und Rajah Scheepers. Königstein/Taunus 2008, S. 220-236.
- Michael J. Sandel: Plädoyer gegen die Perfektion. Ethik im Zeitalter der genetischen Technik. Berlin 2008.
- Martin Spiewak / Astrid Viciano: Kleine Kinder, große Sorgen. In: DIE ZEIT vom 31. August 2006, S. 29-30.
- Karin Ulrich-Eschemann: Vom Geborenwerden des Menschen. Theologische und philosophische Erkundungen. Münster 2000.

Kapitel 1
- Martin Spiewak / Astrid Viciano: Kleine Kinder, große Sorgen. In: DIE ZEIT vom 31. August 2006, S. 29–30.

Kapitel 3
- Hanna Strack: Die Frau ist Mit-Schöpferin. Eine Theologie der Geburt. Rüsselsheim 2006.

Kapitel 4
- Barbara Duden: Der Frauenleib als öffentlicher Ort. Hamburg, Zürich 1991.
- Hans Saner: Geburt und Phantasie. Von der natürlichen Dissidenz des Kindes. Basel 1995.
- Ina Praetorius: Das Ungedachte: Zwei in Einer. Ein Essay zur Theologie der Schwangerschaft In: Dies.: Zum Ende des Patriarchats. Theologisch-politische Texte im Übergang. Mainz 2000, S. 29-34.
- Eva Schindele: Schwangerschaft. Zwischen guter Hoffnung und medizinischem Risiko. Hamburg 1995.

Kapitel 5
- Karin Ulrich-Eschemann: Geboren, nicht gemacht. In: *zeitzeichen* 9/2001, 12-14.
- Carol Gilligan: Die andere Stimme. Lebenskonflikte und Moral der Frau. München 5. Aufl. 1991.
- Luc Boltanski: Soziologie der Abtreibung. Zur Lage des fötalen Lebens. Frankfurt/Main 2007.

Kapitel 6
- Ilona Renner: PND: eine repräsentative Befragung Schwangerer. In: Gen-ethischer Informationsdienst Nr. 184 (Oktober 2007), S. 42-45.

- Barbara Duden: Die Ungeborenen. Vom Untergang der Geburt im späten 20. Jahrhundert. In: Rituale der Geburt. Eine Kulturgeschichte, hg. von Jürgen Schlumbohm, Barbara Duden, Jacques Gélis und Patrice Veit. München 1998, S. 149-167.
- Barbara Duden: «Aber die Frauen wünschen es ...!» Zur Zerstörung des Wünschens und den Paradoxien der «Selbstbestimmung» in Neuen Zeiten. In: Hebammenkunst: Erfahrung, Wissenschaft, Intuition. Kongressband des Hebammenkongresses im Mai 2004, hg. vom Bund Deutscher Hebammen, S. 73-81.
- Wolfgang Lenhard / Erwin Breitenbach / Harald Ebert / Hans-Joachim Schindelhauer-Deutscher / Wolfram Henn: Psychological Benefit of Diagnostic Certainty for Mothers of Children With Disabilities: Lessons From Down Syndrome. In: American Journal of Medical Genetics 133 (2005), S. 170-175.

Kapitel 7

- Dieter Bednarz: «Der Preis des Wunders». In: Sehnsucht nach Familie (= Spiegel Special Nr. 4/ 2007), S. 56-59.
- Dossier «Ich wollte immer ein Kind». In: Brigitte 9/2007, S. 76-86.

Kapitel 8

- Katrin Göring-Eckardt: Leichter gesagt als getan. Familien in Deutschland. Freiburg i.Br. 2006.
- Martin Spiewak: Falsche Panik. In: DIE ZEIT vom 1. Oktober 2008, S. 37 f.
- Elisabeth C. Gründler: Kindern ihre Zeit lassen. In: Junge. Kirche 4/2008, S. 20-22.

Kapitel 9
- Meike Dinklage: Der Zeugungsstreik. Warum die Kinderfrage Männersache ist. München 2005.
- Karin Ceballos Betancur: Die Liebe der Väter. Dossier in der ZEIT Nr. 2 vom 3. Januar 2008, S. 13-17.
- Robert Habeck: Verwirrte Väter. Oder: Wann ist der Mann ein Mann? Gütersloh 2008.
- Hebammenforum, hg. vom Bund Deutscher Hebammen e.V., 1/2003, S. 5-21.
- Petra Otto: Väter im Kreißsaal: Rein oder raus? In: Hebammenforum 11/2005, S. 839-842.

Anmerkungen

[1] Dem ZEIT-Artikel von Spiewak / Viciano zufolge sind es zum Beispiel in Zürich von allen Kindern der 1. bis 3. Grundschulklasse 60 Prozent. In Deutschland würden durchschnittlich ein Viertel der Kinder bis zum achten Lebensjahr zu mindestens einer Fördertherapie geschickt.

[2] Vgl. Angelika Hensolt: Das fragwürdige Geschäft mit dem Nabelschnurblut. In: epd-Wochenspiegel 12/2008, S. 19.

[3] In der Zwischenzeit vollziehen allerdings mehrere Philosophinnen und Theologinnen einen Perspektivenwechsel von der Mortalität zur Natalität. Der Anstoß zu diesem Perspektivenwechsel ging von der Philosophie Hannah Arendts aus. Einen Überblick über die verschiedenen Ansätze gibt Hanna Strack auf den Seiten 19 ff. ihres Buches.

[4] ««Mein Kind», das kommt in vielen Beratungsgesprächen vor und scheint den Frauen oft ganz lebendig vor Augen zu stehen. Aber das ist nicht der Embryo von sechs oder acht Wochen, der im Augenblick in ihnen wächst, sondern das Kind, das sie irgendwann einmal zur Welt bringen werden. Für dieses zukünftige Kind fühlen sie sich schon jetzt verantwortlich ...» Susanne von Paczensky: Gemischte Gefühle von Frauen, die ungewollt schwanger sind. München 2. Aufl. 1988, S. 26.

[5] «Wie die Frau auch entscheidet – sie entscheidet gegen sich. Die Praxis der Beratungsarbeit bestätigt eindrücklich, wie gespalten die Frauen oft sind, und wie deutlich sie das Hin- und Hergerissensein empfinden. Es ist gar nicht mehr nötig, das Für und Wider in ihre Köpfe hineinzupredigen ... Eine Entscheidung ist – im Moment und

oft auch auf Dauer – nur auf Kosten des einen Teils möglich.» Martin Koschorke: Überlegungen zum Entwurf des Beratungsgesetzes zu § 218. In: Zeitschrift für Evangelische Ethik 33 (1989), S. 56.

6 Zwar ist ein Schwangerschaftsabbruch wegen der Besonderheit des Lebensverhältnisses Schwangerschaft nicht mit dem Tatbestand der Tötung eines geborenen Menschen gleichzusetzen. Bei einer Tötungshandlung werden mindestens zwei voneinander getrennte Individuen vorausgesetzt, während das entstehende Kind im Erleben der schwangeren Frau erst im Verlauf der Schwangerschaft zu einem Gegenüber wird. Außerdem fordert das Tötungsverbot ein Unterlassen, das Austragen einer Schwangerschaft aber eine intime, unabtretbare, intensive und aktive Zuwendung der schwangeren Frau. Deshalb ist das Motiv für einen Schwangerschaftsabbruch auch nicht Tötungswille, sondern die Zurückweisung der Mutterschaft. Und schließlich enthält der Schwangerschaftsabbruch ein Moment der Selbstverletzung der schwangeren Frau, wodurch die Frau Täterin und Opfer zugleich ist. Der Schwangerschaftsabbruch ist aber zweifellos eine Handlung mit Tötungscharakter: die Leibesfrucht wird abgetötet, ein entstehendes Kind seiner Lebensmöglichkeit beraubt, ein Teil der schwangeren Frau stirbt mit und in manchen Fällen auch eine Partnerschaft.

7 Die Durchsicht dieses Kapitels und viele wichtige Anregungen in ihm verdanke ich Annegret Braun von der Beratungsstelle PUA beim Diakonischen Werk in Württemberg.

8 Die Zahlen stammen aus einer Befragung, die die Bundeszentrale für gesundheitliche Aufklärung im Jahr 2004 durchführen ließ; ausgewertet werden diese Zahlen in dem angegebenen Artikel von Ilona Renner.

9 Wolfgang van den Daele: Der Fötus als Subjekt und die Autonomie der Frau. Wissenschaftlich-technische Optionen und soziale Kontrollen in der Schwangerschaft. In: Frauensituation. Veränderungen in den letzten zwanzig Jahren, hg. von Uta Gerhardt und Yvonne Schütze. Frankfurt/Main 1988, S. 207.

10 Vgl. Hebammen-Standpunkte: Pränatale Diagnostik, hg. vom Bund Deutscher Hebammen e.V., zugänglich unter www.bdh.de. Dort heißt es im ersten Abschnitt: «Wir beobachten, dass der lebendige Prozess der Schwangerschaft mit seinen körperlichen, seelischen und sozialen Anteilen immer mehr zu einem überwachungspflichtigen Produktionsprozess wird. Der medizinische Umgang mit dem sich entwickelnden Kind wird zur Qualitätskontrolle, die schwangeren Frauen die technische Machbarkeit von gesunden Kindern vortäuscht. Wir meinen, Pränatale Diagnostik mit dem Ziel der Selektion als abweichend diagnostizierter Ungeborener dient nicht der Vorsorge und nur sehr selten der Therapie kindlicher Erkrankungen.»

[11] Agenden legen im kirchlichen Bereich den Ablauf von Liturgien fest, zum Beispiel den Ablauf eines Gottesdienstes, einer Taufe oder einer Bestattung.

[12] Das Verb «widerfahren» kennen wir eigentlich nur noch im Zusammenhang mit Unglück. Ich meine mit «Widerfahrnissen» aber einfach Entwicklungen, die wir nicht geplant hatten, nicht beabsichtigt, nicht erwünscht und auch nicht einberechnet, und die unser Leben trotzdem (oder gerade dadurch!) bereichern können.

[13] Ich beziehe mich hier auf eine Untersuchung der beiden Münsteraner Wissenschaftler Irmgard Nippert und Jürgen Horst, die im Themenheft der «Woche für das Leben» 1997: «Jedes Kind ist liebenswert. Leben annehmen statt auswählen» auf S. 5 zitiert wird.

[14] Nachlesen kann man diesen bewegenden Bericht über Familie Krall von Christine Holch in der Zeitschrift «Chrismon» 10 / 2007, S. 12-19.

[15] Hiervon berichtet Hilke Lorenz: Wie die Vertreibung aus dem Paradies. In: Moderne Zeiten. Wochenendbeilage der Stuttgarter Zeitung vom 1. September 2007, S. 51.

[16] Barbara Degen: Die Brennnesselzukunft. Oldenburg 2003, S. 85.

[17] Aus amerikanischer Perspektive stellen sich die Verhältnisse noch viel dramatischer dar. Michael J. Sandel schreibt: «In den letzten 15 Jahren ist die legale Produktion von Ritalin um 1.700 Prozent angestiegen, die Produktion des Amphetamins Adderall, das ebenfalls für die Behandlung von ADHS vermarktet wird, stieg um 3.000 Prozent. Für die Pharmaunternehmen ist der amerikanische Markt für Ritalin und verwandte Medikamente eine Goldgrube: eine Milliarde Dollar pro Jahr.» (80)

[18] Eberhard Schäfer und Robert Richter: Geburtsvorbereitung – werdende Väter wollen mehr! In: http://www.familienhandbuch.de/ cmain/f_Fachbeitrag/a_Familienbildung/s_1693.html, S. 3.

[19] Oda-Gebbine Holze-Stäblein: Vollmacht für das Leben. In: Andrea Hauner / Elke Reichart (Hg.): § 218. Zur aktuellen Diskussion. München 1992, S. 218.

[20] Der evangelische Sozialethiker Wolfgang Huber ergänzt dieses Verständnis der Elternschaft als Berufung durch die wichtige Forderung, Familie müsse wieder mehr als «Beruf für die ganze Gesellschaft» gesehen werden. Nur wenn die Aufgabe, «Kindern beim Aufwachsen beizustehen», als gemeinsame Aufgabe begriffen werde, könne auch die Familie als «besonderer Beruf» von Männern und Frauen neu gewürdigt werden (S. 29 f). Diese Einschätzung Hubers teile ich vollkommen. Im Zusammenhang dieses letzten Kapitels kommt es mir jedoch auf die innere Ermutigung an, die damit verbunden sein kann, das Leben mit Kindern als «Berufung» zu begreifen.

[21] Dies können wir zum Beispiel der Abrahamsgeschichte entnehmen; vgl. vor allem 1. Mose 12, 1-3.